AF532133

Tilman Tarach
Teuflische Allmacht

Tilman Tarach

# Teuflische Allmacht

## Über die verleugneten christlichen Wurzeln des modernen Antisemitismus und Antizionismus

Mit einem Geleitwort von Anetta Kahane

Edition Telok
Berlin • Freiburg

*Der Autor, Tilman Tarach, Dr. jur.,*
*lebt in Berlin und Istanbul.*
*Kritik, Hinweise und Vortragsanfragen*
*bitte an info@tilman-tarach.com.*
*Website: www.tilman-tarach.com*

**Umschlagabbildung vorne:**
*»Der Vater der Juden ist der Teufel. Jesus Christus. NSDAP Eschenbach«.* Schild am Ortseingang von Eschenbach, Bayern. Foto vom Juli 1935 (Stadtarchiv Nürnberg, E 39/I Nr. 2248/25).
**Umschlagabbildungen hinten:**
Links: Ein Jude mit Gelbem Fleck im Ghetto von Minsk während der deutschen Besatzung, 1941 (Yad Vashem, Photo Archive, Jerusalem).
Rechts: Jüdischer Händler aus Worms mit Gelbem Ring, 16. Jahrhundert (Thesaurus Picturarum / Marcus zum Lamm).

Lektorat: Mira Landwehr

**ISBN 978-3-9813486-4-4**
© Edition Telok 2022
1. Auflage 2022

Die Deutsche Nationalbibliothek verzeichnet diese Publikation in der Deutschen Nationalbibliografie; detaillierte bibliografische Daten sind im Internet über http://dnb.dnb.de abrufbar.

Druck und Bindung: CPI books GmbH, Leck. Printed in Germany.

Edition Telok, Berlin & Freiburg
E-Mail: edition-telok@gmx.de
Telefon 1: +49 761 7683 802
Telefon 2: +49 176 6437 6458
Telefax: +49 3212 1042 663
Web: editiontelok.wordpress.com

# Inhalt

*Geleitwort von Anetta Kahane* .......... 7

*Einleitung* .......... 9

1. »Kinder des Teufels« .......... 17

2. »Christusmörder« .......... 27

3. »Gottesmörder« .......... 45

4. Jesus und die konformistische Revolte .......... 55

5. Christentum und Universalismus .......... 59

6. Der Gelbe Fleck .......... 63

7. »Kindermörder« .......... 69

8. »Giftmörder« .......... 83

9. Die »Reinheit des Blutes« .......... 93

10. Der »Ariernachweis« .......... 107

11. Eskalation des christlichen Antisemitismus .......... 119

12. Wesen und Erscheinung des Antisemitismus .......... 123

13. Dialektik des Antisemitismus .......... 129

14. Shoah .......... 135

15. Exkurs: Das Armageddon der »Christlichen Zionisten« .......... 141

16. »Gottesmörder Israel« .......... 143

17. Die Damaskusaffäre .......... 157

18. Juden im Islam .......... 161

19. »Kindermörder Israel« .......... 171

20. Delegierter Antisemitismus .................................................... 177

21. Die Dynamik der Verleugnung ................................................ 183

22. Zur Ideologie des Christentums ............................................ 205

*Bildnachweis* .................................................................................. 208

*Literaturverzeichnis* ....................................................................... 209

*Register der Bibel- und Koranstellen* ............................................ 217

*Sach-, Orts- und Personenregister* ................................................. 218

# Geleitwort von Anetta Kahane

Es ist ein Irrtum zu glauben, dass jeder Mensch mit dem eigenen Leben frei ist von jeglicher Vergangenheit. Als unbeschriebene Blätter kommen wir nicht auf die Welt, und unsere Möglichkeiten, uns unabhängig von Prägungen unserer Zeit zu entwickeln, sind gewiss gegeben, aber begrenzt. Wie groß die Illusion ist, dass wir dem kulturellen Gedächtnis von Generationen ganz entkommen können, kam mir bei der Lektüre des vorliegenden Buches »Teuflische Allmacht« immer wieder in den Sinn. Tilman Tarach hat hier die lange Geschichte des christlichen Antisemitismus beschrieben und sie in ihren Formen und Wirklichkeiten mit dem heutigen verglichen. Das Ergebnis ist erschreckend, denn es räumt auch mit einer anderen Illusion auf, nach der der Vernichtungs- und Erlösungsantisemitismus des Nationalsozialismus mit dem christlichen Antijudaismus nichts zu tun hätte.

Es stimmt nicht, dass Antisemitismus lediglich eine Folge der Moderne war, ein Mittel, um in der säkularer werdenden Welt dem »Juden« als Feindbild gerecht zu werden, selbst wenn er sich hat taufen lassen. Antisemitismus hat sich am Jüdischen in der Ethik, in der Religion und in der Perspektive auf Mensch und Natur gerieben. Doch der Hass bezog sich nicht auf die Religion allein, er unterstellte den Juden immer auch ihnen eigene, unveränderliche Merkmale und Eigenschaften. Mit anderen Worten: Auch das, was Antijudaismus genannt wird, war bereits geprägt von Rasseantisemitismus. Die Verfolgung und Ermordung von Juden, ihre Vertreibung, der Raub an ihrem Eigentum zogen sich als Konstante durch die europäische Geschichte als Teil des Selbstverständnisses des Christentums. Es hat Phasen ohne Grausamkeiten gegeben, doch die Drohung, die Erinnerung, das Muster, nach dem sich Juden niemals sicher sein dürfen, sich nicht willkürlich dem nächsten Pogrom ausgesetzt zu sehen, gehörte zur Kulturtechnik Europas und ist tief eingegraben.

Die Shoah, als vorläufig letzter antisemitischer Exzess, wurde von deutschen Nationalsozialisten geplant und durchgeführt, denen das Christentum mitunter als zu undeutsch galt. An seine Stelle sollte ein ideologischer Naturglaube gesetzt werden, der auf Reinheit, Eisen, Blut und Boden basierte und keine Berührung mehr mit der Idee der christlichen Vergebung und seinem Menschenbild haben sollte. Dennoch beruhte die Idee von der Erlösung vom Judentum durch seine Eliminierung auf Haltungen der christlichen Kirchen, die diese über Jahrhunderte propagiert hatten.

Es ist ohne Zweifel das große Verdienst dieses Buches, uns in Erinnerung zu rufen, wie hartnäckig die antisemitischen Tradierungen in der Geschichte sind, die Menschen in Deutschland und ganz Europa mit jeder Generation immer wieder lernen. Deshalb kann es heute nicht darum gehen, wie es gerade modern ist, zu behaupten, etwas zu *ver-lernen* – oder um es im *woken* Englisch zu sagen: »unlearning history« –, sondern ganz im Gegenteil. Wir müssen genau verstehen, wie Antisemitismus funktioniert, um zu sehen, wie er immer wieder neu andocken kann. Und um mehr zu tun, als ihn zu beschreiben oder zu verurteilen. Ihn zu bekämpfen heißt, kluge Analysen zu liefern und die Augen vor Kontinuitäten nicht zu verschließen.

Mit all dem fangen wir gerade erst an, denn Ächtung des Antisemitismus allein reicht nicht mehr. Was genau daran zu ächten und warum das Judentum das ewige Feindbild ist, wird in diesem Band dargelegt. Erinnern und lernen – darum geht es –, nicht um vergessen und ver-lernen. Nur mit den Mitteln der Aufklärung können die Verwerfungen und Katastrophen aufgeklärt werden, selbst die, die auch die Aufklärung mit sich brachte. So wie die Illusion, dass jeder Mensch ganz allein entscheiden kann, ob er vom kulturellen Gedächtnis – wie dem des Antisemitismus – geprägt ist.

Dieser Band ist ein großartiges Beispiel dafür, wie Aufklärung im besten Sinne gelingen kann.

*Anetta Kahane, im Oktober 2021*

# Einleitung

Die syrische Stadt Raqqa, vor einigen Jahren noch die wichtigste Hochburg der Terrororganisation *Islamischer Staat*, war in der Spätantike schon einmal Schauplatz eines bemerkenswerten religiösen Terrors: Im Jahr 388, als die Stadt am Euphrat noch den Namen Callinicum trug und ein bedeutsames Handelszentrum des Römischen Reiches war, brannte ein christlicher Mob nach Aufstachelung durch den örtlichen Bischof die Synagoge der Stadt nieder und verübte ein Pogrom an der jüdischen Bevölkerung. Acht Jahre zuvor war das Christentum vom römischen Kaiser Theodosius I. zur Staatsreligion erhoben worden. Theodosius indessen wollte die Synagoge auf Kosten der Kirche von Callinicum wiederaufbauen lassen und die Gewalttäter zur Rechenschaft ziehen. Doch der einflussreiche Bischof von Mailand, Ambrosius, machte dagegen mobil und drohte dem Kaiser mit der Verweigerung der Kommunion, da dem »Unglauben der Juden« kein Raum geschaffen werden dürfte. Die weltliche Macht konnte sich nicht gegen den Bischof durchsetzen; und so blieb das erste von Christen verübte Pogrom gegen Juden ungesühnt, wie so viele spätere auch.

Das Pogrom von Callinicum war der Auftakt einer nicht enden wollenden Geschichte des christlichen Judenhasses, die hier nicht annähernd vollständig nacherzählt werden kann. Vielmehr soll anhand wichtiger historischer Meilensteine dargelegt werden, dass die in weiten Teilen der Antisemitismusforschung gängige, bisweilen gar zum Glaubensbekenntnis gewordene kategoriale Unterscheidung zwischen sogenanntem christlichem Antijudaismus und modernem Antisemitismus nicht haltbar ist und letztlich einer Entlastungsstrategie folgt.

Dieses Buch handelt nicht von den »Verbrechen der Kirchen«, einer Materie, über die bereits viel geschrieben worden ist (wenngleich die protestantischen Kirchen dabei im Allgemeinen etwas vernachlässigt wurden). Wir wollen uns vielmehr der Frage annehmen, in welchem Verhältnis die Gründungsmythen und Leitideen der christlichen Lehre *als solche* zum Antisemitismus stehen – und zwar durchaus auch zum modernen, nationalsozialistischen und schließlich auch zum israelbezogenen Antisemitismus.

Die nationalsozialistische Weltanschauung war mehr als gemeinhin angenommen von Ideologemen des christlichen Judenhasses durchsetzt. Das Judenbild der Christen wiederum enthielt schon früh Elemente eines auf »Blut« und »Rasse« bezogenen Antisemitismus, und nach Französischer Revolution und Judenemanzipation war es vom modernen Antisemitismus kaum mehr zu unterscheiden. Vor allem die spanischen Blutreinheitsgesetze des Spätmittelalters belegen, dass der »Rassenantisemitismus« entgegen einer weit verbreiteten Ansicht keine Erfindung des 19. Jahrhunderts ist.

Wie wir sehen werden, war die Shoah nur vor dem Hintergrund des christlichen Antisemitismus möglich. Herausstellen wird sich zudem, dass die traditionellen Muster des christlichen Antisemitismus sich auffallend häufig auch beim gängigen Blick auf den jüdischen Staat finden. In jüngerer Zeit scheint der offene Rekurs auf zentrale Elemente des christlichen Judenhasses – etwa das Bild vom Juden als hinterlistigem Giftmörder und Zersetzer der christlichen Völker – wieder eine Renaissance zu erfahren, beispielsweise in den Bewegungen um die »Corona-Rebellen« und Impfgegner sowie in der QAnon-Strömung. Insgesamt wird sich zeigen, dass die zentralen Ideologeme des christlichen Antisemitismus regelmäßig die verborgenen Motive von Antisemiten und Antizionisten bilden und gebildet haben. Insbesondere in der Vorstellung vom mächtigen jüdischen Strippenzieher, der insgeheim die Geschicke der Welt lenkt, hallt das Echo bestimmter Elemente des christlichen Gründungsmythos nach.

In Ländern ohne größeren christlichen Bevölkerungsanteil wie Indien, Thailand, Vietnam und China ist das Ressentiment gegen die Juden nie gesellschaftlich relevant geworden.[1] Einer Untersuchung der *Anti-Defamation League* (ADL) zufolge ist das überwie-

[1] Zu China und Indien vgl. POLIAKOV (I), S. 10ff.

gend buddhistische Laos das Land mit dem niedrigsten Antisemitismus-Index.[2] Selbst Japan – obwohl im Zweiten Weltkrieg Teil der Achse und damit starkem deutschen Druck ausgesetzt – war Zufluchtsort von Tausenden Juden, die der Shoah entkommen waren. Die Staaten mit überwiegend buddhistischer oder hinduistischer Bevölkerung pflegen im Allgemeinen seit langem freundschaftliche Beziehungen zu Israel (und gehören traditionell zu den beliebtesten Reisezielen der Israelis). Im Gegensatz dazu begegnet man antisemitischen Weltbildern allerdings in fast allen islamischen Ländern. Der islamische Antisemitismus hat sich im letzten Jahrhundert – schon vor und unabhängig von der Gründung Israels – deutlich verschärft. Es erschien daher angebracht, seiner Dynamik und seinem Verhältnis zum christlichen Antisemitismus ein eigenes Kapitel zu widmen.

Im Laufe unserer Untersuchung werden wir schließlich auf die Bewegungen der Evangelikalen zu sprechen kommen, die oft als philosemitisch und proisraelisch missverstanden werden. Kurz soll außerdem beleuchtet werden, dass und warum der Vatikan heute sogar selbst zur Zielscheibe einiger besonders radikaler Antisemiten geworden ist. Zum Abschluss kommen thesenartig einige spezifische Charaktermerkmale des Christentums zur Sprache, die dazu geeignet sind, dem Judenhass weiteren Vorschub zu leisten.

Einige weitere Vorbemerkungen erscheinen allerdings nötig. Wenn man sich heute damit beschäftigt, inwieweit der Judenhass sich tatsächlich wie eine Blutspur durch die Geschichte des Christentums zieht, dann begegnet man verschiedenen Vermeidungsstrategien. Auf der einen Seite sind wir noch immer mit der naiven und auch falschen Ansicht konfrontiert, wonach der Antisemitismus lediglich eine Spielart des Rassismus sei; auch der christliche Judenhass soll demnach eine bloße Ausprägung des europäischen Rassismus sein. Das verkennt vor allem, dass der Antisemit die Juden typischerweise als machtvoll, reich und klug, als heimtückisch und bedrohlich wahrnimmt, sie also gewissermaßen *aufwer-*

[2] ADL Global 100 study (2014), vgl. https://archive.ph/AcDke.

*tet*. Adolf Eichmann etwa bezeichnete die Juden als einen Feind, der »uns geistig überlegen ist«.[3] Adolf Hitler bescheinigte den Juden, mit einer »höheren Intelligenz« gesegnet zu sein als die Masse.[4] Das Objekt des Rassisten hingegen wird in der Regel als minderwertig, arm und verächtlich *abgewertet*. Der Rassist beklagt dementsprechend vor allem die räumliche *Präsenz* von Fremden oder als »fremd« Wahrgenommenen; in ihren »angestammten Territorien« indessen akzeptiert er sie (auch ihre Versklavung hält der Rassist mitunter für angemessen). Dem Antisemiten erscheint demgegenüber schon die pure *Existenz* der Juden unabhängig von ihrem Aufenthaltsort als Problem. Die Nationalsozialisten arbeiteten infolgedessen darauf hin, die Juden weltweit zu vernichten.[5]

Dieses spezifische Bild vom Juden, das bis heute den Kern des Antisemitismus bildet und ihn vom Rassismus unterscheidet, entwickelte sich, wie sich zeigen wird, tatsächlich erst mit der Entstehung des Christentums; eine dezidiert judenfeindliche *Politik* trat nicht vor der Anerkennung des Christentums als Staatsreligion des Römischen Reiches auf. »Die erste antijüdische Politik setzte im 4. Jahrhundert n. Chr. in Rom ein«, schreibt der amerikanische Historiker Raul Hilberg.[6] Es wäre also irreführend, von einem vorchristlichen Antisemitismus zu sprechen. Die Quellen aus vorchristlicher Zeit sind fragmentarisch und schattenhaft; sie haben aufgrund späterer Nachbearbeitungen eine fragwürdige Überlieferungsgeschichte und tradieren oft Mythen, für deren Historizität es keine hinreichenden Belege gibt. Wir besitzen aus dieser Zeit auch keine gesicherten Hinweise auf die spezifisch antisemitischen Elemente einer jüdischen, diabolischen Omnipotenz. Fest steht indessen, dass die politischen Auseinandersetzungen und Kriege in der vorchrist-

---

[3] Interview mit Willem Sassen in Argentinien, zit. n. WOJAK, S. 64.

[4] Aufzeichnungen Otto Wagener, TURNER S. 471.

[5] Das wird beispielsweise deutlich in einem Runderlass des deutschen Auswärtigen Amts vom 22.6.1937: »[D]ie Judenfrage wird für Deutschland nicht gelöst sein, wenn kein Angehöriger der jüdischen Rasse mehr auf deutschem Boden seßhaft ist.« Vielmehr sei stets das »internationale Judentum« der Gegner. (Akten zur Deutschen Auswärtigen Politik, Serie D, Bd. V, S. 633f.).

[6] HILBERG (2017), Bd. 1, S. 11.

lichen Antike regelmäßig religiös aufgeladen waren und dass gruppenspezifische Ressentiments im alten Ägypten sowie in Griechenland und dem Römischen Reich allgegenwärtig waren: Die Kreter etwa galten als unverbesserliche Lügner, die Ägypter als Banditen, die Abderiten als Narren. »Die meisten antiken Kulturen«, meint der Historiker David Nirenberg, »maßen dem Unterschied zwischen Jude und Nichtjude relativ wenig Bedeutung bei«.[7] Darüber hinaus hatten Zerstörungen konkurrierender Kultstätten und nicht selten auch Massaker an »ungläubigen« Völkern weniger ideologische, sondern vor allem politische Hintergründe; sie trafen im Laufe der Geschichte die verschiedensten Gruppen. Zwar wirkte der jüdische Monotheismus auf Griechen und Römer gewiss befremdlich. Er war in der Antike indessen kein Alleinstellungsmerkmal: Die monotheistische Religion des Zoroastrismus war weiter verbreitet als das Judentum. Im zweiten vorchristlichen Jahrtausend hatte auch der »Ketzerpharao« Echnaton mit dem Aton-Kult eine kurzlebige monotheistische – oder monotheismusähnliche – Religion begründet. Später, bis ins 4. Jahrhundert hinein, wurde das monotheistische Christentum von Rom eher stärker verfolgt als es die Juden im Allgemeinen wurden.

Nach einer unscharfen Quelle wurden die Juden zwar des rituellen Mordes an einem Griechen – oder der Vorbereitung eines Menschenopfers – beschuldigt.[8] Derselbe Vorwurf wurde von den Griechen allerdings auch gegen andere Völker, von den Römern auch gegen die Christen und von den Christen gegen die Gnostiker, die Montanisten und andere Sektierer erhoben.[9] Für all diese Er-

---

[7] NIRENBERG, S. 26.

[8] Der Vorwurf soll vom ägyptischen Literaten Apion formuliert worden sein, der sie aus älteren griechischen Quellen entnommen haben will; Apions Schrift indessen kennen wir nur aus einer Replik des jüdischen Historikers Flavius Josephus (37/38 - ca. 100 n. Chr.). Das entsprechende Josephus-Kapitel wiederum (*Contra Apionem*, 2:89–96, dt. Übersetzung bei SIEGERT, S. 174f.) ist seinerseits im Original ebenfalls nicht erhalten, sondern nur bruchstückhaft in einer flüchtig angefertigten lateinischen Übersetzung aus dem 6. Jahrhundert überliefert; zudem wurde der Text möglicherweise von christlichen Autoren nachbearbeitet. Vgl. zum Ganzen die überlieferungskritische Einleitung bei SIEGERT.

[9] POLIAKOV (I), S. 49.

eignisse lassen sich zudem die für den Antisemitismus typischen Elemente einer imaginierten Allmacht nicht nachweisen; sie unterscheiden sich schon deshalb deutlich etwa von den Ritualmordlegenden, die ab dem 12. Jahrhundert massenhaft gegen die Juden vorgebracht wurden – wir werden darauf zurückkommen.

Was mitunter oberflächlich als vorchristlicher Antisemitismus erscheint, war also eher eine Art Fremdenfeindlichkeit, die Juden wie andere Gruppen mal mehr, mal weniger traf. Insoweit von Antisemitismus zu sprechen, wäre Ausdruck einer begrifflichen Unschärfe, die dazu führt, Antisemitismus und Rassismus zu vermengen. »Obwohl die Juden nicht beliebt waren, unterschied sich die Einstellung zu ihnen nicht grundlegend von derjenigen gegenüber anderen ethnischen Gruppen«, schreibt der Historiker Walter Laqueur über die vorchristliche Zeit. Er resümiert daher: »Ohne Zweifel stellten der Aufstieg des Christentums und insbesondere seine nachfolgende Interpretation den Wendepunkt in der Geschichte des Antisemitismus und der Juden dar.«[10]

Auf einer anderen Seite des politischen Spektrums begegnen wir seit einigen Jahren einer Bewegung, die uns zunehmend weis-

---

[10] LAQUEUR, S. 12f., 60; zum Ganzen ibd., S. 53ff. Ähnlich SCHWARZ-FRIESEL/ REINHARZ, S. 60: »Xenophobe Tendenzen waren allerdings in der Antike auch gegen andere Minoritäten zu beobachten. Der tiefe, alle Lebensdimensionen erfassende Hass gegenüber Juden entstand erst nach der Abspaltung des Christentums vom Judentum.« – Antisemitische Althistoriker des Deutschen Reichs und Nationalsozialisten beharrten regelmäßig auf einem vorchristlichen Antisemitismus. Sie wiesen damit letztendlich den Juden die Schuld an ihrer eigenen Verfolgung zu: Denn wenn es Antisemitismus zu jeder Epoche unabhängig von deren Gesellschaftsstruktur gegeben hat, muss seine Ursache wohl, so der Subtext der Behauptung, in einem spezifisch jüdischen Charakter liegen; antisemitismusfreie Epochen darf es daher nicht geben. Für den auch heute noch gerne zitierten, völkisch-deutschnational orientierten Althistoriker Eduard Meyer (1855–1930) beispielsweise war es »nur natürlich, daß mit dem Judentum sofort sein notwendiges [!] Korrelat, der Judenhaß, in die Welt trat«. Es sei »eine grundfalsche Behauptung unserer Zeit, daß er ein Erzeugnis der Neuzeit oder des Christentums sei: er ist so alt wie das Judentum selbst« (MEYER, S. 203). Bezeichnenderweise sind es heute insbesondere christliche Autoren, die sich dieser Sicht anschließen und unkritisch einen vorchristlichen Antisemitismus konstruieren (und zugleich oft antiisraelische Boykottkampagnen leidenschaftlich vom Antisemitismus freisprechen möchten), so etwa SCHÄFER, S. 24f., 288ff. und passim. In der Sache selbst scheitert Peter Schäfer dabei bereits an der gebotenen Unterscheidung zwischen Rassismus und Antisemitismus.

machen möchte, dass der Antisemitismus heute fast nur noch vom Islam ausgehe und der islamische Judenhass das eigentliche Tabuthema unserer Zeit sei. Manche rechtsautoritären Kreise betreiben dabei regelrechte Geschichtsklitterung, etwa indem sie suggerieren, ein polizeilicher Schutz von Synagogen sei in Deutschland erst seit dem Jahr 2015 aufgrund der Migration aus dem Nahen und Mittleren Osten notwendig geworden. Nach einem Vortrag des Verfassers zur Kritik des christlichen Antisemitismus wurde gar der Vorwurf laut, damit im Grunde nur den politischen Islam in Schutz zu nehmen. Nun wird der islamische Antisemitismus hierzulande in der Tat häufig verharmlost. Kritik an ihm – oder auch an der islamischen Ideologie insgesamt – endete für nicht wenige Kritiker sogar tödlich.[11] Eine Kritik des Christentums hat heute in der Tat weniger Provokationswert – deshalb nun jedoch das Christentum weißzuwaschen, den christlichen Antisemitismus als überwunden darzustellen oder gar eine europäische Geschichte der christlich-jüdischen Harmonie herbeizuhalluzinieren, das widerspräche in eklatanter Weise der Realität.

Hinzu kommt, dass eine Beschränkung der Antisemitismus- und Religionskritik auf den Islam einen bequemen Weg darstellen kann, das eigene gesellschaftliche Umfeld von jeder Kritik auszunehmen. Widerspruch gegen die gewalttätigen Erscheinungsformen des Islam ist unbedingt nötig, aber es ist wohlfeil und opportunistisch, mit dem Finger lediglich auf die *Anderen* zu zeigen und die Eigengruppe – die christlich geprägte deutsche und europäische Mehrheitsgesellschaft – damit gleichsam als vorbildhaft darzustellen. Muss wirklich daran erinnert werden, dass es ganz gewöhnliche Deutsche waren, die mit ihren Polizeibataillonen und Einsatzkommandos den Holocaust betrieben haben? Zwar fanden sie in unterschiedlichem Ausmaß willige Helfer unter den Angehörigen anderer Nationalitäten, darunter Polen und Ukrainern, auch

[11] In meinem Buch über Israel und die Scheinheiligkeit des traditionellen Bildes vom Nahostkonflikt habe ich darauf ausführlich hingewiesen, vgl. TARACH (2016), S. 9, 37, 40, 220f., 279 und passim. – Der genannte Vortrag fand im Jahr 2020 an der Universität Gießen statt.

von manchen Arabern wie dem berüchtigten Großmufti von Jerusalem mit seinen muslimischen SS-Divisionen. Doch die Shoah war zuallererst ein deutsches Unternehmen: »Keine Deutschen, kein Holocaust.«[12]

Es soll also versucht werden, unseren Gegenstand so darzustellen, wie er tatsächlich ist, und nicht, wie er am besten in dieses oder jenes Weltbild passt. Es wird dabei leider unerlässlich sein, antisemitische, gelegentlich auch rassistische Motive der Vergangenheit und Gegenwart zu reproduzieren, um bestehende Kontinuitäten und Gefahren aufzuzeigen. Mitunter wird die Leserin und der Leser, erschüttert angesichts des geschilderten Wahns, dessen Existenz und Ausmaß der Verarbeitung bedürfen, innehalten und vielleicht die Lektüre für eine Weile unterbrechen müssen.

Es erweist sich schließlich, dass der Judenhass eine Konstante in der christlichen Geschichte darstellt und geradezu zu einem Bestandteil der europäischen Kultur geworden ist. Zwar hatte das Judentum einen prägenden Einfluss auf die westliche Moderne und war an der Grundsteinlegung ihrer Elemente wie Rechtsstaatlichkeit, Abstraktionsfähigkeit, Universalismus, Selbstreflexion und Debattierfreudigkeit stark beteiligt[13] – Elemente, die im Übrigen stets den Hass der Antisemiten hervorriefen. In die Irre führt indessen die Rede von einer »christlich-jüdischen Tradition«, die ein harmonisches Zusammenleben suggeriert. Denn diese vielbeschworene Tradition war über die längste Zeit der Geschichte vor allem eine Tradition der Hetze, der Entrechtung, der Vertreibung und Ermordung der Juden durch die Christen.

Wir bekommen eine erste Ahnung davon, wenn wir nochmals das Pogrom von Callinicum in den Blick nehmen.

---

[12] GOLDHAGEN (1998), S. 19.

[13] Dazu KAHANE, S. 37ff. Selbst die Existenz Gottes kann gemäß der Heiligen Schriften infrage gestellt werden, ibd., S. 48. – Natürlich gab es immer auch Juden, die sich der Moderne entgegengestellt haben.

# 1. »Kinder des Teufels«

»Ich erkläre, dass ich die Synagoge in Brand gesteckt habe«, schrieb Bischof Ambrosius an Kaiser Theodosius nach dem antijüdischen Pogrom von Callinicum, »dass ich es befohlen habe, um das Haus zu beseitigen, in dem Christus geleugnet wird«. Die Synagoge sei schließlich eine »Stätte des Unglaubens, ein Schlupfwinkel des Wahnsinns, den Gott selbst verdammt hat«. Und weiter: »Mit den Ungläubigen müssen auch die Zeugnisse des Unglaubens ausgerottet werden.«[14]

*Der Heilige Ambrosius. Mosaik in der Kirche Sant'Ambrogio, Mailand, 4./5. Jh.*

*Ausgerottet* – nach Ambrosius von Mailand sind bis heute Kirchen benannt. Sowohl die Evangelische als auch die Orthodoxe und Katholische Kirche haben ihm einen kirchlichen Gedenktag gewidmet. Ambrosius gilt als einer der vier großen heiligen Kirchenväter. In dem 1992 von Papst Johannes Paul II. herausgegebenen *Katechismus der Katholischen Kirche* wird der heiliggesprochene Hassprediger, der die Ausrottung der Juden anempfohlen hatte, zwei Dutzend Male zitiert. Ein Wort der Kritik an Ambrosius findet sich in dem Grundlagentext für die 1,1 Milliarden Katholiken der Welt nicht; vielmehr heißt es, seine Werke blieben bis heute »beispielhaft«.[15]

Weil die Juden Jesus nicht als Messias anerkannt und ihn gar ans Kreuz geschlagen hätten, so verkündeten schon die frühen christlichen Prediger um das Jahr 100, habe Gott sein zuerst erwähltes Volk schließlich verflucht und seine Verheißungen von den Juden,

---

[14] KRÄMER-BADONI, S. 20f.; BROER, S. 3f.; vgl. auch GRAETZ (1908), S. 355.
[15] Prolog des KATECHISMUS, II, 8 (= KKK 8).

der »blinden Synagoge«, auf die Anhänger Jesu übertragen. Die Kirche habe daher von den Juden den Anspruch geerbt, das »wahre Israel« zu sein. In den Worten des Heiligen Augustinus, einem weiteren der großen Kirchenväter: »Der Ältere muss dem Jüngeren dienen, das heißt das früher geborene Volk der Juden dem später geborenen Volk der Christen. [...] So ist nun der Jude der Sklave des Christen.«[16]

Diese als Substitutions- oder Enterbungstheologie bezeichnete Lehre hat ihren Niederschlag in zahlreichen künstlerischen Darstellungen einer triumphierenden Kirche und einer unterworfenen Synagoge gefunden. Verbreitet ist etwa das Bild des »Lebenden Kreuzes«, das den gekreuzigten Nazarener mit zwei allegorischen Figuren zeigt: Die *Ecclesia* personifiziert die Kirche und wird gekrönt, die Figur der blinden *Synagoga* hingegen wird verstoßen, mitunter gar mit einem Dolch durchbohrt. Derartige Gemälde und Skulpturen vermittelten die Botschaft, dass die Ermordung von Juden eine gottgefällige Tat sei.

Indes haben die Volksmassen im Abendland, wie der französische Historiker Léon Poliakov ausführt, diese Sicht auf die Juden bis ins 11. Jahrhundert hinein im Allgemeinen noch nicht durchgängig übernommen; das Judentum übte sogar eine gewisse Anziehungskraft auf die gewöhnliche Bevölkerung aus, »solange das Christentum in einer dogmatisch gefestigten Form noch nicht seine endgültige Herrschaft über die Gläubigen aufgerichtet hat«.[17] Tatsächlich fürchteten sich christliche Theologen über die gesamte Kirchengeschichte hinweg vor einer »Verführung« der christlichen Gläubigen durch jüdische Ideen. Im neunten Jahrhundert etwa verlangte Amolon, der Erzbischof von Lyon, die Absonderung der

---

[16] KRÄMER-BADONI, S. 25.

[17] POLIAKOV (I), S. 30. Léon Poliakov legt nachvollziehbar dar, dass erst die Kreuzzüge die Massenmobilisierung gegen die Juden entfesselten, ibd., S. 36ff., 49. Zu Heiden und frühen Christen, die mit dem Judentum sympathisierten, vgl. auch die Einleitung zu CHRYSOSTOMUS, S. 74 und passim. In Antiochia (heute Antakya), einer bedeutenden Metropole des frühen Christentums, war gegen Ende des 4. Jahrhunderts gut die Hälfte der Bevölkerung christlich, 15 Prozent waren jüdischen Glaubens, die übrigen hingen anderen Kulten an, vgl. CHRYSOSTOMUS, S. 51.

*»Lebendes Kreuz«, Detail eines Freskos in der Pfarrkirche Thörl-Maglern (Kärnten): Die Arme Gottes, die aus dem Querbalken des Kreuzes erwachsen, krönen die Kirche (links) und erdolchen die Synagoge (rechts).*

Juden, um »das christliche Volk vor der Ansteckung durch dieselben zu schützen«.[18] Im Alhambra-Edikt des Jahres 1492 hieß es, es unterliege »keinem Zweifel, dass der Verkehr der Christen mit den sie zu ihrem verdammten Glauben verleitenden Juden den allergrößten Schaden stiftet«. Die Juden »geben sich alle Mühe«, die Christen »zu verführen«.[19] (Das Edikt ordnete mit dieser Begründung die Vertreibung aller Juden aus Spanien an; auch darauf werden wir noch zu sprechen kommen.) Noch im 19. Jahrhundert forderte Papst Leo XII., den Juden Zwangspredigten und andere Maßnahmen aufzuerlegen, um, wie er scheinheilig erklärte, »die Verruchtheit der starrsinnigen Juden zu zügeln, damit die Gefahr einer Verirrung der katholischen Gläubigen« vermieden werden könne.[20]

---

[18] POLIAKOV (I), S. 29.

[19] Absatz 2 des Alhambra-Edikts vom 31.3.1492, verkündet am 30.4.1492, online (engl.) unter www.sephardicstudies.org/decree.html. Hier zitiert nach der deutschen Übersetzung bei WIESENTHAL, S. 196.

[20] KERTZER (2004), S. 86.

Bevor ein christlich gefestigtes Europa es ihnen erlaubte, Zwangsmaßnahmen gegen die Juden durchzusetzen, betrieben die Männer der Kirche zur Konsolidierung der christlichen Gottesfürchtigkeit eine besonders radikale Dämonisierung der Juden. »Die Riten der Juden sind für die Christen verderblich und todbringend«, meinte etwa der Kirchenvater Hieronymus (347–420 n. Chr.); wer sie beachte, »ist ein dem Abgrund des Teufels verfallener Bösewicht«.[21] Für den Heiligen Hilarius von Poitiers (ca. 315–367 n. Chr.) waren die Juden »ein Volk von Schlangen und Knechte der Sünde [...] Söhne eines teuflischen Willens«.[22] (Letzteres bedeutet: sie seien vom Teufel besessen.)

Vor allem der berühmte und ebenfalls heiliggesprochene Patriarch von Konstantinopel, Johannes Chrysostomos, predigte in seinen berühmt gewordenen *Acht Reden gegen Juden* (*Adversus Iudaeos*, 386/387 n. Chr.) fanatisch gegen die Juden und ihre Liaison mit dem Teufel. Die Juden verehrten den Teufel, erklärte auch er, sie hätten mit ihrer »Hemmungslosigkeit die triebhaftesten der Tiere in den Schatten gestellt«; »brünstige Hengste« seien sie, und »geile Hengste«, die »den Beischlaf wie diese Tiere praktizieren«. Ihre Synagoge, dieser Ort, an dem die »Christusmörder zusammenkommen«, sei »ein Unterschlupf für wilde Tiere« und »für Dämonen«; auch »in den Seelen der Juden« wohnten Dämonen. Die Synagogen beherbergten zudem einen »Reigen von Lustknaben« und »einen großen Haufen von Hurenweibern«. Noch zu milde sei es, die Synagoge eine »Räuberhöhle« zu nennen oder ein »Bordell«, einen »Ort des Rechtsbruchs«, einen »Wachtposten des Teufels« oder eine »Seelenverderberin, Schlucht und Grube jedes Verderbens«.[23]

---

[21] SCHRECKENBERG, S. 335.

[22] SCHRECKENBERG, S. 280; vgl. HEER (1967), S. 67.

[23] Alle Zitate aus CHRYSOSTOMUS. »Hemmungslosigkeit«: S. 96; »brünstige«: S. 96; »Beischlaf«: S. 135; »Christusmörder«: S. 95; »wilde Tiere«: S. 87; »Dämonen«: S. 90, 95; »in den Seelen«: S. 95; »Lustknaben«, »Hurenweiber«: S. 87, 108; »Räuberhöhle«, »Bordell« etc.: S. 186. Vgl. dazu ausf. SCHRECKENBERG, S. 320ff. (dem eine ältere Chrysostomos-Übersetzung vorlag); auch NIXEY, S. 199; POLIAKOV (I), S. 21f. sowie LAQUEUR, S. 62.

Diese Formulierungen, die sich in ähnlicher Weise bei vielen Gottesmännern finden, sagen tatsächlich wenig über die Juden aus, aber viel über die sexuelle Verfasstheit der Autoren.

»Gott hasst euch!«, meinte der liebevoll »Goldmund« genannte Patriarch schließlich über die Juden,[24] denn sie traf in den Augen der Christen das Verdikt, für die Kreuzigung Jesu verantwortlich zu sein.

Etwa ein Jahr nach den demagogischen *Acht Reden gegen Juden* brannten Christen die bereits erwähnte Synagoge von Callinicum nieder; vor allem in Nordsyrien zerstörten sie ab dem 5. Jahrhundert zahlreiche Synagogen oder wandelten sie in Kirchen um.[25] Im nationalsozialistischen Deutschland wurden die Schriften des Chrysostomos häufig zitiert und auch neu aufgelegt.[26]

*Der Jude verehrt den Teufel* – die Wahnvorstellung, die Juden stünden mit dem Satan im Bunde, ist Gemeingut unter den Kirchenvätern, sie findet sich prominent auch bei Martin Luther und hat, wie wir noch sehen werden, ihre Spuren bis in unsere Zeit hinein hinterlassen. Entsprechende Ideen enthält indessen bereits das Neue Testament. In der Offenbarung des Johannes werden die Juden mehrmals als »Synagoge des Satans« bezeichnet. Im Johannes-Evangelium heißt es, Jesus habe zu den Juden im Tempel gesagt: »Ihr habt den Teufel zum Vater« (Joh. 8:44).[27]

---

[24] KRÄMER-BADONI, S. 19. Vgl. CHRYSOSTOMUS, S. 178.

[25] CHRYSOSTOMUS, S. 77f.

[26] LAQUEUR, S. 63, NIXEY, S. 199.

[27] Bisweilen wird behauptet, die Aussage Jesu beziehe sich tatsächlich nicht auf die Juden als Gesamtheit, sondern lediglich auf die Schule der Pharisäer (vgl. Joh. 8:3) oder die Hohepriester. Derartige Versuche mögen ehrenwert sein, doch adressiert Jesus im weiteren Verlauf des Textes mehrfach schlicht »die Juden« (etwa Joh. 8:22: »Da sagten die Juden«). Vgl. dazu die theologische Diskussion bei BROER, S. 12ff., der u. a. darauf hinweist, dass der Autor des Johannes-Evangeliums dem Statthalter Pilatus folgende an Jesus gerichtete Worte in den Mund legt: »Dein Volk und die Hohenpriester haben dich mir überantwortet« (Joh. 8:35); die Verantwortung für die Auslieferung Jesu wird hier ausdrücklich nicht nur einer jüdischen Obrigkeit, sondern den Juden insgesamt zugewiesen. – Fest steht zudem, dass die Christen in den letzten 2.000 Jahren keinen Zweifel daran ließen, dass dabei stets die Juden insgesamt gemeint sind.

Wie verheerend diese Auslassungen sind, zeigt sich auch daran, dass führende Nationalsozialisten immer wieder darauf zurückgriffen. Adolf Hitler meinte bereits 1921 auf einer NSDAP-Versammlung in Rosenheim: »Ich kann mir Christus nicht anders vorstellen als blond und mit blauen Augen, den Teufel aber nur in der jüdischen Fratze!«[28] Das NSDAP-Parteiorgan *Völkischer Beobachter* vermerkte in seinem Bericht dazu an, die Rede Hitlers sei »mehrfach unterbrochen durch tosende Beifallskundgebungen seiner tiefbewegten Zuhörer«. 1923 erklärte Hitler in seiner Rede vor der NSDAP-Versammlung im Münchner Zirkus Krone: »Der Jude ist das Ebenbild des Teufels.«[29] In *Mein Kampf* bringt er die Juden gleich mehrmals mit dem Teufel in Verbindung. Der Jude, so schreibt er, »wird in seiner Gemeinheit so riesengroß, daß sich niemand zu wundern braucht, wenn in unserem Volke die Personifikation des Teufels als Sinnbild alles Bösen die leibhaftige Gestalt des Juden annimmt«.[30]

Julius Streicher, der »Frankenführer« der NSDAP, der im Urteil des Nürnberger Hauptkriegsverbrecherprozesses als »Judenhetzer Nummer eins« bezeichnet und zum Tode verurteilt wurde, hatte den Topos von den teuflischen Juden ebenfalls häufig bemüht und sich dabei freiweg auf das Neue Testament bezogen. In seiner Nürnberger Rede vom April 1932 mit dem Titel »Die Juden sind unser Unglück« meinte er: »Warum hört Ihr nicht auf Christus, der zu den Juden sagte: ›Ihr seid Kinder des Teufels‹?«[31]

Im Dezember 1941 schrieb Streicher in dem von ihm herausgegebenen antisemitischen Kampfblatt *Der Stürmer* über die Juden, es gebe nur einen Weg: »die Ausrottung dieses Volkes, dessen Vater der Teufel ist«.[32] Ganz im Sinne des Johannes-Evangeliums bezeich-

---

[28] Rede vom 21.4.1921, Bericht des ›Völkischen Beobachters‹, *in:* HITLER (1980), Dok. 223, S. 367. (Zu dieser Edition siehe die quellenkritischen Hinweise von JÄCKEL/KUHN, S. 163f.)

[29] Rede vom 1.5.1923, Bericht des Polizei-Nachrichtendienstes (PND), *in:* HITLER (1980), Dok. 524, S. 918.

[30] HITLER (1943), S. 355.

[31] Rede vom 21.4.1932 im Herkules-Saalbau, *in:* STREICHER, S. 131.

[32] ›Der Stürmer‹ 52/1941 vom 25.12.1941.

Der Stürmer

Deutsches Wochenblatt zum Kampfe um die Wahrheit

51 1938

Kinder des Teufels

Die neue Internationale

Die Juden sind unser Unglück!



*»Kinder des Teufels«, ›Der Stürmer‹, Nr. 51, 1938.*

nete der *Stürmer* die Juden regelmäßig als »Kinder des Teufels«. Das Blatt wurde in einer Auflage von mehreren hunderttausend Exemplaren vertrieben. Zudem hing es in vielen Orten öffentlich in den »Stürmerkästen« aus; deren Zahl ging in die Tausende. Obwohl Julius Streicher wegen des vulgären Stils des *Stürmers* innerhalb der Partei nicht unumstritten war, hielt ihn Adolf Hitler für unersetzbar. »Über eines gibt es gar keinen Zweifel«, erklärte der »Führer« im Dezember 1941, »daß Streicher niemals zu ersetzen ist«.[33]

Die offene Bezugnahme auf christliche Motive zeigte sich auch im nationalsozialistischen Alltagsleben, denn die Bevölkerung kannte die aufstachelnden antisemitischen Worte und Bilder zur Genüge aus Kirche, Schule und Familie. Tatsächlich war der gewöhnliche Deutsche der Darstellung des gefolterten Jesus am Kreuz und der Erzählung von der jüdischen Verantwortung für die Bluttat von Kindesbeinen an ausgesetzt. In seinem Werk »Das Dritte Reich und die Juden« bemerkt der israelische Historiker Saul Friedländer, »dass sich infolge der frühen Prägung durch christlichen Religionsunterricht und christliche Liturgie sowie durch Alltagsausdrücke, die aus der allgegenwärtigen und fortwährenden Präsenz der verschiedenen Konfessionen des christlichen Glaubens stammten, ein riesiger Vorrat von nahezu automatischen antijüdischen Reaktionen ansammelte«.[34] Gerade die Kindheit indessen prägt das Fühlen

---

[33] BAIRD, S. 669. Hitler würdigte Streicher bereits 1926 im zweiten Band von *Mein Kampf*, vgl. HITLER (1943), S. 575.

[34] FRIEDLÄNDER (2007), S. 98.

und Denken der Menschen nachhaltig. Nicht von ungefähr betonte Julius Streicher in einer Rede vor Nürnberger Lehrern, wie wichtig es sei, unter Bezugnahme auf Jesus bei den Kindern einen »gesunden Hass« auf die Juden zu erzeugen. Der Jude wolle Deutschland vernichten, so Streicher, der Jude sei der Teufel, und weiter:

> »Sehen Sie, wenn man so hineinschaut in all das Geschehen, was wir Weltgeschichte heißen, dann glaubt man daran, daß vor zweitausend Jahren einer gesagt hat: ›Ihr seid Mörder seit Anbeginn, euer Vater ist der Teufel‹. […] Und wenn ich noch in der Schule stände, dann würde ich jeden Tag am Anfang der Stunde und am Ende, am Anfang des Unterrichts und am Ende sagen: ›Kinder, vergesst es nicht, Christus hat gesagt, die Juden sind Mörder seit Anbeginn, und ihr Vater ist der Teufel.‹ Ich glaube daran, daß eine Jugend, die dazu erzogen wird, der das schon in der ersten Zeit ihres Werdens eingehämmert wird, diese Jugend, die wird dann einmal bereit stehen, das letzte herzugeben, entschlossen zu sein, alles zu geben. […] Also, ich bitte Euch, gerade hier, in der Stadt der Reichsparteitage, macht mir die Freude, so daß ich immer wieder sagen kann, auch die Lehrerschaft voran, erzieht die Kinder zu einem gesunden Haß, zu einem gesunden Zorn. Sagt den Kindern: Jawoll, mit der Peitsche hat er sie hinausgehauen.[35] Er war ein Hasser der Juden: Erzeugt diesen Haß.«[36]

Die durch derartige Erzählungen seit Jahrhunderten eingeprägten Muster verselbständigen sich im Laufe der Zeit und verlieren ihre Wirkung auch dann nicht, wenn sich später beim Träger dieser Vorstellungen eine Distanz zur Religion entwickelt. Die angebliche Schuld der Juden hat sich mithin ins kollektive Unbewusste eingebrannt. So fanden sich im Nationalsozialismus dann auch Schilder an den Ortseingängen verschiedener deutscher Dörfer und Städte, die auf das Johannes-Evangelium Bezug nahmen. Im ostfriesischen Leer oder im bayerischen Eschenbach beispielsweise waren von der NSDAP Tafeln angebracht worden mit der Aufschrift »Der Vater der Juden ist der Teufel. Jesus Christus.«

---

[35] Streicher rekurriert hier auf die »Tempelreinigung« Jesu (Joh. 2:13–16).

[36] Ansprache auf einer Kundgebung der Nürnberger Lehrerschaft, 17.6.1938, *in:* HIRSCHFELD/LEONHARD/SCHOEPS, Dok. 60, S. 108f.

*Oben: »Der Vater der Juden ist der Teufel. Jesus Christus. NSDAP Eschenbach«. Tafel am Ortseingang von Eschenbach (Bayern), Foto vom Juli 1935. Links unten: »Die Juden sind Kinder des Teufels«. Schild in Dresden, unbek. Datum. Rechts unten: »Wer den Jude [sic] kennt, kennt den Teufel!« Propaganda-Wagen der SA in Recklinghausen, Foto vom August 1935.*

## 2. »Christusmörder«

Julius Streicher schilderte in seinem politischen Testament von 1945 biografisch die Entstehung seines Antisemitismus:

> »Als ich dann zur Schule kam und in der Religionsstunde aus dem Munde des Pfarrers die Leidensgeschichte des Heilandes der Christenheit erfuhr, erfüllte mich die Mitteilung mit Grauen, die Juden hätten angesichts des blutüberströmten Heilands kein Mitleid empfunden, sich mit der Marterung des Gefangenen nicht zufrieden gegeben und sogar noch die Kreuzigung gefordert, obwohl der römische Statthalter Pilatus die Anschuldigung zurückweisen konnte, Jesus hätte mit seinem Kampf gegen das jüdische Pharisäertum ein Verbrechen wider die Strafgesetze begangen. *In jener Religionsstunde kam ein erstes Ahnen in mein Leben, das Wesen des Juden sei ein absonderliches.*«[37]

Streicher nahm dementsprechend zeit seines Lebens Bezug auf das Neue Testament und die Kreuzigung Jesu. Bereits 1924 fragte er in einer Rede in Bamberg scheinheilig, sich im Jargon eines »besorgten Bürgers« zum Opfer stilisierend: »Wer weiß, ob nicht noch einmal die Zeit kommt, da man überhaupt nicht mehr sagen darf, daß Christus von den Juden gekreuzigt worden ist?«[38]

Im Mai 1928 fabulierte Streicher in einer Rede im Nürnberger Herkules-Saalbau wiederum ausführlich über »eines der größten politischen jüdischen Verbrechen«. Jesus sei einst ins Heilige Land gekommen und habe gegen die Juden gepredigt, gegen diese »Kinder des Teufels«:

> »Doch bald kam die Tragik. Heimlich hetzten die jüdischen Schriftgelehrten und Priester beim römischen Statthalter und setzten durch, daß dieser den Steckbrief gegen Christus erließ. Ein Judenbastard, der in seiner Jüngerschar weilte, verriet den Meister für 30 Silberlinge.

[37] BAIRD, S. 670, (Hervorh. im Original).

[38] »Wir wollen schaffen und leiden …«, Rede vom 17.9.1924, *in:* STREICHER, S. 27.

> Welch teuflisches Spiel mußte Judas getrieben haben, bis es so weit war, daß er den Meister seinen Häschern ausliefern konnte. Der nichtjüdische Bürger von Jerusalem fühlte, daß er, wenn er sich für den Antisemiten Christus einsetzen würde, in Gefahr käme. Er dachte genauso wie der Bürger unseres heutigen Staates. Deshalb blieb er zu Hause und ließ geschehen, was geschah. Christus wurde vor das römische Gericht geschleppt. Der Beamte Pilatus konnte keine Schuld an ihm finden und wollte ihn wieder freilassen. Da kamen die Pharisäer und die Rabbiner, eine Abordnung, wie sie heute oft im Reichstag erscheint, um ein Gesetz zu verhindern, das gegen die Juden gerichtet ist, und verlangten die Verurteilung zum Tode. Immer noch weigerte sich Pilatus. Da kamen die Juden wieder und sagten: Wenn Du uns den Antisemiten Jesus Christus nicht übergibst, dann verlangen wir vom Kaiser, daß er Dich Deines Amtes enthebe. Vor dem Palast sammelte sich das von Juden bestochene Untermenschentum – Kommunisten und Bolschewisten aus den Vorstädten Jerusalems. Als Pilatus mit Christus auf den Balkon trat, da brüllte die ›Masse Mensch‹, vom Juden aufgehetzt: ›Kreuziget ihn! Kreuziget ihn!‹ Aus den Fenstern schauten die Cohns, die Bankiers – und grinsten, weil sie ihren Plan gelingen sahen! Der römische Beamte fügte sich dem Terror, und obwohl er bekennen mußte, er finde keine Schuld an dem Nazarener, übergab er ihn den Juden, auf daß sie ihn kreuzigten.«[39]

Streichers Hetzblatt *Stürmer* griff zwischen 1923 und 1944 insgesamt mindestens 173 Mal auf Judas oder den »Judaslohn« von dreißig Silberlingen zurück.[40]

Ob der 1889 geborene Adolf Hitler ein ähnliches kindliches Erweckungserlebnis hatte wie Julius Streicher, ist nicht überliefert. Als Kind hatte er indessen ab 1897 für zwei Jahre die Klosterschule des Benediktinerstifts im oberösterreichischen Lambach besucht, wo er auch Chorknabe und Ministrant war.[41] Noch in *Mein Kampf* bezeugt er, dass er dort Gelegenheit hatte, sich »oft am feierlichen Prunke der äußerst glanzvollen kirchlichen Feste zu berauschen« und ihm in jener Zeit der »Herr Abt« des Klosters »als höchst erstre-

---

[39] »Fluch dem Menschenmörder!«, Rede vom 5.5.1928, *in:* STREICHER, S. 106f.
[40] Auflistung der entspr. ›Stürmer‹-Artikel bei KÜBLER, S. 583ff.
[41] MASER, S. 56.

benswertes Ideal erschien«.[42] Ohne Zweifel wurde die Christusmordlegende im Kloster ganz unverblümt verbreitet – wie in den Schulen aller christlichen Länder jener Zeit. Hitlers Lebensgefährtin Eva Braun, die in Simbach am Inn ebenfalls eine Klosterschule besucht hatte, war praktizierende Katholikin; Henry Picker, einer der Protokollführer der »Tischgespräche im Führerhauptquartier«, notierte, sie habe auch während ihrer Partnerschaft mit Hitler regelmäßig die katholische Messe besucht.[43]

Der christliche Glaube und insbesondere die Idee einer jüdischen Schuld am Tode Jesu spielten im Denken Adolf Hitlers eine durchaus erhebliche Rolle, die allzu gerne ignoriert wird; auch würden wir es uns zu einfach machen, in seinen häufigen Rekursen auf christliche Motive nur ein opportunistisches »Instrumentalisieren des Christentums« zu sehen. Hitler war von seiner Geburt bis zum Ende seines Lebens offizielles Mitglied der Katholischen Kirche,[44] er bezog sich indes auch häufig auf Martin Luther. Bereits in seinem Buch *Mein Kampf* schrieb er: »So glaube ich heute im Sinne des allmächtigen Schöpfers zu handeln: Indem ich mich des Juden erwehre, kämpfe ich für das Werk des Herrn.«[45] (*Notabene*: Schon mit dem Wort »erwehre« machte Hitler die Juden zu den eigentlichen Aggressoren und die Antisemiten zu Opfern.) Dem Lagebericht der Münchner Polizeidirektion zufolge sagte Hitler 1926 in einer Weihnachtsansprache auf einer NSDAP-Versammlung:

> »Gerade für den Nationalsozialisten habe das Weihnachtsfest erhöhte Bedeutung, denn Christus sei der größte Vorkämpfer im Kampfe gegen den jüdischen Weltfeind gewesen. Christus sei nicht der Friedensapostel gewesen, den erst die Kirche aus ihm gemacht habe, sondern er sei die größte Kämpfernatur gewesen, die je gelebt hat. Die Lehre Christi sei für Jahrtausende grundlegend gewesen für den Kampf gegen den Juden als Feind der Menschheit. Das Werk, welches Christus

---

[42] Hitler (1943), S. 4.
[43] Picker, S. 24.
[44] Speer, S. 109; Maser, S. 267; Heer (1968), S. 519f.
[45] Hitler (1943), S. 70.

> angefangen habe, aber nicht beenden konnte, werde er (Hitler) zu Ende führen. Der Nationalsozialismus sei nichts anderes als eine praktische Befolgung der Lehre Christi.«[46]

Dementsprechend bekannte sich die NSDAP schon in ihrem Parteiprogramm zum Christentum.[47] Statt jedoch Hitler zu exkommunizieren (wie die Kirche es mit so vielen Kommunisten umstandslos getan hat), erklärte der Münchner Kardinal Faulhaber 1936 nach einer Zusammenkunft mit dem »Führer« beeindruckt: »Der Reichskanzler lebt ohne Zweifel im Glauben an Gott.«[48] Nach allem, was wir wissen, lag der Gottesmann damit durchaus richtig.

Wenn Hitler mitunter das Christentum kritisierte, so nur, weil es ihm nach Aufklärung und Judenemanzipation in der relativ aufgeschlossenen Weimarer Republik allzu verweichlicht erschien, weil es also, wie er selbst sagte, »heute leider Gottes nur noch ein Christentum des Scheins statt der Tat ist«.[49] In einer Rede im Münchner Bürgerbräukeller wurde er deutlicher: »Nicht Mundchristen sollen wir sein, sondern Tat-, Schwertchristen.«[50] Dem Polizeibericht über eine weitere Münchner Rede Hitlers mit 4.000–5.000 Zuhörern ist zu entnehmen, wie er die Ziele der nationalsozialistischen Bewegung zusammenfasste:

> »Am Schlusse seiner Rede gab Hitler die wichtigsten Punkte der Bewegung bekannt:
> 1. Erweckung des nationalen Geistes und der Liebe zum Vaterland.
> 2. Kampf gegen alle Deutsche, die nicht deutsch sein wollen.

---

[46] Rede in München v. 18.12.1926, Polizeibericht, *in:* HITLER (1992a), Dok. 59, S. 105f.
[47] »Die Partei als solche vertritt den Standpunkt eines positiven Christentums, ohne sich konfessionell an ein bestimmtes Bekenntnis zu binden.« Parteiprogramm der NSDAP vom 24.2.1920, Ziffer 24, online auf der Website des Deutschen Historischen Instituts, https://archive.ph/lbXFS.
[48] Bericht Faulhabers über eine Unterredung mit Hitler, *in:* VOLK, Nachlass Faulhaber, Dok. 572, S. 194.
[49] Rede auf einer NSDAP-Versammlung in Rosenheim vom 21.4.1921, Bericht im ›Völkischen Beobachter‹, *in:* HITLER (1980), Dok. 223, S. 367.
[50] ›Völkischer Beobachter‹, 20.12.1922, *in:* HITLER (1980), Dok. 450, S. 770.

3. Durchsetzung des Christentums, in dem es keinen Unterschied mehr gibt zwischen Katholiken und Protestanten. Christlich sein heißt nicht nur dulden, sondern auch streiten.«[51]

Als Nationalsozialisten »müssen wir wieder das Christentum hochbringen, aber das Kampfchristentum«, schrieb der *Völkische Beobachter* über diese Rede, die »immer wieder von Beifallsstürmen unterbrochen wurde«. »Wir haben als Christen die Pflicht, das Unrecht mit allen Mitteln zu bekämpfen, die uns Christus gegeben hat, und jetzt ist die Zeit, mit Faust und Schwert zu kämpfen.«[52]

Hitler berief sich bei seiner Propagierung blanker Gewalt gegen die Juden immer wieder auf Jesus, so etwa in einer Rede, die sich gegen die Bayerische Volkspartei richtete, eine zwar ebenfalls antisemitische Partei, die jedoch Gewalt gegen Juden nicht im selben Ausmaß im Programm hatte wie die NSDAP: »Jedenfalls bin ich der Überzeugung, daß zwischen der Peitsche von Jesus und einem Gummiknüppel kein großer Unterschied besteht, und das Vorbild von Jesus ist mir doch wertvoller als süße Redensarten der Partei.«[53] Mitunter warf Hitler dem zeitgenössischen, »verweichlichten« Christentum und manchen seiner Vertreter gar Verrat am wahren Christentum und Kapitulation gegenüber der jüdischen Gefahr vor – wir werden auf diesen Punkt später zurückkommen.

Nicht jedoch die Frage nach dem persönlichen Glauben Adolf Hitlers soll hier im Vordergrund stehen. Entscheidend ist vielmehr, dass die Empfänglichkeit seines Publikums für antisemitische Hetze derart groß war, weil sie immer wieder christlich aufgeladen war und in den althergebrachten Bildern vom gekreuzigten Jesus, der durch jüdische Schuld schmachvoll verblutet sei, einen starken Resonanzboden gefunden hatte. 94,5 Prozent der Deutschen waren im Jahr 1939 Mitglied der evangelischen oder katholischen Kirche;

---

[51] Rede im Löwenbräukeller vom 6.4.1923, Bericht des Polizei-Nachrichtendienstes (PND), *in:* HITLER (1980), Dok. 505, S. 865.

[52] ›Völkischer Beobachter‹, 8./9.4.1923, *in:* HITLER (1980), Dok. 505, S. 867f.

[53] Rede in der Thomasbrauerei vom 2.11.1922, Bericht des Polizei-Nachrichtendienstes (PND), *in:* HITLER (1980), Dok. 416, S. 718.

weitere 3,5 Prozent, die als »gottgläubig« verzeichnet waren, wurden ebenfalls ganz überwiegend christlich sozialisiert.[54] Sie alle kannten die berühmte Schilderung aus den Evangelien:

> »Wen von beiden soll ich freilassen? Sie riefen: Barabbas! Pilatus sagte zu ihnen: Was soll ich dann mit Jesus tun, den man den Messias nennt? Da schrien sie alle: Ans Kreuz mit ihm! Er erwiderte: Was für ein Verbrechen hat er denn begangen? Da schrien sie noch lauter: Ans Kreuz mit ihm! Als Pilatus sah, dass er nichts erreichte, sondern dass der Tumult immer größer wurde, ließ er Wasser bringen, wusch sich vor allen Leuten die Hände und sagte: Ich bin unschuldig am Blut dieses Menschen. Das ist eure Sache! Da rief das ganze Volk: Sein Blut komme über uns und unsere Kinder! Darauf ließ er Barabbas frei und gab den Befehl, Jesus zu geißeln und zu kreuzigen.« (Mt. 27:21–26)

Das Christusmordmotiv findet sich schließlich auch erstaunlich oft in den Reden und Schriften des »Führers«. Über eine Weihnachtsrede Hitlers im Dezember 1922 auf einer NSDAP-Versammlung heißt es in einem Polizeibericht:

> »Um 10 Uhr sprach Hitler, von den Anwesenden mit stürmischen ›Heil-Rufen‹ begrüßt, und zwar über das Thema: die Geburt, das Leben und der Tod Christi. Wir sollen uns ein Beispiel an diesem Manne nehmen, der arm in einer Hütte geboren wurde, der große Ideale verfolgt hat und den die Juden aus diesem Grunde später an das Kreuz geschlagen haben, dessen Name aber fortlebt seit dieser Zeit. Dieser Mann sah nicht nach Gold und Metall, sondern war Idealist.«[55]

Der Bericht weist darauf hin, es habe sich um eine Versammlung »mit außerordentlich großem Andrang« gehandelt. Über eine weitere Rede Hitlers am selben Abend schreibt der Berichterstatter:

---

[54] Daten der Volkszählung im Deutschen Reich 1939, abgedr. bei GAILUS/NOLZEN, S. 197. – »Glaubensjuden« wurden mit 0,4 Prozent, »Glaubenslose« mit 1,5 Prozent beziffert. Als »gottgläubig« wurden ab 1936 Religiöse bezeichnet, die nicht Mitglied einer Kirche waren.

[55] Rede im Bürgerbräukeller vom 17.12.1922, Polizeibericht, *in:* HITLER (1980), Dok. 450, S. 769.

»In seiner Rede knüpfte Hitler an auf die Bedeutung der Geburt Christi für das deutsche Volk. Er stellte Christus als Vorbild dessen dar, was aus Idealismus zu leisten möglich sei. Schon vor 1900 Jahren war die Welt von den Juden und dem jüdischen Geiste genau wie heute durchseucht, und als Christus sich gegen den Krämergeist aufbäumte, schlugen sie ihn ans Kreuz.«[56]

Das Polizeiprotokoll vermerkt abschließend: »Mit dem Deutschlandlied schloß Hitler seine Festrede, die brausenden Beifall auslöste.«

Schon ein Jahr zuvor hatte sich Hitler anlässlich der Weihnachtsfeier der NSDAP vor seinen 4.000 Zuhörern auf die Kreuzigung Jesu berufen: »Wir feiern heute ein Fest, das die ganze Welt einig feiert. Die Juden haben den Weltbefreier feige ans Kreuz geschlagen.« Nachdem er schwört, mit den Juden »abzurechnen«, schließt er beherzt ab: »Das walte Gott! Amen.«[57]

Wenn sie schon Jesus ermordeten, dann würden die Juden gewiss vor gar nichts zurückschrecken, das stand für den gewöhnlichen Deutschen fest. So wie sie einst gegen Jesus agierten, erklärte Hitler bei anderer Gelegenheit, so würden die Juden heute gegen die Nationalsozialisten vorgehen:

»War es einst möglich, daß der Jude den Pöbel Jerusalems gegen Christus hetzte, so muß es ihm auch gelingen, daß er heute die wahnsinnig betörte Menschheit hetzt gegen die, die es jetzt, wahrhaftiger Gott, am ehrlichsten und redlichsten mit diesem Volke meinen.«[58]

»Stürmischer Beifall«, vermerkt das Protokoll.

---

[56] Rede im Münchner Kindl-Keller v. 17.12.1922, Polizeibericht, *in:* HITLER (1980), Dok. 451, S. 770.

[57] Rede im Hofbräuhaus v. 9.1.1922, *in:* HITLER (1980), Dok. 341, S. 544. – Der ›Völkische Beobachter‹ beschrieb das Fest als »Julfest« (ibd.), was zeigt, wie die Nationalsozialisten auch germanischen Kulten zugeneigt waren, ohne deshalb vom Jesus-Kult abzurücken.

[58] Rede auf einer NSDAP-Versammlung, München, 28.7.1922, Bericht des ›Völkischen Beobachters‹, *in:* HITLER (1980), Dok. 393, S. 666.

*Zur Illustration einer jüdischen Gefahr nahm der ›Stürmer‹ häufig Bezug auf die Kreuzigung Jesu. »Die Juden haben Christus ans Kreuz geschlagen und ihn tot geglaubt. Er ist auferstanden. Sie haben Deutschland ans Kreuz geschlagen und tot gesagt und es ist auferstanden herrlicher denn je zuvor.« (›Der Stürmer‹, Ausgabe 13/1933)*

Doch nicht nur die eigene Partei setzte Hitler in eins mit dem gekreuzigten Gottessohn. Tatsächlich befinde sich wie einst Christus nun sogar ganz Deutschland in der Gefahr, von den Juden ans Kreuz geschlagen zu werden: »Der Jude ist deshalb ein Völkerzersetzer«, sagte Hitler 1923 vor 9.000 Zuhörern, und weiter: »Wir wollen vermeiden, daß auch unser Deutschland den Kreuzestod erleidet!«[59] Deutschland erschien ihm schließlich, wie er 1928 schrieb, als »das Hauptbollwerk einer wirklich christlichen Weltanschauung«.[60] Zu Ostern 1933, kurz nach der Regierungsübernahme der Nationalsozialisten, hieß es auch im *Stürmer*, die Juden hätten »Deutschland ans Kreuz geschlagen«, Deutschland aber sei nun »auferstanden herrlicher denn je zuvor« (s. Abb.).

---

[59] Rede im Zirkus Krone vom 20.4.1923, Bericht des ›Völkischen Beobachters‹, *in:* HITLER (1980), Dok. 517, S. 909.

[60] HITLER (1961), S. 88.

Auf einer NSDAP-Versammlung im Bürgerbräukeller sprach Hitler 1922 ausführlich zum Antisemitismus und berief sich wiederum auf Jesus. Als er auf die Kreuzigung zu sprechen kommt, vermerkt der Protokollant »Bewegung im Saale«:

> »Ich möchte mich hier nun auf einen Größeren berufen. *Herr Graf Lerchenfeld*[61] (Unruhe und Lachen) meinte in der letzten Landtagssitzung, sein Gefühl (Hört!) ›als Mensch und als Christ‹ müsse ihn abhalten, Antisemit zu sein (Rufe: Pfui). Ich sage: *Mein christliches Gefühl weist mich hin auf meinen Herrn und Heiland als Kämpfer* (stürmischer, langanhaltender Beifall). Es weist mich hin auf den Mann, der einst einsam, nur von wenigen Anhängern umgeben, diese Juden erkannte und zum Kampf gegen sie aufrief, und der, wahrhaftiger Gott, nicht der Größte war als *Dulder*, sondern der Größte als *Streiter*!
>
> In grenzenloser Liebe lese ich als Christ und Mensch die Stelle durch, die uns verkündet, wie der Herr sich endlich aufraffte und zur Peitsche griff, um die Wucherer, das Nattern- und Ottergezücht hinauszutreiben aus dem Tempel (stürmischer Beifall)![62]
>
> Seinen ungeheuren Kampf aber für diese Welt, gegen das jüdische Gift, den erkenne ich heute, nach zweitausend Jahren, in tiefster Ergriffenheit am gewaltigsten an der Tatsache, daß er dafür am Kreuze verbluten mußte (Bewegung im Saale). Als Christ habe ich nicht die Verpflichtung, mir das Fell über die Ohren ziehen zu lassen, sondern habe die Verpflichtung, ein Streiter zu sein für die Wahrheit und für das Recht.«[63]

Jesus ist für Hitler dann auch »unser Herr«[64] und gar »unser größter arischer Führer«.[65] »Gleich nach dem Tode Christi, den die Reaktion ans Kreuz geschlagen hat«, so erklärte er 1932 laut den Aufzeichnungen seines Beraters Otto Wagener, »begann die Ausrot-

---

[61] Hugo Graf von Lerchenfeld-Köfering, von 1921–1922 bayerischer Ministerpräsident (Bayerische Volkspartei).

[62] Hitler bedient sich hier direkt der Sprache des Neuen Testaments: »Ihr Schlangen! Ihr Otterngezücht!« (Mt. 23:33). »Er machte eine Geißel aus Stricken und trieb sie alle aus dem Tempel hinaus, dazu die Schafe und Rinder; das Geld der Wechsler schüttete er aus, und ihre Tische stieß er um.« (Joh. 2:15).

[63] Rede vom 12.4.1922, *in:* HITLER (1980), Dok. 377, S. 623 (Hervorh. im Original).

[64] Ibd., Dok. 377, S. 624.

[65] Hitler am 26.4.1922 im NSDAP-Mitteilungsblatt, *in:* HITLER (1980), Dok. 381, S. 635.

tung, zum mindesten die Inhaftierung und Entrechtung aller, die sich vorher zu Christus bekannt hatten.«[66]

Auch in *Mein Kampf* griff Hitler mehrfach auf das Christusmordmotiv zurück. Jesus war für ihn der erste große Antisemit; er habe gegen die Juden zur Peitsche gegriffen, um sie aus dem Tempel zu treiben, und weiter: »Dafür wurde dann Christus freilich an das Kreuz geschlagen.«[67] Der angebliche Christusmord der Juden erscheint ihm als Ausgangspunkt jeglicher jüdischer Feindseligkeit gegen die Christenheit:

> »Die beste Kennzeichnung jedoch gibt das Produkt dieser religiösen Erziehung, der Jude selber. Sein Leben ist nur von dieser Welt, und sein Geist ist dem wahren Christentum innerlich so fremd, wie sein Wesen es zweitausend Jahre vorher dem großen Gründer der neuen Lehre selber war.«[68]

Die heiligste Pflicht seiner völkischen Bewegung sei es, das von den Juden bedrohte, wahre Christentum zu retten – eine Pflicht, die von den zeitgenössischen Christen leider vernachlässigt werde:

> »Der Jude hat jedenfalls das gewollte Ziel erreicht: Katholiken und Protestanten führen miteinander einen fröhlichen Krieg, und der Todfeind der arischen Menschheit und des gesamten Christentums lacht sich ins Fäustchen. [...] Beide, jawohl, beide christliche Konfessionen sehen dieser Entweihung und Zerstörung eines durch Gottes Gnade der Erde gegebenen edlen und einzigartigen Lebewesens gleichgültig zu. Für die Zukunft der Erde liegt aber die Bedeutung nicht darin, ob die Protestanten die Katholiken oder die Katholiken die Protestanten besiegen, sondern darin, ob der arische Mensch ihr erhalten bleibt oder ausstirbt. Dennoch kämpfen die beiden Konfessionen heute nicht etwa gegen den Vernichter dieser Menschen, sondern suchen sich selbst gegenseitig zu vernichten. Gerade der völkisch Eingestellte hätte die heiligste Verpflichtung, jeder in seiner eigenen Konfession,

---

[66] Aufzeichnungen Otto Wageners, TURNER, S. 469.
[67] HITLER (1943), S. 336.
[68] HITLER, (1943), S. 336.

> dafür zu sorgen, *daß man nicht nur immer äußerlich von Gottes Willen redet, sondern auch tatsächlich Gottes Willen erfülle und Gottes Werk nicht schänden lasse.* Denn Gottes Wille gab den Menschen einst ihre Gestalt, ihr Wesen und ihre Fähigkeiten. Wer sein Werk zerstört, sagt damit der Schöpfung des Herrn, dem göttlichen Wollen, den Kampf an.«[69]

Als Hitler im Münchner Bürgerbräukeller darüber lamentierte, die Juden würden durch ihre Anwesenheit die deutschen Kurorte verderben, verwies er ohne Umschweife auf die christlichen Passionsspiele, die den wahren Charakter der Juden offenbaren würden:

> »Der heurige Sommer mit diesen Oberammergau-Festspielen wird Ihnen zeigen, wer eigentlich die Leute sind, die hier Zeit, Muße und Geld haben, sich an der Natur und Christi Leiden zu ergötzen (Beifall).«[70]

Die seit dem Mittelalter überlieferten Passionsspiele, wie sie in vielen katholisch geprägten Regionen zu Ostern öffentlich aufgeführt werden, stellen Leidensweg und Sterben Jesu unter reger Anteilnahme der Bevölkerung nach. Traditionell werden dabei die Juden – in Gestalt des Judas – als Schuldige am Tod Jesu ausgemacht; nicht selten lösten sie Ausschreitungen gegen Juden aus.[71] Die Spiele im bayerischen Oberammergau sind die bekanntesten ihrer Art, zuletzt nahmen über 500.000 Besucher an dem Spektakel teil; die Aufführung findet alle zehn Jahre statt. 1930 besuchte nicht nur Hitler, sondern auch der amerikanische Automobilhersteller und Antisemit Henry Ford die dortige Aufführung. Hitler hielt die Festspiele für wichtig, ja unerlässlich. Im nationalsozialistischen Deutschland wurde 1934 gar eine zusätzliche Spielzeit anberaumt. Der Oberregierungsrat Henry Picker notierte in seinen »Tischgesprächen im Führerhauptquartier« Hitlers Gedanken zu den Festspielen:

---

[69] HITLER (1943), S. 629f. (Hervorh. im Original).
[70] Rede vom 12.4.1922, *in:* HITLER (1980), Dok. 377, S. 615.
[71] SCHEIT, S. 37; RENTZ (2021), S. 6; POLIAKOV (II), S. 33, 67 (Fn. 16).

> »Es sei eine unserer wichtigsten Aufgaben, unsere kommenden Geschlechter vor einem gleichen politischen Schicksal wie dem deutschen von 1918 bis 1933 zu bewahren und deshalb das Bewusstsein der jüdischen Gefahr in ihnen wachzuhalten. Allein schon aus diesem Grund müssten die Oberammergauer Festspiele unbedingt erhalten werden. Denn kaum je sei die jüdische Gefahr am Beispiel des antiken römischen Weltreichs so plastisch veranschaulicht worden [...] In der Anerkennung der ungeheuren Bedeutung dieser Festspiele für die Aufklärung auch aller kommenden Geschlechter sei er [Hitler] ein absoluter Christ.«[72]

Über die Begeisterung Hitlers für die Oberammergauer Passionsspiele spricht man heute nicht gerne. Dabei verfehlten die Festspiele auch in späteren Jahrzehnten ihre antisemitische Wirkung nicht, wie verschiedene Äußerungen von Zuschauern belegen. 1970 bekundete einer der Besucher sein Resümee zu den Festspielen:

> »Die Juden sind verflucht. In dem Moment, wo sie Christus gekreuzigt haben, in dem Moment, hat der Herr-Gott sie verstoßen. Und sie können Ihn bitten, was sie wollen – sehen Sie mal, was sie ausgehalten haben in den Konzentrationslagern –, aber es hilft ihnen nichts. Die Juden sind verflucht. Sie haben keine Bleibe auf der Welt!«[73]

»Das ist uns so gelehrt worden«, meinte ein anderer. Der *Oberammergau Report* behauptete im Januar 1971: »Diejenigen, die die Passion für antisemitisch halten, sind verrückt.« Das Blatt zitierte zur Untermauerung seiner These freimütig einen weiteren Besucher: »Genauso, wie wir nicht wegleugnen, daß Hitler Millionen von Juden vernichtet hat, genauso wenig können die Juden wegleugnen, daß sie Christus ans Kreuz genagelt haben.« – Vielleicht also würde der gute Christ den Juden ihre Ur-Schuld vergeben, würden sie nur endlich aufhören, über den Holocaust zu reden.

---

[72] Bericht über das Gespräch mit Adolf Hitler vom 5.7.1942, abends (Wolfsschanze), PICKER, S. 422. – Die »Tischgespräche« sollten indes nicht als wörtliche Reden Hitlers betrachtet werden, vgl. die Quellenkritik von NILSSON, S. 105ff.
[73] Dieses und die folgenden Zitate aus LAPIDE (1979), S. 248f.

*Judasverbrennen in Pruchnik (Polen), Karfreitag 2019: »Judasz 2019 – Zdrajca!!« (dt.: Judas 2019 – Verräter!!)*

Seit den 1970er Jahren beteuert die Leitung der Festspiele zwar ihr Bemühen, der Inszenierung den antisemitischen Charakter zu nehmen, gleichwohl gibt es nach wie vor Kritik am Inhalt, etwa von der *Anti-Defamation League*.

In der polnischen Ortschaft Pruchnik besteht bis heute die Tradition eines Volksfestes um die Osterzeit, bei dem die Teilnehmer die christliche Rache für den vermeintlichen Christusmord der Juden theatralisch zelebrieren. Zunächst wird eine Strohpuppe aufgehängt, die die üblichen stereotypen Merkmale besitzt (Schläfenlocken, Hakennase) und mit »Judas – Verräter!« gekennzeichnet ist; am rechten Arm trägt sie einen Geldbeutel als Symbol des »Judaslohns« von dreißig Silberlingen. Die Judasfigur wird anschließend durch die Straßen geschleift, mit Stöcken geschlagen und am Ende verbrannt. Videoaufnahmen der schauderhaften Zeremonie zeigen, dass sich Hunderte von Christen daran beteiligen. Besonders besorgniserregend ist, dass vor allem Kinder dazu angestiftet werden, an diesem alten christlichen Brauch des symbolischen Judenverbrennens mitzutun, das wie eine Übung für ein Pogrom erscheint.[74]

Auch wenn die Strohpuppe Judas Iskariot darstellt, so wird die Figur doch weithin mit den Juden als solchen identifiziert. Bereits der Name Judas, den das Neue Testament dem »Verräter« zugewiesen hat, erscheint wie ein Eponym für die Juden.[75] Der Kirchenvater Eusebius von Caesarea verstieg sich im 4. Jahrhundert gar zu der Behauptung, die Juden trügen ihren Namen »nach dem Verräter Judas«. Im christlichen Weltbild waren die Juden im Grunde *geborene* Verräter, wie es schon Eusebius sagte: »[...] in der Linie des Verräters Judas aber stehen die Juden nach dem Fleisch«.[76] So kam es, dass Begriffe wie »Judaslohn« Eingang in die deutsche Alltagssprache gefunden haben und der Name Judas zum Synonym für Verräter geworden ist. Die Erzählung von den dreißig Silberlingen, die Judas für seinen Verrat an Jesus erhalten habe (vgl. Mt. 26:15), dürfte zudem zur Persistenz des Stereotyps vom skrupellosen »Finanzjuden« beigetragen haben, dessen »raffendes Kapital« dem guten, »schaffenden« Kapital gegenüberstehe.

Der Brauch des Judasverbrennens ist christlich-laikaler Natur, in der Regel organisieren ihn also christliche Laien, nicht der Klerus, aus dessen Kreisen mitunter sogar Missbilligung zu vernehmen ist. »In Pruchnik wird eine zukünftige Generation von Antisemiten herangezogen«, konstatierte Efraim Zuroff, der Direktor des *Simon Wiesenthal Center* in Jerusalem, anlässlich der Aufführung im Jahr 2019. »Der Vorfall erklärt, warum 200.000 Juden während des

---

[74] Video und Bericht (polnisch) finden sich unter https://tinyurl.com/Pruchnik.

[75] Léon Poliakov vermutet hinter dieser Namensgebung des Neuen Testaments »eine ganz bewusste Absicht, die künftig auf dem erwählten Volk liegende Schmach gleichnishaft darzustellen«, POLIAKOV (I), S. 21.

[76] STAFFA, S. 57f.

Holocaust von polnischen Menschen ermordet wurden.«[77] Auch der *World Jewish Congress* protestierte, doch die Staatsgewalt ist nicht willens oder fähig, diesem antisemitischen Treiben Einhalt zu gebieten. Wahrscheinlich möchte man die höchst empfindlichen »religiösen Gefühle« der Teilnehmer nicht verletzen.

Die österliche Verbrennung eines Juden *in effigie* als rituelle Rache für den Verrat an Jesus ist auch in Spanien, Griechenland und Südamerika verbreitet. In den Straßen Mexikos werden zu Ostern traditionell Judaspuppen aus Pappmaché zur Explosion gebracht. Das Judasverbrennen existiert allerdings auch in Deutschland noch, wenngleich sein antisemitischer Hintergrund hier manchmal verschleiert wird. Bei dem als »Judasfeuer«, »Jaudusfeuer« oder »Osterfeuer« bezeichneten Brauch werden oft Strohpuppen verbrannt, die mal mehr, mal weniger deutlich Judas darstellen sollen.[78] Mitunter ist die Figur mit einem Geldsack versehen, ihr werden also die Motive der Geldgier und des Verrats an Jesus offen zugewiesen. Während des Nationalsozialismus wurde der Ritus des Judasverbrennens oft von der Hitlerjugend organisiert; mitunter hat die Sturmabteilung (SA) der NSDAP zu seiner Durchführung aufgefordert. Heute stehen meist katholische Landjugendgruppen, Schützen- oder Burschenvereine dahinter, insbesondere in manchen Gemeinden Bayerns und Nordrhein-Westfalens.[79]

»Der Wichser hat unseren Jesus verraten«, rechtfertigte 2003 ein Teilnehmer eine Judasverbrennung im Schwarzwald.[80] Der Bericht einer sauerländischen Lokalzeitung aus dem Jahr 2019 mit dem unschuldig klingenden Titel »Flammen, Stockbrot und viel Freude an drei Feuern« zeigt, dass in Teilen der Gesellschaft bis heute die Vorstellung von einer jüdischen Ur-Schuld tief verinnerlicht ist und keinerlei Problembewusstsein existiert. Die Zeitung

[77] ›Jüdische Allgemeine‹, 23.4.2019, https://archive.is/LqfIP.
[78] Zu den fragwürdigen Behauptungen um heidnische Anteile des Brauchs siehe RENTZ (2021), S. 7f.; zu seinem Verhältnis zum liturgischen Osterfeuer ibd., S. 5.
[79] Zu den Judasfeuern vgl. die beiden instruktiven Broschüren RENTZ (2020) und RENTZ (2021).
[80] »Der Verräter brennt«, ›Jungle World‹, 16.4.2003, https://archive.ph/7LVEI.

verharmlost die Vorkommnisse selbst dann noch als spaßiges Spektakel für Groß und Klein, wenn dabei offen vom Judasverbrennen die Rede ist:

> »Gemütlich war es auch beim Osterfeuer am Sonntagabend in Affeln. [...] Um Punkt 19 Uhr wurde das Osterfeuer entzündet und schon nach zehn Minuten brannte die Strohpuppe, die traditionell als Judas auf der Spitze des Stapels postiert wird. Sie wird jedes Jahr traditionell verbrannt, um an den Verrat an Jesus zu erinnern. Während das Feuer loderte, gingen die Besucher zur nahe liegenden Scheune, um dort zum geselligen Teil des Abends überzugehen. Eben dort gab es neben Kaltgetränken und Bockwurst auch Stockbrot für die Kinder.«[81]

Der Oscar-Preisträger Mel Gibson verhalf den antisemitischen Passionsspielen im Jahr 2004 schließlich zu Rekordergebnissen in den Kinos. Sein Spielfilm ›Die Passion Christi‹ zeigte Millionen von Zuschauern mit Szenen äußerster Gewalt, wie die Juden, mit Satan im Bunde, Jesus verhöhnen, martern, verurteilen und am Ende Pilatus dazu nötigen, ihn am Kreuz verbluten zu lassen. Neben der Gestalt des Judas präsentiert der Film insbesondere den jüdischen Hohepriester Kaiphas als skrupellosen Akteur gegen Jesus. Vor allem evangelikale Christen waren in die Produktion involviert, aber auch der Vatikan zeigte Einsatz. Thomas Williams, Dekan der Theologischen Fakultät der Päpstlichen Hochschule, fungierte als theologischer Berater Gibsons, und selbst Papst Johannes Paul II. sah den Film, bevor er ins Kino kam. Obwohl sich die Katholische Kirche im Zweiten Vatikanischen Konzil (1965) in Ansätzen bereits von der Gottesmordlegende distanziert hatte, erhielt das Machwerk schließlich eine Art Segen des Heiligen Stuhls: »Der Film ist eine filmische Umsetzung des historischen Ereignisses der Passion Jesu Christi nach den Berichten des Evangeliums.«[82] Ungeachtet der starken Kritik am Film und der darin enthaltenen Darstellung der

---

[81] ›Süderländer Volksfreund‹, 23.4.2019; vgl. RENTZ (2021), S. 5.

[82] »Pope on Gibson movie«, ›National Catholic Reporter‹, 30.1.2004, online unter https://archive.is/BlZcN.

Juden als erbarmungslose Mörder Jesu wurde ›Die Passion Christi‹ einer der erfolgreichsten religiösen Filme überhaupt. Selbst Jassir Arafat, damals Präsident der palästinensischen Autonomiegebiete, war von Mel Gibsons Werk begeistert. (Wie der Film – und die Motive des christlichen Antisemitismus insgesamt – den Antizionismus im Nahen Osten beflügelten, werden wir später sehen.)

Die Christusmordlegende vermag also auch im 21. Jahrhundert noch Massen zu mobilisieren. Mel Gibson indes verbreitete einstweilen eine moderne, säkularisierte Variante dieser Legende. Bei einer Verhaftung im Jahr 2006 wegen Trunkenheit am Steuer fragte er den festnehmenden Polizeibeamten, ob dieser jüdisch sei, und erklärte dann: »Fucking Jews ... The Jews are responsible for all the wars in the world.«[83]

[83] ›New York Times‹, 30.6.2006; ausf. ›TMZ‹, 28.7.2006, https://archive.ph/XsmNY.

# 3. »Gottesmörder«

Die Beschuldigung des Christusmordes ist seit zwei Jahrtausenden das zentrale Motiv des christlichen Antisemitismus und wesentlicher Hintergrund der jahrhundertelangen Verfolgung der Juden. Bereits im Neuen Testament finden sich Schilderungen, wonach nicht etwa die römische Besatzungsmacht der Provinz Judäa und deren Statthalter Pontius Pilatus für die Kreuzigung des Nazareners verantwortlich gewesen sein sollen, sondern die jüdische Glaubensgemeinschaft. In den Paulusbriefen etwa ist von »den Juden« die Rede (also nicht nur von einer bestimmten Gruppe der Juden wie den Pharisäern oder den Hohepriestern), die »Jesus, den Herrn, und die Propheten getötet« haben sollen (1 Thess. 2:14–15). Die Apostelgeschichte wies den Juden bereits eine Rolle zu, die für den Antisemitismus musterbildend werden sollte: »Ihr Männer von Israel, hört diese Worte: Jesus, den Nazarener [...] habt ihr genommen und durch die Hände der Gesetzlosen ans Kreuz geschlagen und getötet.« (Apg. 2:22–23). Die Gesetzlosen, also die ohne das mosaische Gesetz lebenden Römer, erscheinen hier als bloße Werkzeuge der Juden, die die wahren Strippenzieher hinter der Kreuzigung seien.

Zu erwähnen ist außerdem das kollektive Eingeständnis der Schuld an der Kreuzigung Jesu, das den Juden in den Evangelien untergeschoben wird, nachdem Pilatus seine Hände in Unschuld gewaschen hatte: »Da rief das ganze Volk: Sein Blut komme über uns und über unsere Kinder!« (Mt. 27:25). Dieser sogenannte Blutfluch oder Blutruf diente immer wieder dazu, Gewalt gegen Juden zu rechtfertigen, vor allem in Pogromen nach den Karfreitagsgottesdiensten. Tatsächlich spielte der Blutfluch jedoch, wie sich noch zeigen wird, auch im Zusammenhang mit der nationalsozialistischen Massenvernichtung der Juden eine Rolle. Mit der Formulierung »das *ganze* Volk« hatte der Autor des Matthäus-Evangeliums keinen Zweifel daran gelassen, dass die Juden insgesamt für den Tod Jesu verantwortlich seien, nicht nur eine Gruppe oder Fraktion innerhalb der Juden. Und aufgrund der Worte »und über unsere Kinder« bestehe diese jüdische Schuld – so die allgemeine Lesart – für alle nachfolgenden Generationen. »Dieser Fluch gilt allen ihren Nachkommen«, schrieben beispielsweise die Jesuiten noch im Jahre 1890.[84]

Auch Johannes Chrysostomos und all die großen Kirchenmänner der christlichen Frühzeit begründeten ihren heiligen Zorn gegen die Juden ausdrücklich mit dieser vorgeblichen jüdischen Schuld. »Wenn sich Israel auch jeden Tag an allen Gliedern wüsche, so ist es doch niemals rein«, schrieb bereits der um das Jahr 150 n. Chr. geborene Theologe Tertullian. »Ohne Zweifel sind seine Hände immer unrein, das Blut [...] des Herrn selbst klebt an ihnen in Ewigkeit.«[85]

Nach längerem innerkirchlichem Streit um die Frage, ob Jesus göttlicher oder nur menschlicher Natur sei, wurde im Ersten Konzil von Nicäa (325) die Dreieinigkeitslehre durchgesetzt und die Frage damit im ersteren Sinne entschieden. Die angeblichen Mörder Jesu avancierten damit nach offizieller christlicher Lehre zu Mördern Gottes. Die Juden begingen nach den Theologen und Kirchenvätern der frühen Kirche dann auch einen »Gottesmord« (so ausdrücklich etwa Chrysostomos[86]), und zu diesem Behufe bedienten sie sich teuflischer Hilfe: »Denn wenden sich die nicht Dämonen zu, welche tun, was gegen Gott ist?«[87] Nur im Bunde mit Dämonen, so schlussfolgerten die Christen, wäre man derart mächtig, um sogar Gott ermorden zu können. Mit der Zerstörung ihres Tempels und ihrer Zerstreuung unter die Nationen habe Gott sie dafür bestraft.[88]

---

[84] Im Jesuitenorgan ›La Civiltà Cattolica‹, »Über die Judenfrage in Europa«, zit. n. GRABNER-HAIDER/ STRASSER, S. 247.

[85] SCHRECKENBERG, S. 221f.

[86] CHRYSOSTOMUS, S. 98 (Reden gegen die Juden I, 7). – Schon bevor es offizielle Kirchenlehre wurde, war der Vorwurf nicht nur des Christusmordes, sondern des Gottesmordes gegen die Juden verbreitet; erstes belegtes Beispiel ist Bischof Melito von Sardes im 2. Jahrhundert, WILENSKY, S. 29.

[87] Ibd., S. 98.

[88] Vgl. etwa CHRYSOSTOMUS, S. 76, 143.

In der Auseinandersetzung um die Gottesmord-Anklage gegen die Juden wird oft ignoriert, dass die diesbezüglichen Darstellungen des Neuen Testaments nicht historisch sind. Die frühesten Texte des Neuen Testaments entstanden bekanntlich erst etwa 20 Jahre nach dem behaupteten Ereignis, geschrieben in Korinth, also weit entfernt vom Ort der Geschehnisse. Die Niederschriften über das Leben Jesu entstanden sogar erst nach dem Jüdischen Krieg und der Zerstörung des Jerusalemer Tempels durch die Römer (70 n. Chr.). Sie widersprechen sich zudem untereinander in wesentlichen Punkten. Diese Texte sind keine Augenzeugenberichte, sondern Missionsliteratur, wie der Evangelist Johannes freimütig bekennt: »Diese aber sind aufgeschrieben, damit ihr glaubt, dass Jesus der Messias ist, der Sohn Gottes, und damit ihr durch den Glauben das Leben habt in seinem Namen«. (Joh. 20:31) Außerchristliche Quellen mit Hinweisen auf Jesus von Nazareth finden sich frühestens Ende des 1. Jahrhunderts. Schon ein historischer Kern der Person Jesus ist daher schwer fassbar. Wahrscheinlich war er der Anführer einer der vielen jüdischen antirömischen Bewegungen jener Zeit; dies scheint auch im Neuen Testament durch, etwa wenn seine Anhänger ihn »König der Juden« nennen, was den Anspruch auf weltliche Herrschaft impliziert. Althistoriker sind sich indessen einig darin, dass die römischen Besatzer dieser Epoche und insbesondere Pontius Pilatus rigoros Tausende von Todesurteilen vollstreckten. Die Kreuzigung war unter den Römern zudem die übliche Hinrichtungsmethode für Aufständische.

Die Vorstellung also, der »unschuldige« römische Statthalter habe auf Druck der jüdischen Bevölkerung – oder einer Fraktion derselben – eine Hinrichtung vollzogen, ist lächerlich.[89] Sie impliziert entgegen jeder historischen Realität, die Juden Jerusalems seien eine mächtige Kraft gewesen, die klandestinen Strippenzieher

[89] LAPIDE (1979), S. 241ff., COHN. – Aufgeklärtere Theologen wie der Neutestamentler Wolfgang Stegemann weisen heute ebenfalls darauf hin: »Jesu Schicksal kann allerdings ganz und gar ohne die Beteiligung irgendeiner jüdischen Instanz Jerusalems erklärt werden, doch es kann nicht erklärt werden ohne die entscheidende Verantwortung des römischen Statthalters.« Vgl. STEGEMANN, S. 3ff.

hinter den politischen Entscheidungen der römischen Obrigkeit. Diese Vorstellung ist die Urform des für den Antisemitismus so essenziellen Bildes von der Übermacht der Juden und ihrem unheimlichen Einfluss auf – vorzugsweise politische – Entscheidungsträger.

Dabei ist es die Vorstellung einer Liaison der Juden mit dem Teufel – diesem mächtigen, destruktiven und wurzellosen Abstraktum –, die diese unheimliche jüdische Übermacht erst glaubhaft erscheinen lässt. »Für den Christen«, schrieb der Historiker Bernard Lewis daher, stellen die Juden »eine dunkle und tödliche Macht dar, fähig zu Taten kosmischer Bosheit«.[90] Das Neue Testament verbreitet tatsächlich also die erste große antisemitische Verschwörungslegende.

Nicht nur in Schule und Familie wurde dieser verleumderische Mythos aufgegriffen, auch in der Kultur war er anzutreffen. Bedauerlicherweise schildern selbst musikalisch so überwältigende Werke wie etwa die Matthäus-Passion Johann Sebastian Bachs den Verrat durch Judas und den verhängnisvollen Blutfluch, den der Chor der Juden theatralisch vorträgt: »Sein Blut komme über uns und unsere Kinder.« Bachs Johannes-Passion lässt ebenfalls keinen Zweifel an der jüdischen Schuld. So fordert der jüdische »Wut-Chor« in schrillem Ton von Pilatus, Jesus ans Kreuz zu schlagen: »Weg, weg mit dem, kreuzige ihn!« Bachs Werke werden besonders zu den Ostertagen aufgeführt; sie rühren das Publikum seit dreihundert Jahren zu Tränen.

All diese Erzählungen mit ihren drastischen Bildern des Verrats, der Verhöhnung und der Folterung des blutenden, ans Kreuz geschlagenen Jesu, der doch der Retter der Welt sei: Auf Kinder machen sie fraglos einen tiefen Eindruck und führen zu einem zählebigen, tief verinnerlichten Rachebedürfnis. Diesen Bildern konnte sich niemand entziehen.

Auch Wilhelm Marr nicht, der »Vater« des modernen Antisemitismus, der 1879 die ›Antisemitenliga‹ gründete und zu diesem

---

[90] LEWIS (1989), S. 152.

Zeitpunkt religiöse Motive gegen die Juden bereits als »blödsinnig«[91] verworfen hatte: Er war, wie er selbst schreibt, getauft und »im Christenthume« erzogen worden; er musste das evangelische Glaubensbekenntnis und »den Katechismus auswendig lernen« und befand sich für mehrere Jahre bis zu seiner Konfirmation in der Obhut eines Predigers.[92] In seinem *Judenspiegel* von 1862 vertrat er noch nicht den eindeutig »rassistischen« Antisemitismus, sondern forderte, die Juden müssten ihr Judentum aufgeben, um alle staatsbürgerlichen Rechte erlangen zu können.[93] Erst in seiner 1879 erschienenen Schrift *Der Sieg des Judenthums über das Germanenthum – Vom nicht confessionellen Standpunkt aus betrachtet* kleidete er seinen Antisemitismus in ein modernes Gewand, sah eine »semitische Race« und einen unüberwindbaren Gegensatz zwischen Juden und Nichtjuden.[94]

Für die Juden war es noch zu Beginn des 20. Jahrhundert an der Tagesordnung, als Mörder Jesu beschuldigt zu werden. Der 1905 geborene jüdische Sozialpsychologe und Philosoph Manès Sperber etwa schrieb, spätestens in seinem vierten Lebensjahr habe er »erfahren müssen, dass wir Juden von unseren christlichen Nachbarn angefeindet werden – nicht ununterbrochen, aber immer wieder, zum Beispiel alljährlich von Karfreitag bis zum zweiten Ostertag«. In den Augen der Gläubigen habe man oft Misstrauen herauslesen können, einen »frommen Hass gegen die jüdischen Passanten, die – das hatte ihnen wohl eben der Pfarrer gepredigt – am Tode des Erlösers schuld waren. So glaubten auch die christlichen Kinder, dass wir Juden Gottesmörder waren, jedenfalls die Nachkommen jener, die Jesum Christum gekreuzigt hatten.«[95] Golda Meir, die spätere Ministerpräsidentin Israels, berichtete aus ihrer Kindheit in Kiew ebenfalls von ihrer Furcht vor den antisemitischen Banden,

---

[91] MARR (1879), S. 8.
[92] MARR (1848), S. 227; vgl. auch PUSCHNER, S. 247.
[93] MARR (1862), S. 49ff.; vgl. dazu auch BERGMANN.
[94] MARR (1879), S. 22.
[95] SPERBER, S. 7.

*»Wenn ihr ein Kreuz seht, dann denkt an den grauenhaften Mord der Juden auf Golgatha …« Aus dem Kinderbuch »Der Giftpilz« (Stürmer-Verlag, 1938).*

die »Messer und riesige Stöcke schwangen und ›Christusmörder‹ schrien, während sie nach den Juden suchten«.[96] »Als ich 7 oder 8 Jahre alte war«, bekundete auch der 1911 in Wien geborene Jurist Adolph Lusthaus, der später als Übersetzer bei den Nürnberger Prozessen tätig war, »sind mir eines Tages zwei Mitschüler nach Schulschluß nachgegangen und suchten mich zu attackieren, während einer von ihnen zu mir sagte: ›Du bist ein Judas, du hast unseren Heiland umgebracht‹. An diesem Tag hatten sie katholischen Religionsunterricht.«[97]

»In meinen Augen«, erklärt der israelische Schriftsteller Amos Oz, »ist die Geschichte von Judas in den Evangelien gleichsam das Tschernobyl des christlichen Antisemitismus der vergangenen

[96] Meir, S. 11.
[97] ›Dokumentation lebensgeschichtlicher Aufzeichnungen‹, Universität Wien, zit. n. Scholz/Heinisch, S. 33.

zweitausend Jahre.«[98] Der jüdische Politikwissenschaftler Joseph Dunner schließlich bemerkte 1950: »Für Christen aller Konfessionen ist Jesus das Symbol für alles Reine, Schöne und Heilige. Für Juden wurde Jesus ab dem vierten Jahrhundert zu einem Symbol für Antisemitismus, Verleumdung, für Grausamkeit und gewaltsamen Tod.«[99]

Indessen behauptete die Evangelische Kirche in Deutschland (EKD) noch 1948 in ihrem *Wort zur Judenfrage*, dass »Israel den Messias kreuzigte«.[100] Sie bekannte 1950 zwar eine Mitschuld an der nationalsozialistischen Judenverfolgung, distanzierte sich aber erst 1980 klar von der Gottesmordlegende.

Zwanzig Jahre nach der Shoah predigte auch Papst Paul VI. noch immer davon – vielleicht aus purer Gewohnheit –, dass das »jüdische Volk« Jesus »verleumdet, beleidigt und schließlich getötet« habe.[101] Erst im Zweiten Vatikanischen Konzil relativierte die Katholische Kirche in der 1965 veröffentlichten Erklärung *Nostra aetate* (lat. »In unserer Zeit«) diese Sicht widerwillig. Es gab allerdings erhebliche Kräfte in den eigenen Reihen, die den Gottesmordvorwurf aufrechterhalten wollten und am Ziel festhielten, »gegen den atheistischen Kommunismus und die ›Synagoge des Teufels‹ zu kämpfen«.[102]

Im Text von *Nostra aetate* heißt es: »Obgleich die jüdischen Obrigkeiten mit ihren Anhängern auf den Tod Christi gedrungen haben, kann man dennoch die Ereignisse seines Leidens weder allen damals lebenden Juden ohne Unterschied noch den heutigen Juden

---

[98] Oz, S. 25.

[99] Dunner, S. 10. – Später nutzten Antisemiten das Zitat, um im Sinne einer Täter-Opfer-Umkehr zu zeigen, wie sehr die Juden Jesus hassen würden.

[100] Wort zur Judenfrage des Bruderrats der Bekennenden Kirche, 8.4.1948, online verfügbar unter https://tinyurl.com/EKD-Wort (PDF-Datei).

[101] Heilige Messe vom 4.4.1965, Text der Predigt (italienisch) online verfügbar unter https://archive.is/gJKxv.

[102] So in einem offen antisemitischen, gegen *Nostra aetate* gerichteten Text einer Gruppe traditioneller Kleriker, der 1962 an alle 2.498 Konzilsväter übermittelt wurde, Pinay, S. 222.

zur Last legen.«[103] Den Vorwurf einer jüdischen Schuld hält der Vatikan also aufrecht, nur sollen seit dem Zweiten Vatikanischen Konzil die Juden immerhin nicht mehr kollektiv schuldig sein.

Noch Mitte der 1980er Jahre wiesen ein Viertel aller Deutschen, ein Drittel aller Österreicher und fast die Hälfte aller Italiener den Vorwurf ausdrücklich nicht zurück, die Juden seien an der Kreuzigung Jesu schuld; Katholiken stimmten der Behauptung doppelt so häufig zu wie Protestanten.[104] Eine Untersuchung der *Anti-Defamation League (ADL)* aus dem Jahr 2012 ergab, dass in zehn Ländern Europas im Durchschnitt 22 Prozent der Befragten dieser Aussage ganz oder teilweise zustimmten; für Deutschland lag der Wert bei 14 Prozent, Ungarn und Polen bildeten mit 38 beziehungsweise 46 Prozent das Schlusslicht.[105] Für die Vereinigten Staaten liegen Ergebnisse einer Umfrage der *ADL* aus den Jahren 2019/20 vor: Demnach meinen 27 Prozent der Befragten, die Juden hätten Jesus Christus getötet.[106] Eine Studie über die Situation in Polen kommt darüber hinaus zu dem besorgniserregenden Ergebnis, dass die Idee einer jüdischen Kollektivschuld an Popularität gewinnt. Der Anteil der Befragten, die die Frage bejahen, ob auch die Juden von heute für den Tod Jesu verantwortlich seien, hat sich von 13,2 Prozent im Jahr 2009 auf 24,3 Prozent im Jahr 2017 erhöht.[107] Bei all dem ist zu bedenken, dass das Bild von den gottesmörderischen Juden längst zum unbewussten Bestandteil der kulturellen Tradition geworden ist und daher oft auch noch das Denken derjenigen bestimmt, die den Gottesmordvorwurf bei derartigen

---

[103] Ziff. 4 der »Erklärung *Nostra aetate* des Zweiten Vatikanisches Konzils über das Verhältnis der Kirche zu den nichtchristlichen Religionen«, online verfügbar auf der Website des Vatikans: https://archive.ph/BdzF.

[104] BERGMANN/ERB, S. 97; GOLDHAGEN (2002), S. 330f.

[105] ›Anti-*Defamation* League‹, Attitudes toward Jews in ten European countries, 2012, online unter https://tinyurl.com/ADL2012 (PDF-Datei).

[106] ›Anti-Defamation League‹, Anti-Semitic Stereotypes Persist in America, 29.1.2020, online unter https://archive.is/sNu7w.

[107] Center for Research on Prejudice, Dominika Bulska, Mikołaj Winiewski: Antisemitism in Poland. Results of Polish Prejudice Survey 3, S. 9, online verfügbar unter https://archive.jpr.org.uk/download?id=7156.

Befragungen ablehnen und sich vom christlichen Gründungsmythos – oder der Religion insgesamt – abgewendet haben.[108]

»Der Antisemit«, erklärte der Psychoanalytiker Ernst Simmel, »hasst den Juden, weil er glaubt, dass der Jude an seinem Unglück schuld ist«.[109] Wenn wir uns vergegenwärtigen, dass der Tod »unseres Herrn und Heilands«, des »Erlösers«, *das zentrale Thema* des Christentums ist, so kann es kaum verwundern, dass das Unglück der Kreuzigung zum Inbegriff *jeglichen* Unglücks und die jüdische Schuld daran zu einer Art jüdischer Ur-Schuld geworden ist. So wurde die jüdische Schuld am Kreuzestod zur Schuld an jedem Unglück des Antisemiten. Das berüchtigte Motto des *Stürmers*, das auf der Titelseite jeder Ausgabe prangte, beschrieb mithin nur ein beständiges Lebensgefühl des Antisemiten: »Die Juden sind unser Unglück!« Unmittelbar geht die Parole zwar auf den modernen Antisemiten Heinrich von Treitschke (1834–1896) zurück, doch ihre Kernaussage ist älter: Martin Luther schrieb in seinem 1543 verfassten Pamphlet »Von den Juden und ihren Lügen«, dass die Juden »unser plage, pestilentz und alles unglück gewest und noch sind«.[110] Erlösung kann es in dieser Logik nur durch die Beseitigung der Juden geben.

---

[108] Es wäre eine eigene Untersuchung wert, den Antisemitismus verschiedener politischer Figuren unter diesem Gesichtspunkt ins Visier zu nehmen. Wenn etwa Josef Stalin, der wiederholt antisemitische Kampagnen betrieb (etwa 1952 die »Ärzteverschwörung«), als Beispiel eines nicht- oder gar antichristlichen Antisemitismus herangezogen wird, so erscheint dies fragwürdig: Stalin hatte eine überaus religiöse Erziehung erhalten; schon als Kind besuchte er eine Kirchenschule, ab dem Alter von 15 Jahren dann – mit dem Ziel, Priester zu werden – für fünf Jahre das Tifliser Priesterseminar, das durch einen Antisemitismus auffiel, der über das in christlich-orthodoxen Kreisen jener Zeit ohnehin übliche Maß noch hinausging (vgl. Kotkin, S. 26ff.; Service, S. 34). Stalins antisemitische Vorstellungen (oder die schrill israelfeindlichen Positionen des Dominikanerschülers Achille Mbembe und des Priestersohnes A. Dirk Moses) tatsächlich als unmittelbares Echo ihrer ungewöhnlich christlichen Erziehung aufzufassen, wäre gleichwohl spekulativ; ein derartiger Nachweis ist naturgemäß auch schwer zu führen.

[109] Simmel, S. 15.

[110] Luther, S. 528. Der evangelische Theologe Peter von der Osten-Sacken (S. 134) bezeichnet diese Formulierung als die »Luthersche Form des späteren Treitschke-Rufes«.

Die Legende, die Juden hätten den Tod Jesu gegenüber einer unschuldigen römischen Besatzungsmacht durchgesetzt, hat den antisemitischen Wahn konstituiert und bis heute das Bild von den Juden vergiftet. Sie ist die Grundlage und das unbewusste Stimulans für die zentrale antisemitische Vorstellung, die Juden seien die eigentlich mächtige Instanz, die heimlich die Geschicke der Welt bestimme und daher auch die im Grunde wohlwollende Obrigkeit lenke, um dasjenige Kollektiv zu unterjochen, dem der Antisemit sich zurechnet. Die harmlos erscheinende Passionsgeschichte des Neuen Testaments hat damit das klassische Muster des Antisemitismus geschaffen, das seit zwei Jahrtausenden den Menschen vom Kindesalter an gepredigt wird. Der antisemitische Wahn, die Juden reflexhaft als Aggressoren wahrzunehmen, insbesondere das Bild von den Juden als bösartige Strippenzieher hinter den beklagenswerten Erscheinungen der Welt – ob aufgrund ihrer Religion oder ihres »Blutes« – hat sich im kollektiven Gedächtnis verankert, denn die Juden bedrohen im Fühlen und Denken des Antisemiten stets das gesamte eigene Kollektiv, das für den Antisemiten schließlich identitätsstiftend ist. »Die zentrale Stellung der Juden in diesem wahnhaften Universum«, so lautet dann auch Saul Friedländers Befund über moderne Verschwörungsvorstellungen, »lässt sich nur durch dessen Verwurzelung in der christlichen Tradition erklären«.[111]

Die im Christentum wurzelnde Vorstellung einer jüdischen Bedrohung war damit eine notwendige – wenngleich keine hinreichende – Bedingung für die nationalsozialistische Judenvernichtung. Denn der ideologische Kern auch des Vernichtungsantisemitismus besteht im Glauben an eine jüdische Gefahr: Die antisemitische Tat erscheint dem Antisemiten schließlich stets als Notwehr.

[111] FRIEDLÄNDER (2007), S. 99.

# 4. Jesus und die konformistische Revolte

Als die frühesten Evangelien etwa zwei Generationen nach dem Tode Jesu niedergeschrieben wurden, hatten die Römer – im Jahre 70 – bereits den jüdischen Aufstand niedergeschlagen und den Jerusalemer Tempel zerstört. Die Juden standen bei den Autoritäten des Römischen Reichs im Ruf, notorische Aufständische zu sein. Schon unter Kaiser Nero (54–68 n. Chr.) wurden Christen massiv verfolgt, weil sie mit Jesus einen jüdischen Umstürzler verehrten. Um als religiöse Bewegung im Römischen Reich der Verfolgung zu entgehen, um gar auf Wohlwollen zu stoßen und innerhalb des Reichs erfolgreich zu missionieren, war es für die frühen Christen also unumgänglich, als zentrale Figur ihrer Lehre nicht ausgerechnet einen Rebellen zu präsentieren, der von den Römern hingerichtet worden war.[112] Hinzu kommt der psychische Abwehrmechanismus der Verleugnung: Die Anhänger Jesu mochten nicht wahrhaben, dass der als Messias Verherrlichte lediglich ein gewöhnlicher Sterblicher war, ein gescheiterter Messias-Anwärter, der wie so viele andere vom unbezwingbaren Römischen Reich gekreuzigt worden war.

Die christliche Legende hat daher als eigentliche Drahtzieher des Kreuzestodes Jesu die Juden ausgemacht – die von Römern und Christen gleichermaßen gehasst wurden –, wohingegen das römische Regime und sein lokaler Vertreter Pontius Pilatus als im Kern gute Akteure imaginiert wurden, die aber von den Juden zum bösen Handeln genötigt worden waren. Interessanterweise nimmt diese Tendenz, die Juden zu beschuldigen und die Römer zu entlasten, von Evangelium zu Evangelium zu. Das Johannes-Evangelium, das am spätesten entstand (etwa 90–100 n. Chr.), stellt Pilatus in ein besonders versöhnliches Licht und ist zugleich das judenfeindlichste unter den Evangelien.

---

112 Vgl. dazu Lapide (1979), S. 243, Cohn, S. 14f., Laqueur, S. 63 sowie Poliakov (I), S. 18.

Der Antisemitismus im Allgemeinen und die judenfeindliche Tendenz der christlichen Passionsgeschichte im Besonderen können daher als Ausdruck einer konformistischen Revolte – oder zumindest als verwandtes Phänomen – beschrieben werden: Autoritär strukturierte, schwache Persönlichkeiten vermögen es nicht, auf angemessene Weise ihr reales Leid und Elend abzuschütteln. Das Bedürfnis nach Auflehnung richtet sich vor allem in besonders repressiven Gesellschaften und in Krisenzeiten nicht gegen die tatsächlichen Unterdrückungs- und Leidensquellen. (Eine derart autoritäre Leidensquelle ist nicht selten auch das eigene Kollektiv, das anzugreifen regelmäßig erheblichen Mut erfordert. Die Regierungskabinette der Weimarer Republik hingegen wurden von autoritären Charakteren als schwächlich, verweichlicht und fremdgesteuert wahrgenommen, oftmals galten sie als Marionetten der Juden. Antisemiten verhöhnten daher die Weimarer Republik auch als »gottlose Judenrepublik«. Bis zu einem gewissen Grade galt ähnliches für die Regierung Angela Merkels, die von vielen Antisemiten ebenfalls als bloßes Werkzeug der Juden – oder einer nebulösen Elite – gesehen wurde.)

Der konformistische Rebell wählt einen bequemeren Weg: Er agiert den drängenden Impetus zur Auflehnung an einer – in Wahrheit schwachen – Pseudoautorität aus und bleibt der eigentlichen Autorität treu. So arbeiteten sich die Christen an den Juden ab und nahmen zugleich die römische Macht in Schutz.

Traditionell, das sei hinzugefügt, wird der Begriff der konformistischen (oder autoritären) Revolte ausschließlich auf die Epoche der Moderne angewendet. Die ›Kritische Theorie‹ benennt verschiedene Merkmale der Moderne, die die Herausbildung der Charakterstruktur des konformistischen Rebellen begünstigen, darunter die Vereinzelung des Menschen und die daraus sich entwickelnde Sehnsucht nach einem starken Kollektiv. Zwar dürfte es schwierig sein, diese Verhältnisse für die soziologisch wenig erforschte Spätantike im Detail nachzuweisen. Gleichwohl gibt es bemerkenswerte Hinweise auf eine »Atomisierung« der späten römischen Gesellschaft und auf Umbrüche der Identitätsbestimmung des Individuums im Zuge der Transformation der traditionellen heidnischen Gemeinschaft hin zum christlichen Imperium.[113]

Ein weiterer, ganz essenzieller Punkt der Theorien um die konformistische Revolte besteht allerdings in der Annahme, dass es eben die Moderne sei, die mit ihren Freiheits- und Glücksversprechen das Bedürfnis nach Revolte überhaupt erst habe entstehen lassen. Im Fall des Jesuskultes lag indessen eine strukturell ganz ähnliche Situation vor: Als Messias hatte die zentrale Figur der neuen Lehre ja gerade Errettung, Befreiung von Fremdherrschaft und die Errichtung eines Reiches der Freiheit und Gerechtigkeit versprochen. Jesus war für seine Anhänger mithin der »Erlöser der Welt« (*Salvator mundi*).

---

[113] Der Theologe und Chrysostomos-Experte Rudolf Brändle spricht von einer »fortschreitenden ›Atomisierung‹ und ›Privatisierung‹« der römischen Gesellschaft des 4. Jahrhunderts (*in:* CHRYSOSTOMUS, S. 22) – also der Zeit des sich konsolidierenden Christentums und der rabiater werdenden Gottesmord-Anklage gegen die Juden. Nach dem Althistoriker Peter Brown ist die Krise des späten römischen Reichs gekennzeichnet durch »Angst und Enttäuschung«, »Haltlosigkeit«, »Verschärfung der Klassenspaltung«, durch »rücksichtsloses Konkurrenzdenken« und eine »entfesselte Ellenbogengesellschaft« (BROWN, S. 36, 105, 63, 71, 77). Im 2. und 3. Jahrhundert, so Brown, gab es ein »immer größer werdendes Loch in jenem Netz von sozialen Beziehungen«, das der heidnischen Gesellschaft »zur Bestimmung ihrer Identität noch genügte«; das Christentum bot sich als neue identitätsstiftende Gemeinschaft an (ibd. S. 89, 106ff.; vgl. auch ibd. S. 67). Der Altphilologe Eric R. Dodds beschrieb die Epoche von der Regierungszeit Marc Aurels bis zur Bekehrung Konstantins als »Zeitalter der Angst«. Unter Heiden wie Christen sei ein »Gefühl der Entfremdung« aufgekommen; Dodds erkennt bei den Individuen jener Zeit »Anzeichen einer Identitätskrise«. Die christliche Gemeinde habe mithin ein neues, starkes Gemeinschaftsgefühl vermittelt. »Die christlichen Vereinigungen waren von Anfang an in einem strengeren Sinne Gemeinden als jede vergleichbare Gruppe von Anhängern des Isis- oder Mithraskultes.« (DODDS, S. 19 u. passim; 32f.; 73; 116). Dodds' anregende ethnopsychoanalytische Studie könnte Ausgangspunkt für eine Untersuchung sein, inwieweit das Konzept der konformistischen Revolte für die Entstehung des Christentums relevant ist; eine abschließende Beantwortung dieser reizvollen Frage kann hier nicht geleistet werden.

# 5. Christentum und Universalismus

Besonders obskurantistische Kräfte wie die Piusbruderschaft oder der von ihr zum Bischof geweihte, mittlerweile exkommunizierte und aus der Bruderschaft ausgeschlossene Richard Williamson lehnen das Zweite Vatikanische Konzil bis heute ab und beharren auf der Gottesmordlegende. Die Piusbrüder haben zwar zumindest derzeit keine klare, offizielle Stellung innerhalb der Kurie, doch unter dem gegenwärtigen Papst Franziskus findet offen eine Annäherung statt. Der deutsche Papst Benedikt XVI. hatte, um der Piusbruderschaft entgegenzukommen, bereits im Jahr 2008 für bestimmte Fälle den Passus in die Karfreitagsfürbitte wieder aufgenommen, für die Juden solle gebetet werden, »damit sie Jesus Christus erkennen« – eine Formulierung, die stark nach Judenmission klingt und die wegen ihrer Reminiszenz an die Gewalt der historischen Judenbekehrungsversuche im Jahr 1970 gestrichen worden war. Im Jahr 2009 hatte Benedikt zudem die Exkommunikation von vier Bischöfen der Piusbrüderschaft aufgehoben, darunter die des Bischofs Richard Williamson. Dieser wird indessen wohl nicht mehr in den Schoß der Kirche zurückkehren können, denn aufgrund seiner mittlerweile erfolgten strafrechtlichen Verurteilung wegen Leugnung des Holocausts dürfte er für den gegenwärtigen Stellvertreter Jesu Christi dann doch nicht mehr tragbar sein. Nicht dies allerdings, sondern eine von Williamson vorgenommene »unerlaubte« Priesterweihung hat im Jahr 2015 zu seiner erneuten Exkommunikation geführt.[114]

Die Piusbrüder und Figuren wie Bischof Williamson halten den Vatikan spätestens seit dem Zweiten Vatikanischen Konzil für eine verweichlichte, von der Moderne zerfressene Organisation. Ähnlich denken dürfte auch der frühere CDU-Funktionär und jetzige AfD-Europaabgeordnete und sächsische AfD-Vize-Vorsitzende Maximilian Krah. Für die Bruderschaft wickelte er als ihr Justiziar

[114] ›Radio Vatikan‹/›KNA‹, 20.3.2015, https://archive.ph/8fgUz.

millionenschwere Finanzgeschäfte ab und verteidigte auch Richard Williamson im Prozess wegen Holocaustleugnung. Die Weihnachtspredigt 2017 des Papstes Franziskus sei »postchristlich«, attestierte Krah; er kanzelte sie als »rein diesseitigen Humanismus in religiöser Sprache« und als »spirituell wertlos« ab.[115] Tatsächlich richtet sich der Vorwurf der äußersten Rechten, die Gesellschaft sei nicht ausreichend jenseitsorientiert, traditionell gegen die jüdische Religion; wir erinnern uns an Hitlers Äußerung, das Leben der Juden sei »nur von dieser Welt«. Auch im Koran wird den Juden vorgeworfen, dass »sie die Menschen sind, die am meisten nach dem Leben gieren« (Sure 2:96).

Eng verwoben mit den Piusbrüdern ist auch Martin Hohmann, der früher für die CDU und von 2017 bis 2021 für die AfD im Bundestag saß. Die rechts außen angesiedelte Wochenzeitung ›Junge Freiheit‹ umschwärmt die Bruderschaft ebenfalls gerne. Mit dem Konzil von 1965, so schreibt das Blatt unverblümt, »wurde die Lunte der antichristlichen Revolution mitten ins Herz der Kirche gelegt. Satan nahm sozusagen im Innenraum der Katholischen Kirche Platz.«[116]

Auch der berüchtigte Antisemit Wolfgang Gedeon (ehemals AfD), der von 2016 bis 2021 Landtagsabgeordneter in Baden-Württemberg war, sehnt sich nach den guten alten Zeiten des Christentums zurück, das jedoch von den Juden bekämpft werde. Die halbherzigen Reformen des Konzils hält er für einen »Etappensieg des Judaismus«.[117] Europa müsse sich christlich erneuern oder es werde untergehen. Christus ist für Wolfgang Gedeon der Erlöser, der von den Juden ans Kreuz geschlagen wurde. Schließlich erklärt er sogar: »Für uns Christen ist die Leugnung des Gottessohnes allemal schlimmer als die Leugnung des Holocaust.«[118]

Die Deutschen seien die Juden von heute geworden, beklagte der Historiker Rolf Peter Sieferle in seinem geschichtsrevisionis-

---

115 Tweet Maximilian Krah MdEP vom 25.12.2017, https://archive.ph/GNz45.

116 ›Junge Freiheit‹ 34/2002, S. 14, zit. nach WAMPER, S. 76.

117 GEDEON, Bd. I, S. 614, vgl. auch Bd. III, S. 570 und passim.

118 GEDEON, Bd. III, S. 557.

tischen Büchlein *Finis Germania*, das es 2017 tatsächlich in die deutschen Bestsellerlisten schaffte. »Die christlichen Götter etwa dürfen beliebig gelästert werden«, doch »Kritik an den Juden« müsse heute »auf die sorgfältigste Weise in die Versicherung eingepackt werden, es handle sich dabei keineswegs um Antisemitismus«. Was Sieferle hier als »Kritik an den Juden« gelten lassen möchte, entpuppt sich indessen wieder einmal als der alte, christliche Judenhass: »Das zweite große Menschheitsverbrechen nach dem [Sünden-]Fall Adams war die Kreuzigung Christi«, lamentierte der Publikumsliebling der Neurechten, und weiter: »Die Schuld der Juden an der Kreuzigung des Messias wurde von diesen selbst nicht anerkannt. Die Deutschen, die ihre gnadenlose Schuld anerkennen, müssen dagegen von der Bildfläche der realen Geschichte verschwinden, müssen zum immerwährenden Mythos werden, um ihre Schuld zu sühnen.«[119] Wir haben es hier mit einem Milieu zu tun, das angesichts der Moderne regelrecht in Panik verfällt. Bei Lichte betrachtet ist die Nähe der politischen Rechten zum radikalchristlichen Milieu tatsächlich größer als gemeinhin angenommen.

Für all diese Gestalten ist die Katholische Kirche inzwischen kaum mehr eine Option. Sie ist, wie Wolfgang Gedeon schreibt, ein »zahnloser Tiger«[120], sie vertritt den Standpunkt der Gegenaufklärung nicht mehr zuverlässig genug, gilt als von den Juden unterwandert und hat geradezu Verrat begangen, indem sie zu universalistisch geworden ist – weshalb man aus diesen Kreisen mitunter auch krude Verschwörungslegenden insbesondere gegen den Vatikan zu hören bekommt. Der radikal-christliche Musiker Xavier Naidoo beispielsweise, der immer wieder antisemitische und verschwörungsideologische Äußerungen von sich gibt, verbreitet diese Sicht ohne Umschweife: Der Vatikan sei der Drahtzieher hinter der Antifa, denn die schwarze Farbe im Antifa-Logo symbolisiere den »universalen Katholizismus«.[121]

---

119 SIEFERLE, S. 63, 69.

120 GEDEON, Bd. III, S. 294.

121 »Xavier Naidoo zitiert absurde Theorie: Vatikan habe Antifa gegründet«, Musikmagazin ›RollingStone‹ vom 5.6.2020, online unter https://archive.is/pcJde.

Tatsächlich wird die Gefühlswelt vieler Christen heute weniger von einem Bild geprägt, in welchem Jesus sich anschickt, »Feuer auf die Erde zu werfen« (Lk. 12:49), er zur Peitsche greift, einer »Geißel aus Stricken«, um die Juden aus dem Tempel zu jagen (Joh. 2:15) oder erklärt, er sei »nicht gekommen, um Frieden zu bringen, sondern das Schwert« (Mt. 10:34). Häufiger im Vordergrund stehen die Bergpredigt und das Gebot der Nächstenliebe (das sich übrigens schon in der Hebräischen Bibel findet: Lev. 19:18). Das Neue Testament lässt, wie es bei religiösen Schriften regelmäßig der Fall ist, verschiedene, widersprüchliche Interpretationen zu. Mitunter bemühen sich Christen also aufrichtig, mit den alten Ressentiments aufzuräumen (ein Beispiel ist die evangelische ›Aktion Sühnezeichen‹). Hinzu kommt, dass sich heute viele Christen dem Absolutheitsanspruch der Heiligen Schrift nicht mehr uneingeschränkt unterwerfen und sich von der Religion zunehmend emanzipieren.

Bezeichnend bleibt indessen, dass der christlich-fundamentalistische Hintergrund von Figuren wie Gedeon oder Naidoo in der öffentlichen Debatte oft verleugnet wird. Sie gelten zwar als rechtsradikal, mitunter auch als Verschwörungstheoretiker, selten jedoch wird ihre Ideologie mit ihrem christlichen Glauben in Verbindung gebracht.

# 6. Der Gelbe Fleck

Wie die Legende vom Gottesmord das christlich-jüdische Verhältnis prägte, dafür ließen sich bis in unsere Zeit hinein mannigfaltige Belege anführen. Man könnte auf die Konzilien von Toledo im 6. Jahrhundert hinweisen, die den Juden verboten, christliche Frauen zu heiraten, und die anordneten, Kinder aus solchen Beziehungen zu entführen, um sie zu taufen und christlich zu erziehen. Auch sollte von den Folterungen gesprochen werden, von den Zwangstaufen des christlichen westgotischen Königs Sisebut, von der im 7. Jahrhundert wieder einmal ausgesprochenen Idee, die Juden auszurotten. Es wären die eingeführte Judensteuer und die zahllosen Handelsverbote anzuführen. Wir müssten auf die Kreuzzüge hinweisen und auf den obersten Kreuzritter Gottfried von Bouillon: Unter Berufung auf den angeblichen Gottesmord der Juden versprach er im 11. Jahrhundert christliche Massaker an den jüdischen Gemeinden auf dem Weg nach Palästina und schwörte dabei, »das Blut Christi an Israel zu rächen und auch nicht einen Juden am Leben zu lassen«.[122] Erwähnt werden müsste schließlich das päpstliche Versprechen an die Kreuzfahrer, jedem, der auch nur einen einzigen Juden tötet, alle Sünden zu erlassen.[123]

Bevor sie sich aufmachten, das Heilige Land von den Muslimen zu befreien, ermordeten die Kreuzfahrerbanden tatsächlich Zigtausende von Juden. Am Rhein, so heißt es beispielsweise im Bericht eines Annalenschreibers aus Würzburg, zwang die Masse die Juden dazu, sich taufen zu lassen – »dabei ermordeten sie massenweise all diejenigen, die sich weigerten. In der Nähe von Mainz wurden 1.014 Juden, Männer, Frauen und Kinder, umgebracht«. »Es war erbarmungswürdig«, schrieb ein anderer Chronist, »die großen und zahlreichen Leichenhaufen mitansehen zu müssen, die man aus der Stadt Mainz auf Karren hinausschaffte«.[124]

[122] HEER (1967), S. 103.
[123] LAQUEUR, S. 68f.
[124] Beide Berichte bei POLIAKOV (I), S. 44f.

In der langen Liste des christlichen Judenhasses dürfte das Vierte Laterankonzil unter Papst Innozenz III. nicht fehlen, das in den Heiligen Hallen der Laterankirche zu Rom vom 11. bis 30. November 1215 tagte. Das Konzil kennzeichnete »den Höhepunkt der päpstlichen Macht«,[125] die sich nun in der Lage sah, zugleich gegen innere als auch gegen äußere »Feinde« zu mobilisieren: Das Konzil beschloss in jenem Jahr Maßnahmen gegen die Katharer, die als Ketzerbewegung ausgetilgt werden sollten; im Visier der kirchlichen Würdenträger standen jedoch auch die Juden. Ihnen wurde etwa untersagt, sich während der Karwoche in der Öffentlichkeit zu zeigen, da den christlichen Seelen der Anblick der »Gottesmörder« während dieser Tage, an denen der Kreuzigung Jesu gedacht wird, noch weniger als sonst zugemutet werden könne.

Eine folgenschwerere Anordnung enthielt indes der 68. Kanon des Konzils. Um zu verhindern, »dass die Christen irrtümlicherweise mit jüdischen und sarazenischen Frauen in Verkehr treten, die Juden und Sarazenen aber mit Christinnen«, wurden besondere Kleidungsvorschriften erlassen:

> »Damit nun fürderhin im Falle eines hochfrevelhaften Verkehrs kein Irrtum vorgeschützt werden könne, verordnen wir, dass solche Personen, ob Mann oder Frau, in allen christlichen Landen in öffentlichen Orten sich stets durch eine besondere Tracht der Kleidung von der üblichen Bevölkerung unterscheiden [...].«[126]

Die Vorschrift richtete sich auch gegen Muslime, sie war schließlich von ihnen übernommen worden: Denn in Teilen der islamischen Welt mussten Juden und Christen schon ab dem 9. Jahrhundert honigfarbene Umhänge, einen gelben Hut oder andere spezifische Kleidungsstücke als Erkennungsmerkmal tragen.[127] Nachhaltiger wirkte die Anordnung des Konzils jedoch gegen die Juden.

---

[125] POLIAKOV (I), S. 56.

[126] Text bei HIRSCH/SCHUDER, S. 109.

[127] LEWIS (2004), S. 32; POLIAKOV (I), S. 68 (Anm. 65); POLIAKOV (III), S. 34; STILLMAN, S. 167f. – Nach verschiedenen Quellen gab es solche Kleidungsvorschriften in der islamischen Welt bereits im 8. Jahrhundert.

Im christlichen Europa war es – je nach Region – der spitz zulaufende Judenhut oder der Gelbe Ring beziehungsweise der Gelbe Fleck, den die Juden an der Brust zu tragen hatten. In Preußen wurde erst nach der Französischen Revolution offiziell davon abgelassen. Am längsten mussten die Juden das Zeichen der Ächtung im politischen Herrschaftsgebiet des Papstes tragen, im Kirchenstaat (*Status Pontificius*), der zur Zeit seiner größten Ausdehnung etwa die Größe der Schweiz erreichte. Erst die französischen Truppen, die 1798 im Zuge des napoleonischen Revolutionsexports in Rom einzogen und den Papst nach Florenz verbannten, verfügten die Aufhebung der Bekleidungsvorschrift.[128]

Von da an forderten vor allem deutsche Antisemiten die Wiedereinführung der Kennzeichnung von Juden immer und immer wieder. »Wann endlich kommt der Tag«, lamentierte 1926 dann auch der *Stürmer*, »an dem der gelbe Fleck wieder seine Geltung bekommt [...]?«[129] 1937 zitierte der *Stürmer* ausführlich den kirchlichen Erlass des Vierten Laterankonzils und lobte Innozenz III. für die Einführung des Gelben Flecks als »einen der größten Antisemiten auf dem Papststuhl«; unter ihm sei es zu einem »großartigen Aufschwung des Christentums in Deutschland« gekommen.[130] Am 1. September 1941 ordneten die Nationalsozialisten schließlich das obligatorische Tragen des gelben sogenannten Judensterns an – in unzweideutiger Anknüpfung an die christliche Tradition des Gelben Flecks. Im deutsch besetzten Polen mussten die Juden bereits ab 1939 eine Armbinde »in judengelber Farbe« tragen. Damit haben die Nationalsozialisten, wie der amerikanische Historiker Jeffrey Herf hervorhebt, einen »mittelalterlichen Brauch wiedereingeführt«.[131] Vor allem nichtjüdische Menschen wissen indes häufig nicht, betont der amerikanische Sozialwissenschaftler und Historiker David Kertzer, »dass gelbe Sterne und Ghettos keine Erfindungen der Nationalsozialisten waren, sondern Mittel einer Politik,

---

128 POLIAKOV (III), S. 173f.

129 »Wer ist Levi?«, ›Der Stürmer‹ Nr. 43, Oktober 1926.

130 ›Stürmer‹-Sondernummer 6, Judentum gegen Christentum, März 1937, S. 10, 13.

131 HERF (2006), S. 10.

*Obere Reihe: Juden und Jüdinnen mit Gelbem Fleck im Ghetto von Minsk während der deutschen Besatzung, 1941 (rechts oben: verm. 1941). Links unten: Juden mit Gelbem Fleck im deutsch besetzten Ciechanów (Polen) lesen eine Bekanntmachung der Deutschen, 1941. Rechts unten: Jüdischer Händler aus Worms mit Gelbem Ring, 16. Jahrhundert.*

die von den Päpsten über Jahrhunderte hinweg verfolgt worden ist«.[132] Diese bemerkenswerte Ignoranz ist im deutschsprachigen Raum noch stärker ausgeprägt als in den Vereinigten Staaten.

Noch weniger bekannt ist indessen, dass die Nationalsozialisten auch den altbekannten Gelben Fleck selbst zum Einsatz brachten. »Vom Beginn der Besatzung an wurden vor allem Juden verfolgt«, erklärte der Überlebende David Glejbman, als er von den Sowjets über die Auslöschung des Pinsker Ghettos durch die Deutschen befragt wurde. »Zunächst zwang man sie, einen Stern am Ärmel, später dann den Gelben Flecken an Brust und Schulter zu

---

132 KERTZER (2004), S. 10.

*Lion Feuchtwangers Buch »Der gelbe Fleck«.*

tragen.«[133] In einer Anordnung der Deutschen vom September 1941 hieß es:

> »Die jüdische Bevölkerung im Gebiet des Generalkommissariats Brest-Litowsk trägt an Stelle der bisher zunächst eingeführten Armbinde mit dem Davidstern an sämtlichen Kleidungsstücken ein Kennzeichen in Form eines gelben Kreises mit 8 cm Durchmesser. Dieses Kennzeichen wird einmal über der linken Brustseite und außerdem in der Mitte des Rückens getragen.«[134]

Für die jüdischen Opfer der NS-Politik hingegen lag die Kontinuität von den judenfeindlichen Bestimmungen des alten, christlichen Europas zur antisemitischen NS-Gesetzgebung auf der Hand. Der Schriftsteller Lion Feuchtwanger gab 1936 im französischen Exil eine Sammlung von Berichten über das NS-Unrecht heraus und nannte das Buch *Der gelbe Fleck* – eine naheliegende und damals für jeden verständliche Anspielung auf die alten antijüdischen Kleidungsvorschriften des Christentums. Der Journalist Robert Weltsch schrieb bereits kurz nach dem Machtantritt der Nationalsozialisten im Organ der *Zionistischen Vereinigung für Deutschland* als dessen Chefredakteur einen Leitartikel mit dem Titel »Tragt ihn mit Stolz,

---

[133] Protokoll der Vernehmung von David Glejbman vom 23.11.1944, *in:* HOPPE, Dok. 209, S. 488.

[134] Bekanntmachung des Generalkommissars für Wolhynien-Podolien, Heinrich Schoene, vom 6.9.1942, *in:* HOPPE, Dok. 3, S. 90.

den gelben Fleck!«[135] Und der Philologe Victor Klemperer zieht in seinem bekannten Werk *LTI* ebenfalls eine Verbindung zwischen dem »Judenstern« und seinem christlichen Vorläufer:

> »Ich frage mich heute wieder, was ich mich, was ich die verschiedensten anderen schon hunderte von Malen gefragt habe: Welches war der schwerste Tag der Juden in den zwölf Höllenjahren?
>
> Nie habe ich von mir, nie von anderen eine andere Antwort erhalten als diese: Der 19. September 1941. Von da an war der Judenstern zu tragen, der sechszackige Davidsstern, der Lappen in der gelben Farbe, die heute noch Pest und Quarantäne bedeutet, und die im Mittelalter die Kennfarbe der Juden war, die Farbe des Neides und der ins Blut getretenen Galle, die Farbe des zu meidenden Bösen [...].«[136]

Dem Tagebuch des jüdischen Gymnasiasten Dawid Sierakowiak aus dem Ghetto Łódź entnehmen wir dieselbe Assoziation:

> »Wir kehren ins Mittelalter zurück. Der gelbe Fleck wird wieder Teil der jüdischen Kleidung. Heute ist die Verordnung herausgekommen, dass alle Juden unabhängig von Alter und Geschlecht eine 10 cm breite Binde in ›judengelber‹ Farbe am rechten Oberarm tragen müssen.«[137]

Bemerkungen dieser Art aus jüdischer Feder gibt es in Fülle, doch der gewöhnliche Deutsche christlicher Herkunft weigert sich, sie zur Kenntnis zu nehmen und zu reflektieren. Er möchte im Antisemitismus der Nationalsozialisten unbeirrt eine neue Ideologie sehen, die wie ein Betriebsunfall urplötzlich über die Deutschen hereingebrochen sei und wenig mit dem jahrhundertelang bestehenden Judenhass zu tun habe. In dem Kapitel »Dynamik der Verleugnung« werden wir auf dieses Problem zurückkommen.

---

[135] ›Jüdische Rundschau‹, 4.4.1933, S. 1. – Diese Zeitung hat nichts mit der heute erscheinenden Monatszeitung gleichen Namens zu tun.

[136] KLEMPERER, S. 188.

[137] SIERAKOWIAK, Eintrag vom 16.11.1939, S. 63. – Hier zitiert aus der englischen Ausgabe der Tagebücher; die deutsche Fassung enthält nur die Jahre 1941–42.

# 7. »Kindermörder«

Etwas genauer in den Blick nehmen wollen wir die Blut-Beschuldigungen gegen die Juden, die seit dem Hochmittelalter Konjunktur hatten und zu den verhängnisvollsten Verschwörungslegenden überhaupt gehören. Die Juden, so hieß es, würden christliche Kinder entführen, sie martern und schließlich töten, wie sie es einst mit Christus am Kreuz getan hätten; zu diesem Behufe würde das Kind etwa in ein Fass gesteckt, das im Innern mit Nägeln versehen ist. Am Ende würden die Juden das Blut des unschuldigen Kindes für die Zubereitung ihrer rituellen Speisen verwenden. Aufklärung beispielsweise darüber, dass schon die religiösen Gebote der Juden den Genuss jeglichen Blutes strikt verbieten, blieb stets erfolglos.

Die erste Beschuldigung dieser Art ist aus der Region Antiochia überliefert und soll sich im Jahre 415 ereignet haben, wenige Jahre nachdem Chrysostomos dort gewirkt hatte. Die Juden einer nahegelegenen Ortschaft wurden angeklagt, am Purimfest einen Galgen in Kreuzesgestalt errichtet, in der Trunkenheit einen christlichen Knaben daran gekreuzigt und mit Geißelhieben getötet zu haben.[138] In Europa taucht der erste Ritualmordvorwurf im Jahr 1144 in der englischen Stadt Norwich auf. Zur Osterzeit, während die Christen feierlich der Kreuzigung Christi gedachten, hätten die Juden einen christlichen Jungen namens William in eines ihrer Häuser gelockt; sie »taten ihm all die Martern an, die unser Gott erlitten hat«, so behauptete es der Benediktinermönch Thomas von Monmouth, dem die Geschichte von Gott offenbart worden sei.[139] William sei schließlich – als verspottende Nachahmung der Leiden Christi – gekreuzigt worden. Fortan wurde er als Märtyrer verehrt, eine Kapelle wurde gar für ihn erbaut. Die Legende von Norwich bildete den Auftakt zu Ritualmordbeschuldigungen in der gesamten christlichen Welt.

---

[138] GRAETZ (1908), S. 362; vgl. auch die Einleitung zu CHRYSOSTOMUS, S. 77.
[139] ROHRBACHER/SCHMIDT, S. 18.

*Juden martern und kreuzigen den christlichen Knaben William von Norwich. Tafel am Lettner der Dreifaltigkeitskirche Loddon (Norfolk, England).*

Grundlage war also erneut die Wahnvorstellung von der jüdischen Verantwortlichkeit für die Kreuzigung Jesu: Die angeblichen Ritualmorde waren kultische Wiederholungen des Christusmordes. Die Juden, so hieß es manchmal, versammelten sich jährlich zu einem Geheimtreffen in der südfranzösischen Stadt Narbonne, um zu bestimmen, welches Kind geopfert werden sollte – eine Vorstellung, die bereits Ansätze des Motivs von der jüdischen Weltverschwörung enthält.

Die Gerüchte um Ritualmorde kosteten Zigtausenden von Juden das Leben, verbrannt auf dem Scheiterhaufen, erschlagen vom christlichen Mob, gestorben während der Folterungen. Nicht selten kam es zu Geständnissen, die durch Folter erzwungen worden waren. Das unter der Kontrolle des Papstes stehende Jesuitenmagazin *La Civiltà Cattolica* verbreitete solche Ritualmordlegenden noch am Ende des 19. Jahrhunderts; im 20. Jahrhundert finden wir eine massenhafte Ritualmordpropaganda bei den Nationalsozialisten.

Verwandt mit dieser Anklage ist der Vorwurf der Hostienschändung, der zum ersten Mal im Jahr 1290 in Paris von dem Mönch Johannes von Tilrode erhoben wurde. Die Juden, so erzählte man, würden Hostien mit Nägeln durchbohren und mit Messern und anderen Werkzeugen zerstückeln, bis Blut aus ihnen fließe. Historischer Hintergrund dieser Beschuldigungen ist das bereits besprochene Vierte Laterankonzil des Jahres 1215. Dort war festgeschrieben worden, dass die Hostie als tatsächlicher »Leib Christi« zu betrachten sei – ihre Zerstörung entspricht damit der Ermordung Christi. Die im Zusammenhang mit angeblichen Hostienschändungen oder Ritualmorden oft ins Spiel gebrachten *Nägel* (oder Nadeln) als Tatwerkzeuge sind eine Referenz auf die Nägel bei der Kreuzigung Jesu.

In ganz Europa ermordeten die Christen seit dem 13. bis zum 16. Jahrhundert Zigtausende, wahrscheinlich Hunderttausende von Juden aufgrund der Beschuldigung des Hostienfrevels. Um Franken herum ereigneten sich im Jahr 1298 die »Rintfleisch-Pogrome«: Nach Gerüchten um einen Hostienfrevel zogen unter Anleitung ihres Anführers Rintfleisch marodierende Banden durch das Land und ermordeten dabei mindestens fünftausend Juden; ein christlicher zeitgenössischer Chronist versichert, dass die »Judenschläger« oder »Judenschlächter«, wie die Meute auch genannt wurde, fast hunderttausend Juden ermordeten.[140] Mehrere jüdische Gemeinden Frankens wurden ausgelöscht, auch die jüdische Gemeinde Heilbronn wurde vernichtet.

Im Sternberger Hostienschändungsprozess des Jahres 1492 wurde den Juden aus Mecklenburg ebenfalls ein Hostienfrevel vorgeworfen; sämtliche Juden Mecklenburgs wurden verhaftet, viele wurden während des Verhörs gefoltert. Am Ende wurden 27 Juden vor den Toren der Stadt verbrannt und die Juden aus ganz Mecklenburg, aus Pommern, aus vielen umliegenden Städten vertrieben. In Berlin wurden die Juden im Jahr 1510 der Hostienschändung

---

140 POLIAKOV (II), S. 1f. – Der Historiker Johannes Heil hält dies allerdings für eine »phantastische Zahl« (HEIL, S. 79).

und des Ritualmordes beschuldigt. Zehn jüdische Menschen starben unter der Folter, 38 wurden verbrannt; die überlebende jüdische Bevölkerung wurde gezwungen, die Mark Brandenburg zu verlassen. Über Jahrhunderte konnten dort praktisch keine Juden leben, ebenso wenig wie in Mecklenburg und Pommern. Im 15. und 16. Jahrhundert wurden die Juden nach den überall erhobenen Vorwürfen des Hostienfrevels von der christlichen Obrigkeit aus fast allen deutschen Landen vertrieben. Ihr Vermögen wurde in der Regel eingezogen, Schulden an sie galten als getilgt. Mehrere Synagogen wurden in Kirchen oder Kapellen umgewandelt.

Die Behauptung einer Hostienschändung im Jahr 1337 im bayerischen Deggendorf findet sich in einem Bericht eines unbekannt gebliebenen Mönches: »In diesem Jahr wurde der Leib des Herrn, den die Juden gemartert haben, in Deggendorf gefunden, und sie wurden deswegen im Jahre 1338 verbrannt.«[141] Nach der Vernichtung der Jüdischen Gemeinde Deggendorf entstand in der Ortschaft eine florierende christliche Wallfahrt, die *Deggendorfer Gnad*. Zehntausende Pilger jährlich gedachten des jüdischen »Frevels«. Erst 1992 beendete der Bischof von Regensburg den Spuk, und seine Begründung ist bemerkenswert:

> »Da jetzt [sic!] die Haltlosigkeit jüdischer Hostienschändungen auch für den Deggendorfer Fall endgültig bewiesen ist, ist es ausgeschlossen, die ›Deggendorfer Gnad‹ – noch dazu als ›Eucharistische Wallfahrt der Diözese Regensburg‹ – weiterhin zu begehen.«[142]

*Vor 1992* war die Beweislage für den Gottesmann also offenbar nicht klar. – Eine »geistige Aufarbeitung und Bewältigung des Komplexes der ›Deggendorfer Gnad‹« stehe noch aus, räumte der Bischof abschließend ein. Tatsächlich jedoch steht eine Aufarbeitung des christlichen Antisemitismus insgesamt aus.

Die christliche Legende vom Ritualmord war auch den Nazis ein zentrales Sinnbild für die Gefährlichkeit der Juden und dafür,

---

141 SCHUBERT, S. 45.
142 GÖRG/LANGER, S. 98.

warum sie zu vernichten seien. Seit den 1920er Jahren erhob insbesondere das nationalsozialistische Hetzblatt *Der Stürmer* immer wieder die alten Ritualmordbeschuldigungen. Auch bei ungeklärten Todesfällen von Kindern bezichtigten die Nationalsozialisten die Juden, eine rituelle Tötung vorgenommen zu haben. Der *Stürmer* stellte dabei immer wieder eine Verbindung zwischen den Ritualmordbeschuldigungen und der Kreuzigung Jesu her. In einem Artikel über einen »Ritualmord in Palästina« schreibt das Blatt 1936, jedes Jahr zu Pessach müssten die Juden »einen der Besten unter den Gojim [Nichtjuden, Anm. T. T.] opfern«, um dann fortzufahren: »Zum besseren Genuß des Passahlammes. So wurde Jesus von Nazareth geschlachtet. So schreit Jahr für Jahr das Blut rituell gemordeter Menschen und Völker zum Himmel.«[143] Die Gerüchte hatten in Haifa zu Gewaltausbrüchen von Arabern geführt, mehrere Juden waren verletzt worden. Es drohte »ein Massenmorden unter den Juden der Stadt auszubrechen«, schrieb der *Stürmer*, doch leider sei es den Juden am Ende wieder einmal gelungen, ihre Verbrechen zu vertuschen und die britische Obrigkeit auf ihre Seite zu ziehen. Die hebräische Tageszeitung ›Doar Hayom‹ machte nationalsozialistische Propaganda für die Ausschreitungen verantwortlich.[144]

Ein Werbeplakat für eine *Stürmer-Sondernummer* mit dem Titel »Judentum gegen Christentum – Der jüdische Vernichtungskampf gegen die christliche Kirche« bezeichnete 1937 die Kreuzigung Christi schließlich als den »größten Ritualmord aller Zeiten«. Der Text des Plakates ist aufschlussreich:

> »*Vor 2000 Jahren* wurde Christus auf Golgatha von den Juden ans Kreuz genagelt. Er starb unter ihrem Hohngelächter. Dieser Kreuzestod war der *größte Ritualmord* aller Zeiten. Warum geschah er? Warum verfolgten die Juden Christus mit ihrem Haß? Warum beschimpfen sie ihn heute noch? Warum brennen die Sowjetjuden die Kirchen nie-

143 ›Der Stürmer‹, Nr. 24/1936.

144 Vgl. den Bericht der ›Jewish Telegraphic Agency‹ vom 9.4.1936, online zugänglich unter http://pdfs.jta.org/1936/1936-04-09_203.pdf.

der? Warum foltern sie die Geistlichen zu Tode? Warum rotten sie, wo sie es können, das Christentum aus? Die Antwort auf diese Fragen gibt die zu Ostern erscheinende *Stürmer-Sondernummer Judentum gegen Christentum – Der jüdische Vernichtungskampf gegen die christliche Kirche*.

In dieser Sondernummer weist der Stürmer nach, daß Christus seinen Kampf *nur* gegen die Juden führte. Er weist nach, daß die Juden in jener Zeit eine *Weltrevolution* durchführen wollten und daß sie die *jüdische Weltherrschaft* aufrichten wollten. Der Stürmer weist nach, daß das Christentum einst eine ausgesprochene *antijüdische* Bewegung war und daß die Kirche genau dieselben Judengesetze herausgab, wie heute das nationalsozialistische Deutschland. Der Stürmer weist nach, daß alle *Christenverfolgungen* von den Juden herrührten und heute noch herrühren. Deutsches Volk, hole dir Aufklärung. Gib diese Stürmernummer von Hand zu Hand. Männer und Frauen, Alt und Jung, Alle müssen sie lesen.«[145]

Mehrmals erschienen Ausgaben des *Stürmers*, die sich ausschließlich dem Ritualmordthema widmeten. Die erste *Ritualmord-Nummer* vom Mai 1934 listet 131 angebliche Ritualmorde auf, die sich in der Geschichte des Judentums ereignet haben sollen; als Quellen werden oft Kirchentexte genannt, darunter auch die päpstliche Jesuitenzeitschrift *La Civiltà Cattolica*.[146] Die Titelseite einer weiteren *Ritualmord-Nummer* vom Mai 1939 ist bebildert mit einem Kupferstich aus der Heiligensammlung *Bavaria Sancta* des Jesuiten Matthias Räder (17. Jahrhundert), der einen angeblichen Ritualmord an einem christlichen Kind darstellt. Zu dieser Zeit konnte das Blatt eine Auflage von über einer halben Million Exemplaren verzeichnen.

Wie Adolf Hitler, der vor der Gefahr warnte, »daß auch unser Deutschland den Kreuzestod erleidet«[147], so delirierte auch der

---

[145] Plakat im Bestand des Deutschen Historischen Museums, Inv.-Nr. P 90/8669 (hier Kursives ist im Orig. fett oder in Großschrift). Die beworbene Sondernummer hatte später den geringfügig veränderten Titel »Judentum gegen Christentum. Jüdisch-bolschewistischer Vernichtungskampf gegen die christliche Kirche«.

[146] ›Stürmer‹-Sondernummer 1, Mai 1934, S. 11.

[147] Rede Hitlers im Zirkus Krone vom 20.4.1923, Bericht des ›Völkischen Beobachters‹, *in:* HITLER (1980), Dok. 517, S. 909.

Der Stürmer
Ritualmord-Nummer
...sches Wochenblatt zum Kampfe um die Wahrheit
HERAUSGEBER: JULIUS STREICHER
20
1939
Ritualmord
Die Juden sind unser Unglück!

*Links: Werbeplakat für die ›Stürmer-Sondernummer Judentum gegen Christentum‹, 1937.*
*Rechts: ›Der Stürmer‹, Mai 1939 (»Ritualmord-Nummer«).*

*Stürmer*-Herausgeber Julius Streicher davon, die Juden würden gegen das deutsche Volk »man möchte fast sagen zu dem größten Ritualmord aller Zeiten« aufrufen.[148]

»Jüdische Ritualmorde – Katholische Geistliche bestätigen sie«, titelte der *Stürmer* im Oktober 1935, und weiter heißt es in der Ausgabe: »Zum Besonderen sind es die Vatikanischen Akten, die über die jüdischen Ritualmorde ein beredtes Zeugnis ablegen.« Der *Stürmer* erklärt stolz, er habe sich bei seiner Beweisführung, dass es Ritualmorde tatsächlich gebe, »fast ausschließlich kirchlicher Bücher und Niederschriften« bedient.

---

148 Rede Streichers anlässlich einer Massenkundgebung der Antijüdischen Weltliga, Nürnberg, Mai 1935, *in:* Dokumente des Internationalen Militärgerichtshofs Nürnberg, Trial of the Major War Criminals before the International Military Tribunal Nuremberg, Vol. XXXVIII, Document 002-M, S. 112.

Allerdings beklagt das Blatt zugleich, dass einige Geistliche inzwischen die Ritualmorde in das Reich der Fabel verwiesen oder als »niemals einwandfrei nachgewiesen« bezeichnet hätten. Für den *Stürmer* sind diese Theologen vom rechten Weg und von den eigenen Wurzeln abgekommen: »Wir haben schon des öfteren unserer Verwunderung darüber Ausdruck gegeben, daß man gerade in jenen Kreisen die Richtigkeit der eigenen Aufzeichnungen bezweifelte.«[149] Dieser Seitenhieb ist mitnichten eine grundsätzliche Ablehnung der christlichen Lehre, sondern entspricht im Gegenteil eher der Kritik, die in unserer Zeit mitunter von Piusbrüdern und dem rechtskatholischen Flügel der AfD an der Katholischen Kirche nach dem Zweiten Vatikanischen Konzil geübt wird. Ähnlich wie Wolfgang Gedeon davon fabulierte, der Vatikan sei inzwischen ein »zahnloser Tiger« und gar von den Juden unterwandert, schrieb auch der *Stürmer*, die Vatikan-Zeitung *L'Osservatore Romano* habe nicht mehr »den Mut, gegen das Judentum zu kämpfen«, sie sei »die Zeitung der Juden und die Verräterin des Christentums« sowie »ein Verräterblatt an Christus, an der christlichen Religion und an den Interessen der katholischen Kirche«. Und dies, obwohl das Judentum »einen Vernichtungskampf gegen die christliche Kirche« betreibe.[150]

Der *Stürmer* agiert hier zwar gleichsam antiklerikal, doch keineswegs antichristlich; er sieht sich im Gegenteil als wahren Verteidiger des Christentums. Hinzu kommt, dass der *Stürmer* mit derartigen Bemerkungen den protestantischen Teil seines Publikums bedienen wollte, der für Ritualmordlegenden schließlich nicht weniger empfänglich war. (Das deutsch-nationalistische Denken war in den Reihen der deutschen Protestanten indessen sogar stärker ausgeprägt als bei den Mitgliedern der – schließlich transnational organisierten und in Rom zentralisierten – katholischen Kirche.) Als der *Stürmer* im April 1944 die Juden beschuldigte, im Jahre 1892 Ritualmorde in Ägypten und Istanbul begangen zu ha-

---

149 ›Der Stürmer‹, Nr. 44/1935, S. 1.
150 ›Der Stürmer‹, Nr. 5/1939, S. 3.

ben, berief er sich zum Beweis dafür wieder ausschließlich auf den vatikanischen *L'Osservatore Romano*.[151]

Im nationalsozialistischen Deutschland war der *Stürmer* keineswegs die einzige Stimme, die Ritualmordbeschuldigungen erhob. So erschienen zahlreiche Bücher, die jüdische Ritualmorde als historische Tatsachen präsentierten: Gerhard Utikal beispielsweise, der als Reichshauptstellenleiter in Alfred Rosenbergs Reichsüberwachungsamt tätig war, veröffentlichte 1935 den Titel *Der jüdische Ritualmord – Eine nichtjüdische Klarstellung*; das Werk erschien in mindestens 15 Auflagen. Eine während des Zweiten Weltkriegs erschienene Schrift mit dem Titel *Die Wahrheit über die jüdischen Ritualmorde* von Frederik to Gaste endete – nach beständigen Unterstellungen über den »Christenhass« der Juden – mit den Worten: »der von den Juden entfesselte Krieg wird mit der radikalen Vernichtung des Judentums enden. Hart, aber gerecht ist das Strafgericht. [...] Ein dunkles Kapitel menschlicher Geschichte, unverständlicher Dummheit und Verblendung geht damit zu Ende, und eine bessere, judenfreie Zeit bricht an.«[152]

Im Jahr 1943 verfasste der nationalsozialistische Autor Hellmut Schramm dann das Buch *Der jüdische Ritualmord – Eine historische Untersuchung*, und er berief sich darin wieder einmal ausführlich auf Päpste, Kardinäle, Bischöfe. 136 angebliche Ritualmordfälle listet das Buch für den Zeitraum der Jahre 419 bis 1913 auf. Regelmäßig seien die christlichen Kinder dabei von den Juden gekreuzigt worden – wie »einst Christus von jenem greulichen und verruchten Volk«.[153] Die Alfred Rosenberg gewidmete Hetzschrift erschien insgesamt in 13 Auflagen. Das Vorwort schrieb Johann von Leers, ebenfalls ein führender NS-Propagandist, der nach dem Krieg wie viele andere Nazis mit Hilfe des Vatikans über die sogenannte Ratten- oder Klosterlinie nach Südamerika flüchten konnte. Ab 1955 lebte er in Kairo, wo er einen alten Bekannten traf: Amin el-

---

151 KERTZER/MOKOSCH, S. 187.
152 GASTE, S. 48.
153 SCHRAMM, S. 24.

Husseini, den Großmufti von Jerusalem, der als glühender Antisemit von 1941 bis 1945 in Berlin weilte. Von Leers konvertierte zum Islam und kämpfte fortan an der Seite der ägyptischen Regierung gegen den jüdischen Staat. In seinem Vorwort zu Schramms Buch klingt er indessen noch sehr christlich: »Wer gegen das Judentum kämpft, der ›tut das Werk des Herrn‹ und kämpft einen Gotteskampf. Ein wertvolles Stück dieses Kampfes liegt hier vor, und ich wünsche ihm, daß es viel Erfolg haben möge.«[154]

Die Holocaust-Forschung hat bislang die Frage allzu sehr vernachlässigt, inwieweit der christliche Antisemitismus im Allgemeinen und die Vorstellung von jüdischen Ritualmorden im Besonderen ein Stimulans für die Täter der Shoah war. Die Halluzination einer jüdischen Gefahr war schließlich Voraussetzung des Vernichtungsantisemitismus und der praktischen Durchführung der Shoah. Heinrich Himmler, »der nach 1936 potentiell mächtigste Mann Deutschlands« (Hannah Arendt), der die Vernichtung der europäischen Juden wesentlich in Gang setzte, sorgte nicht zufällig dafür, dass Schramms Ritualmord-Buch unter den SS-Einsatzkommandos verteilt wurde, also gerade unter denjenigen, die den Massenmord an den Juden maßgeblich durchführten – »die Männer, die mit der Judenfrage zu tun haben«, wie er es formulierte. Im Mai 1943, während der Hochphase des Holocausts, verfasste er als Reichsführer SS eine Dienstanweisung an Ernst Kaltenbrunner, den Chef der Sicherheitspolizei, des Sicherheitsdienstes und des Reichssicherheitshauptamtes, das bei der Judenvernichtung eine führende Rolle spielte:

»Lieber Kaltenbrunner!

Von dem Buch ›Die jüdischen Ritualmorde‹ habe ich eine größere Anzahl bestellt und lasse es bis zum Standartenführer verteilen. Ich übersende Ihnen mehrere 100 Stück, damit Sie diese an Ihre Einsatz-Kommandos, vor allem aber an die Männer, die mit der Judenfrage zu tun haben, verteilen können. Ich gebe im Zusammenhang mit diesem Buch folgende Aufträge:

---

[154] SCHRAMM, S. XVII.

1. Es sind sofort überall Untersuchungen anzustellen über Ritualmorde der Juden, soweit sie noch nicht evakuiert sind. Derartige Fälle sind herauszuziehen und mir vorzulegen. Wir müssen in dieser Richtung dann mehrere Prozesse machen.

2. Die ganze Ritualmord-Frage ist von Sachverständigen in den Ländern Rumänien, Ungarn und Bulgarien aufzugreifen. Ich denke daran, daß wir diese Ritualmord-Fälle dann in unserer Presse bringen, um damit die Herausnahme der Juden aus den Ländern zu erleichtern. Diese Dinge können selbstverständlich dann nur im Einvernehmen mit dem Auswärtigen Amt vor sich gehen.

3. Überlegen Sie einmal, ob wir nicht in Zusammenarbeit mit dem Auswärtigen Amt einen rein antisemitischen illegalen Sender für England und Amerika machen können. Er müßte gespeist werden mit Material, das – so wie es der Stürmer in der Kampfzeit gemacht hat – den Engländern und Amerikanern serviert wird. Ich halte hier eine sensationelle Aufmachung geradezu für wichtig. Ich bitte, sich mit SS-Gruppenführer Dr. Martin einmal in Verbindung zu setzen, um den einen oder anderen Mitarbeiter des ›Stürmer‹ zu gewinnen.

Außerdem sind sofort Leute einzusetzen, die in England die Gerichtsnachrichten, die Polizei-Ausschreibungen, daß ein Kind vermißt wird, verfolgen und kontrollieren, so daß wir dann in unseren Sendern entsprechende Kurznachrichten geben können, daß in dem Ort X ein Kind vermißt wurde und es sich wahrscheinlich um einen jüdischen Ritualmord handele. Insgesamt glaube ich, könnten wir mit einer großen antisemitischen Propaganda, in englischer, vielleicht auch sogar in russischer Sprache auf einer sehr starken Ritualmord-Propaganda den Antisemitismus in der Welt ungeheuer aktivieren. Ich bitte Sie, diese Dinge einmal mit Ihren Mitarbeitern zu besprechen und schon gewisse Vorbereitungen zu treffen, um mir dann einen Vorschlag zu machen.

Heil Hitler, gez. H. Himmler«[155]

---

155 HEIBER, Dok. 234, S. 266f.

Für Himmler, der gewiss auch selbst an die Historizität von Ritualmorden glaubte, schien Schramms Ritualmord-Buch derart gut dazu geeignet zu sein, den SS-Männern allfällige Gewissensbisse angesichts ihrer Mordtaten zu nehmen, dass er sogar einen Neudruck des Machwerks in Auftrag gab; im Januar 1944 erhielt er jedoch die Nachricht, dass 3.000 zur Auslieferung vorgesehene Exemplare bei einem Luftangriff der britischen und amerikanischen Luftstreitkräfte auf Leipzig zerstört worden waren.[156]

Nach dem Zweiten Weltkrieg war noch immer nicht Schluss mit den Ritualmordlegenden. Im Juli 1946 ermordete ein katholischer Mob in der polnischen Stadt Kielce 42 gerade den Gaskammern entkommene Juden und verletzte doppelt so viele. Polnische Sicherheitskräfte beteiligten sich an dem Pogrom. In Kielce hatten ursprünglich 25.000 Juden gelebt, 1944 war die Stadt »judenfrei«. Nach dem Ende des Zweiten Weltkriegs waren jedoch etwa 200 Holocaust-Überlebende wieder in die Stadt zurückgekehrt. Sie waren das Ziel des Massakers. In Kielce – und in anderen polnischen und ungarischen Städten – war in der Tat wieder einmal das alte Gerücht herumgegangen, die Juden hielten in ihren Häusern Christenkinder gefangen, um sie rituell zu töten. Nur einer der polnischen Bischöfe brandmarkte nach dem Pogrom von Kielce die Ritualmordlegenden als antisemitische Erfindung; aus Kirchenkreisen war mitunter gar zu hören, die Juden hätten das Pogrom selbst angezettelt.[157] So kehrten bis 1951 etwa 200.000 jüdische Überlebende ihrer polnischen Heimat den Rücken.[158] Das Pogrom von Kielce vom Sommer 1946, schreibt der deutsch-israelische Historiker Dan Diner, »gilt als Fanal des jüdischen Exodus aus Ostmitteleuropa in der frühen Nachkriegszeit«. Aus historischer Perspektive bewirkte es »so etwas wie eine Hebelwirkung für die spätere jüdische Staatsgründung«.[159]

---

[156] UHL, S. 282.
[157] KENT, S. 128.
[158] DÖDTMANN, S. 46.
[159] DINER, S. 241f., 231.

Doch bis heute heulen die katholischen polnischen Funktionäre auf, wenn das Pogrom zur Sprache kommt. Als Anfang 2008 in Polen ein Buch des Soziologen Jan Tomasz Gross über die Vorfälle erschien, erscholl aus der Jesuiten-Basilika in Krakau, vom katholischen Radiosender *Maryja* übertragen, der Ruf: »Die Juden greifen uns an! Wir müssen uns verteidigen!«[160] Unter der Regierung der national-klerikalen *PiS* ist das Klima noch schärfer geworden. Die Soziologin Barbara Engelking und der Historiker Jan Grabowski vom *Polnischen Zentrum für Holocaust-Forschung* sind einer regelrechten Hetzkampagne ausgesetzt, weil sie die Kollaborationswilligkeit eines großen Teils der Bevölkerung und der Polizei des tief katholischen Landes mit den deutschen Besatzern thematisieren.

Anders als in Deutschland hatte der Antisemitismus in Osteuropa im 19. und 20. Jahrhundert kaum eine rassistische Färbung entwickelt, seine Kontinuität zum alten christlichen Judenhass war und ist weitgehend ungebrochen.[161] Die christlich-orthodoxe Bevölkerung im zaristischen Russland beging immer wieder Pogrome an den Juden. Im russischen Bürgerkrieg wurden 1919 alleine in der Ukraine etwa 50.000 Juden ermordet.[162] Dafür verantwortlich waren vor allem Soldaten der »Weißen Garde«, die ihren Namen von der christlich-orthodoxen Symbolik der Farbe Weiß für Reinheit ableitete. Ihr erklärtes Ziel war es, die bolschewistische Bewegung zu bekämpfen, doch Juden und Bolschewiki waren für die Weißgardisten im Grunde ein und dasselbe. Als die deutschen Polizeibataillone und SS-Einsatzgruppen im Zweiten Weltkrieg planmäßig über eine Million ukrainischer Juden ermordeten, beteiligten sich daran ukrainische Hilfspolizisten. Auch die Mitwirkung der polnischen Bevölkerung an der »Judenjagd« der Deutschen, an den Pogromen und auch am Judenmord war erheblich. Das Ausmaß des heimlichen oder offenen Antisemitismus in Polen wird indessen bis heute verdrängt. Das gilt umso mehr, als dass in Polen seit dem Zu-

---

[160] ›Der Standard‹, 22.2.2008.

[161] Vgl. LAQUEUR, S. 14f.

[162] LAQUEUR (S. 122) schätzt die Zahl der Opfer auf 150.000 bis 200.000.

*»Infanticidia« (dt.: »Kindermörder«), 1710, von Carlo de Prevo, Kathedrale von Sandomierz. Rechts oben: Die Juden entführen das christliche Kind. Darunter: Sie begutachten das Kind. Links oben: Sie stecken es in ein mit Nägeln gespicktes Fass, um Blut daraus zu gewinnen. Unten links: Die Juden werfen die sterblichen Überreste des Kindes einem Hund zum Fraß vor.*

sammenbruch des Ostblocks wieder eine christlich-nationalistische Identität an Bedeutung gewinnt – so wie in den postsozialistischen Staaten Osteuropas insgesamt.

Bildliche Darstellungen von Ritualmorden finden sich auch heute noch in einigen Kirchen. In der Kathedrale von Sandomierz in Polen beispielsweise zeigt ein großes Wandgemälde aus dem 18. Jahrhundert, wie Juden christliche Kinder rituell töten. Das Gemälde nennt sich bezeichnenderweise »Kindermörder«, und es ist, wie wir noch genauer sehen werden, kein Zufall, dass die Parole »Kindermörder Israel« immer wieder auf antizionistischen Demonstrationen zu hören ist.

# 8. »Giftmörder«

In jüngerer Zeit sind es die Bewegungen der äußersten Rechten sowie der – in Deutschland besonders stark vertretenen – Leugner der Corona-Pandemie, die immer wieder auf christlich-antisemitische Muster zurückgreifen. Ihre Aktivitäten und ihre Gewaltbereitschaft werden leider noch allzu oft verharmlost. Tatsächlich sind terroristische Angriffe etwa auf Wissenschaftler oder Forschungsinstitute durchaus nicht auszuschließen. Auf einer ihrer Kundgebungen in Berlin wurde im März 2021 dazu aufgerufen, die »kultischen [sic!] Impfzentren« zu bekämpfen, »und wenn es sein muss, mit allen, aber auch allen Mitteln!«[163]

Auf einer Kundgebung der Reichsbürgerbewegung vor dem Reichstagsgebäude im Juli 2020, die im Zusammenhang mit den »Corona-Protesten« stand, fragte der Versammlungsleiter die mehreren Hundert Teilnehmer: »Wer hat Jesus Christus verraten?« Im Publikum wusste man Bescheid: »Die Juden!« Nach Bemerkungen über die »Finanzierung Israels« erklärte er, ein Journalist des *Jüdischen Forums für Demokratie und gegen Antisemitismus* sei anwesend, und während er mit dem Finger auf ihn zeigte, richtete er unter Beifall der Menge die judenfeindliche Schmähung aus dem Neuen Testament – in leicht abgewandelter Form – direkt gegen ihn: »Satan ist der Vater der Lüge!«[164]

Die Misere einer Pandemie, für deren Ausbruch niemand die Verantwortung trägt und die nur mit erheblichen Einschränkungen und mittels schwieriger wissenschaftlicher Erwägungen überwunden werden kann, wird von den »Querdenkern« mittels einer simplen Schuldzuweisung beantwortet: Sinistre Kräfte sollen hinter ihr stecken, nicht selten werden Israel und die Zionisten oder auch eine globale Elite um den jüdischen Mäzen George Soros verantwortlich

[163] Kundgebung vom 28.3.2021, Video unter https://tinyurl.com/tt-lenz (ab 42:27).

[164] »Angriff auf Pressefreiheit - Antisemitismus vor dem Reichstag am 11. Juli 2020«, Bericht und Video des ›Jüdischen Forums für Demokratie und gegen Antisemitismus‹, online unter https://jfda.de/blog/2020/07/13.

gemacht. Statt der Komplexität der Welt mit Vernunft und Abwägung zu begegnen – oder auch: ihr relativ hilflos gegenüberzustehen und die damit verbundene Spannung auszuhalten –, erscheint es diesem Milieu bequemer, allfällige Entbehrungen – in Zeiten von Corona etwa die pandemiebedingten Maßnahmen – als Teil eines Plans geheimer Mächte zu deuten. Derartige Vorstellungen bedienen zudem oft die pathologischen Bedürfnisse von Narzissten und zugleich die Sehnsucht, Teil einer festen Gemeinschaft zu sein: Schließlich gehört man zum »mutigen« Kreis erleuchteter Rebellen, die den »Mainstream« durchschaut haben. Selbstkritik und Zweifel indessen würden diese Selbstverortung stören, weshalb die Fähigkeit dazu bei »Querdenkern« und anderen autoritären Rebellen regelmäßig besonders gering ausgeprägt ist.

Schuldzuweisungen der beschriebenen Art finden wir auch in christlichen Kreisen. Die »querdenkende« Gruppierung »Christen im Widerstand« spricht von »Satanisten, die rituellen Kindesmissbrauch betreiben«. Mehrere Kardinäle haben im Mai 2020 eine Erklärung gegen die Corona-Maßnahmen unterzeichnet, in der ebenfalls von »fremden Mächten« die Rede ist, von einer »Weltregierung, die sich jeder Kontrolle entzieht«. »Lassen wir nicht zu«, heißt es in dem Text weiter, »dass Jahrhunderte der christlichen Zivilisation unter dem Vorwand eines Virus ausgelöscht werden, um eine verabscheuungswürdige technokratische Tyrannei aufzurichten«.[165] – Diese Reden von einer fremden, unkontrollierbaren Weltregierung, die sich anschickt, das Christentum zu vernichten, können nur als Echo klassischer antisemitischer Vorstellungen verstanden werden.

Für viele radikale Christen sind Maßnahmen zur Eindämmung einer Pandemie geradezu eine Sünde: Denn nicht der Mensch, nur Gott sei die oberste Autorität. Die Schuldzuweisungen angesichts der Pandemie sowie die paranoide Impfangst dieser Bewegung, die den Impfstoff oftmals als Gift imaginiert – von einer heimlichen

---

165 »Die Warnung der Kardinäle: ›Es gibt Mächte, die Corona für den Griff nach der Weltherrschaft mißbrauchen wollen‹«, online: https://katholisches.info/2020/05/07.

Elite geschaffen, um den »Volkskörper« zu zerstören oder zu manipulieren –, ist wesensverwandt mit den Legenden von den Juden, die die Brunnen, Quellen und Zisternen der Christen vergifteten, um Lepra oder die Pest zu verbreiten und dadurch die Christenheit zu schädigen. Da die Juden die teuflische Macht zum Gottesmord besäßen, seien sie auch willens und in der Lage, die Vernichtung der Christen Europas zu betreiben. Im 14. Jahrhundert, zur Zeit des durch den – damals noch unbekannten – Pestbazillus hervorgerufenen »schwarzen Todes«, wurden Hunderttausende Juden unter dieser Anklage von Christen erschlagen, ertränkt, verbrannt, gerädert oder zu Tode gefoltert. Hunderte jüdische Gemeinden wurden ausgelöscht, ihre Synagogen wurden zerstört oder in Kirchen umgewandelt. In den frühen dahingehenden Narrativen war auch die Rede von einem Pakt der Juden mit den Muslimen Granadas oder Mesopotamiens, die ihnen im Gegenzug Jerusalem versprochen hätten.[166] Die Pogrome gegen die Juden während der Pestjahre 1348–1351 waren die schlimmsten bis zur Regierungsübernahme der Nationalsozialisten. Sie gingen in der Regel nicht vom hohen Klerus, sondern von einfachen Geistlichen und der gewöhnlichen christlichen Bevölkerung aus. Historiker sehen sich aufgrund der dürftigen Quellenlage zwar außerstande, die Zahl der Opfer zu benennen; wir wissen jedoch, dass um das Jahr 1350 beinahe alle jüdischen Gemeinden zerstört waren.[167]

Die Legenden von den jüdischen Brunnenvergiftungen markieren eine erhebliche Verschärfung des Antisemitismus. Während

---

[166] Die Muslime wurden im Zusammenhang mit der »Leprosen-Verschwörung« des Jahres 1321 in Südfrankreich ins Spiel gebracht, nach welcher Leprakranke die Brunnen vergiftet haben sollen, um die Bevölkerung zu unterjochen. Dabei waren nach manch einer Erzählung nicht die Juden, sondern der (muslimische) »König von Granada« oder der »Sultan von Babylon« als Strippenzieher ausgemacht worden – schließlich waren die muslimischen Reiche zu jener Zeit eine tatsächliche Bedrohung für die christlichen Königreiche. Indessen sollen die Juden auch dabei bereits eine wesentliche Rolle gespielt haben. Mit den Vergiftungen wollten sie, so hieß es, das Frankenreich den Muslimen ausliefern, allerdings nur unter der Bedingung, dass die Muslime zum Judentum übertreten und zudem Jerusalem den Juden überließen (HEIL, S. 288f.; vgl. auch GRAUS, S. 302f.).

[167] GRAUS, S. 250.

die Vorwürfe um Ritualmorde und Hostienschändungen sich im Allgemeinen noch auf einzelne, lokale Ereignisse bezogen, kommt in der Vorstellung von planmäßigen Massenvergiftungen die Idee einer jüdischen Weltverschwörung zum Umsturz ganzer Gesellschaften nunmehr deutlich zur Geltung. Die Juden erschienen mithin nicht nur als religiöse, sondern auch als politische Gefahr.[168]

Bei den Nationalsozialisten lebte der Topos von den Juden als pestbringende Brunnenvergifter durchaus fort, etwa wenn Adolf Hitler in *Mein Kampf* über den verderblichen Einfluss der Juden auf das kulturelle Leben Deutschlands lamentiert:

> »Es war eine schwere Belastung, die das Judentum in meinen Augen erhielt, als ich seine Tätigkeit in der Presse, in Kunst, Literatur und Theater kennenlernte. [...] Das war Pestilenz, geistige Pestilenz, schlimmer als der schwarze Tod von einst, mit der man da das Volk infizierte. Und in welcher Menge dabei dieses Gift erzeugt und verbreitet wurde!«[169]

Die Juden, so fuhr Hitler fort, würden »nun als Bazillenträger schlimmster Art die Seelen vergiften«. Auch vom »jüdischen Volksvergifter« ist bei ihm die Rede, von der »Vergiftung des Volkskörpers«, gar von »Rassenvergiftung« und einer »internationalen Weltvergiftung«, und schließlich:

> »Diese Verpestung unseres Blutes, an der Hunderttausende unseres Volkes wie blind vorübergehen, wird aber vom Juden heute planmäßig betrieben.«[170]

Nach alldem war es nur folgerichtig, dass der NS-Staat in den Jahren ab 1933 die Pflicht zur Pockenschutzimpfung lockerte, die 1874 mit dem Reichsimpfgesetz – gegen Widerstände vor allem des niederen Klerus – durchgesetzt worden war. Damit trage man auch

---

[168] Vgl. auch HEIL, S. 283f.
[169] HITLER (1943), S. 61f.
[170] Alle Zitate aus HITLER (1943): S. 62, 185, 269, 449, 521, 630.

*Karikatur aus dem ›Stürmer‹ (Nr.6, Februar 1932). Während ihr Kind vom jüdischen Arzt geimpft wird, sagt die nichtjüdische Mutter: »Es ist mir sonderbar zu Mut, denn Gift und Jud tut selten gut«.*

»einem weitgehenden Volksempfinden Rechnung«, war 1934 aus dem Reichsinnenministerium zu vernehmen.

Viele Nationalsozialisten erklärten die Praxis des Impfens umstandslos für jüdisch. Eugen Dühring, einer der wichtigsten Vordenker des Nationalsozialismus, hatte schon in den 1880er Jahren von einem »Impfaberglauben« gesprochen, den die Juden zum Zwecke ihrer Bereicherung in die Welt gesetzt hätten.[171] Eine Impfgegner-Vereinigung aus Wilhelmshaven berief sich unter anderem auf das antisemitische Machwerk der *Protokolle der Weisen von Zion*. In diesen heißt es in der Tat, aufgrund des »Einimpfens von Krankheiten« durch die Juden würden sich die Nichtjuden der jüdischen Herrschaft bald unterwerfen müssen.[172] Der »Deutsche Impfgegner-Ärztebund« fühlte sich 1935 bemüßigt, darauf hinzuweisen, dass das Reichsimpfgesetz »nachweislich durch die jüdischen Ab-

[171] DÜHRING, S. 19f.

[172] Ausführlich zu den *Protokollen der Weisen von Zion* TARACH (2016), S. 119ff.

geordneten Löwe, Lasker und Eulenburg, die sich als ›Väter‹ dieses Gesetzes vom 8.4.74 bezeichneten, angeregt« worden sei. Prominente nationalsozialistische »Impfkritiker« waren Julius Streicher (»Impfung ist eine Rassenschande«), Heinrich Himmler, Rudolf Heß und – etwas weniger entschieden – auch Adolf Hitler. Im Zuge der Kriegsvorbereitungen warnte die Wehrmacht dann allerdings vor einer Schwächung der Wehrfähigkeit und warb daher für Impfungen; die Impfquote im Reich stieg in der Folge wieder an.[173]

Der Furor gegen Impfungen speist sich aus drei Quellen. Erstens entspricht es bekanntlich der unsolidarischen Weltanschauung der äußersten Rechten, die Schwachen auszusondern und die Stählung des »Volkskörpers« durch die Natur gutzuheißen. Zweitens dockt die Aversion gegen Impfungen an die lange tradierten antisemitischen Muster vom Juden an, der die Christen heimtückisch zu vergiften trachtet.

Drittens aber dürfte das erwähnte »Volksempfinden«, das sich gerne auch ganz allgemein gegen die »jüdisch-marxistische Schulmedizin« richtet, seinen Antrieb auch von dem in Deutschland traditionell stark verbreiteten Ressentiment gegen die Wissenschaft erhalten: Die Natur wird dabei grundsätzlich affirmiert, und der zielgerichtete Eingriff in natürliche Prozesse durch die Wissenschaft im Allgemeinen und die Medizin im Besonderen wird als ein im Grunde frevelhaftes Unterfangen betrachtet. Tatsächlich erscheint dabei die Natur als eine Autorität, die geradezu den Charakter einer säkularisierten Gottheit hat. Die zivilisatorische Idee der Emanzipation des Menschen von der Natur erscheint mithin als – nicht selten jüdisch inspiriertes – Sakrileg. Sie enthält auch das Eingeständnis, dass der Mensch nicht perfekt, nicht unverwundbar ist. Doch dem autoritären Charakter ist es nicht möglich, eine solche Schwäche einzuräumen; er predigt stattdessen eine nicht zu hinterfragende Unterwerfung unter die Natur, die verwandt ist mit dem Gehorsam gegenüber Gott und der Obrigkeit.

---

173 Zum Ganzen THIEßEN, S. 46ff.

Dieser Befund über das Verhältnis von Natur, Autorität und Antisemitismus wird durch Äußerungen Adolf Hitlers eindrucksvoll bestätigt. In *Mein Kampf* schrieb er über das angeblich verheerende »Ergebnis jeder Rassenkreuzung«:

> »Eine solche Entwicklung herbeiführen, heißt aber denn doch nichts anderes, als Sünde treiben wider den Willen des ewigen Schöpfers. Als Sünde aber wird diese Tat auch gelohnt. Indem der Mensch versucht, sich gegen die eiserne Logik der Natur aufzubäumen, gerät er in Kampf mit den Grundsätzen, denen auch er selber sein Dasein als Mensch allein verdankt. So muß sein Handeln gegen die Natur zu seinem eigenen Untergang führen. Hier freilich kommt der echt judenhaft freche, aber ebenso dumme Einwand des modernen Pazifisten: ›Der Mensch überwindet eben die Natur!‹ Millionen plappern diesen jüdischen Unsinn gedankenlos nach.«[174]

Würde die »jüdische Lehre des Marxismus« über das »aristokratische Prinzip der Natur« obsiegen, hätte dies den Untergang der Menschheit zur Folge, schrieb Hitler, um dann in wahrhaft religiöser Sprache fortzufahren: »Die ewige Natur rächt unerbittlich die Übertretung ihrer Gebote.«[175]

Mit den »Querdenkern« verwoben ist die relativ neue QAnon-Bewegung, deren abstruse Mythen sich ausnehmen wie eine Kopie der christlichen Ritualmordlegenden. Satanische Eliten, vorzugsweise aus Hollywood oder aus dem *Deep State*, würden Kinder entführen und ermorden, um aus ihrem Blut ein verjüngendes Elixier zu gewinnen (mitunter auch, um von Mitgliedern eines Pädophilen-Netzwerks missbraucht zu werden). Die ursprünglich aus dem *lunatic fringe* der amerikanischen Rechten stammende Bewegung hat in den Vereinigten Staaten inzwischen etwa eine Million Anhänger und findet zunehmend auch in Deutschland Gefolgsleute – ganz überwiegend männlichen Geschlechts.

---

174 HITLER (1943), S. 314.
175 Ibd., S. 70.

Aufgrund der Blutbeschuldigung und ähnlich grauenhafter Wahnvorstellungen wohnt der QAnon-Bewegung ein erhebliches Gewaltpotenzial inne. Denn die Vorstellung, von einer als fremd und kaltblütig wahrgenommenen Gruppe existenziell bedroht zu werden, schafft die ideologischen Voraussetzungen für Vernichtungsideen. Verschiedene Rechtsterroristen, aber auch der Sänger Xavier Naidoo oder der Berliner Rapper Sido kolportierten QAnon-affine Legenden.

Der Attentäter des rassistischen Anschlages von Hanau (2020) fantasierte in seinem kurz vor der Tat aufgezeichneten Video von unterirdischen Militärbasen in den Vereinigten Staaten, die von Geheimgesellschaften betrieben würden – und formuliert dann einen Mythos, der ohne die alten christlichen Bilder von der Liaison der Juden mit dem Teufel und den Ritualmorden an Kindern wohl kaum hätte entstehen können: »In einigen davon beten sie den Teufel persönlich an. Sie missbrauchen, foltern und töten kleine Kinder in einem unglaublichen Ausmaß, und dies geschieht seit langer Zeit.«[176]

Der Antisemit, der im Jahr 2018 in die *Tree-of-Life*-Synagoge in Pittsburgh (Pennsylvania) eindrang, mit Handfeuerwaffen um sich schoss und dabei elf Menschen ermordete, muss als bekennender christlich-antisemitischer Terrorist bezeichnet werden. Er bezog sich unumwunden auf den uns bereits bekannten Vers des Johannes-Evangeliums: »jews are the children of satan (john 8:44)«, hatte er in seiner Selbstbeschreibung auf seinem Social Media Account geschrieben.[177]

Gleiches gilt für den Attentäter, der im April 2019 die Besucher der *Chabad*-Synagoge in Poway (Kalifornien) angriff. In seinem hinterlassenen Manifest fabulierte er nicht nur von einem jüdischen Plan eines »Völkermordes an der europäischen Rasse«, sondern machte die Juden auch verantwortlich »for their role in the murder

---

[176] Videobotschaft T. R. an die Amerikaner vom 14.2.2020 (Aufz. liegt dem Verf. vor). Vgl. auch ›Spiegel Online‹ vom 21.2.2020, »Psychogramm eines Terroristen«, online unter https://archive.ph/3M0dH.

[177] Bericht der *Anti-Defamation League* vom 27.10.2018, https://archive.ph/tC9bz.

of the Son of Man – that is the Christ«. Zudem zitierte er darin den – im 3. Kapitel bereits erörterten – antisemitischen »Blutfluch« aus dem Matthäus-Evangelium.[178]

Die gewaltsamen Ausschreitungen vor und im Kapitol der Vereinigten Staaten vom Januar 2021 waren ebenfalls maßgeblich von Protagonisten aus der QAnon-Bewegung getragen. Der frühere US-Präsident Donald Trump hatte immer wieder prominente QAnon-Gläubige eingeladen, schon im Jahr 2018 etwa den amerikanischen Radiomoderator Michael Lebron, einen der bedeutendsten Wortführer des QAnon-Kultes. Wie viele andere in der Bewegung hat Lebron einen stark christlichen Hintergrund; er sagt von sich selbst, seine Erziehung in der *Jesuit High School* in Florida habe seine Entwicklung außerordentlich geprägt.[179]

---

[178] J. E., An Open Letter, April 2019 (dem Verf. vorliegend). Vgl. auch ›The Washington Post‹ vom 1.5.2019, https://archive.ph/M0viq.

[179] Interview mit der Zeitschrift ›America – The Jesuit Review of Faith and Culture‹, 1.8.2014, online verfügbar unter https://archive.is/Y7HZ0.

# 9. Die »Reinheit des Blutes«

Die Jesuiten – *Societas Jesu (SJ)*, wie sie auch genannt werden – bilden den größten Orden der katholischen Kirche und sind eine überaus schillernde Erscheinung. Auf Bildung legten und legen die Ordensbrüder relativ großen Wert, doch zugleich hat es mit ihnen noch eine besondere Bewandtnis, die weithin unbekannt ist: Sie entwickelten eine Ordensverfassung, die in ihrem Antisemitismus ihresgleichen sucht. Seit dem Ende des 16. Jahrhundert bis zur Mitte des 20. Jahrhunderts durfte Mitglied bei den Jesuiten nur werden, wer nachweisen konnte, bis in die fünfte Generation keine jüdischen Vorfahren zu haben. »In der Strenge ihres Rassismus«, resümiert der amerikanische Soziologe und Politikwissenschaftler Daniel Goldhagen, »waren die Mitgliedschaftskriterien der Jesuiten damit den Nürnberger Gesetzen weiterhin ›überlegen‹. So viel zur täuschenden qualitativen Unterscheidung zwischen dem sogenannten Antijudaismus der Kirche und dem modernen rassistischen Antisemitismus.«[180]

Die Aufnahmeregelung des Jesuitenordens hatte ihren ideologisch-historischen Ursprung in verschiedenen Edikten der Iberischen Halbinsel, die nicht nur – wie bisher – den Juden, sondern auch ihren getauften Nachfahren ab Anfang des 15. Jahrhunderts zunächst verboten, Universitäten und ähnliche Einrichtungen zu besuchen. Im *Sentencia-Estatuto* von Toledo 1449 dehnten sich die Verbote auf kirchliche und staatliche Ämter aus, später auch auf Zünfte und andere Institutionen. Das historisch Neue daran war, dass sich die judenfeindliche Gesetzgebung nun auch auf Christen bezog, die selbst – oder deren Vorfahren – vom Judentum zum Christentum konvertiert waren. Wie war es dazu gekommen?

Mit dem Alhambra-Edikt der Königin Isabella I. von Kastilien und des Königs Ferdinand II. von Aragón wurden 1492 alle Juden aus den spanischen Königreichen ausgewiesen:

---

180 GOLDHAGEN (2002), S. 247.

»Und so befehlen wir allen Juden und Jüdinnen jeden Alters, die in unseren besagten Königreichen und Herrschaften leben, wohnen und existieren, sowohl denen, die einheimisch sind, als auch denen, die es nicht sind, die auf welche Weise oder aus welchem Grund auch immer gekommen sind, um darin zu leben und zu wohnen, dass sie bis zum Ende des nächsten Monats Juli dieses Jahres alle diese unsere Reiche und Herrschaftsgebiete verlassen, zusammen mit ihren Söhnen und Töchtern, Knechten und Mägden, jüdischen Verwandten, den großen wie den kleinen Leuten, in welchem Alter sie auch sein mögen. Und sie sollen es nicht wagen, an diese Orte zurückzukehren, noch sich dort aufzuhalten, noch in irgendeinem Teil von ihnen zu leben, weder vorübergehend auf dem Weg zu einem anderen Ort noch auf irgendeine andere Art und Weise, unter der Androhung, dass wenn sie diesen Befehl nicht ausführen und befolgen und in unserem Königreich und unseren Herrschaftsgebieten gefunden werden und in irgendeiner Weise dort leben, sie die Strafe des Todes und die Konfiszierung all ihrer Besitztümer durch unsere Finanzkammer auf sich nehmen, wobei sie diese Strafen durch die Handlung selbst, ohne weiteren Prozess, Urteil oder Erklärung, auf sich nehmen.«[181]

Das Edikt galt auch für die angeschlossenen Länder der Krone von Aragón wie Sardinien und Sizilien. Mindestens hunderttausend Juden wurden damit vertrieben.[182] Wenige Jahre darauf geschah Gleiches in Portugal. In den meisten christlichen Ländern Europas war die Situation für die Juden kaum besser: Im 15. und 16. Jahrhundert wurden sie beispielsweise aus fast allen deutschen Landen vertrieben.

Viele Juden der Iberischen Halbinsel fanden daher in islamischen Ländern eine neue Heimat, insbesondere im Osmanischen Reich und im Maghreb. Das Alhambra-Edikt hatte ihnen eine dreimonatige Frist zur Ausreise gewährt, doch in vielen Fällen konnten sie ihre Besitztümer nicht oder nur zu Schleuderpreisen verkaufen.

---

181 Absatz 4 des Alhambra-Edikts vom 31.3.1492, verkündet am 30.4.1492, online (engl.) unter www.sephardicstudies.org/decree.html. Eine deutsche Übersetzung des Edikts in Auszügen findet sich bei WIESENTHAL, S. 193ff.

182 LAQUEUR, S. 87. – Die Schätzungen weichen stark voneinander ab. WIESENTHAL (S. 199) bezifferte die Vertriebenen auf 190.000 bis 800.000.

Zudem war die Mitnahme von Vermögen nur eingeschränkt möglich: »Gold oder Silber, Münzgeld oder andere Dinge, die nach den Gesetzen unserer Königreiche verboten sind«, durften nicht ausgeführt werden.[183] Welche Werte diese als *Sepharden* bezeichneten Juden in den christlichen Königreichen zurücklassen mussten, wieviel davon sich die Kirche angeeignet hat, bleibt im Dunkeln.

Ein großer Teil der iberischen Juden, vielleicht mehr als die Hälfte, ließ sich indessen taufen (oder hatte dies bereits zuvor getan) und konnte daher im Land bleiben. Im späten 14. und im 15. Jahrhundert erlebte die Iberische Halbinsel Massenkonversionen, wie es sie bis dahin nicht gegeben hatte. Neben dem Alhambra-Edikt spielten dafür zwei weitere Faktoren eine wichtige Rolle.[184] Erstens hatte schon zuvor die *Reconquista*, die christliche Rückeroberung muslimischer Herrschaftsgebiete, zu einem erheblichen christlichen Fanatismus geführt, der sich regelmäßig in antijüdischen Pogromen entlud; sie war erst 1492 mit dem Fall Granadas als letzter muslimischen Bastion auf der Iberischen Halbinsel abgeschlossen. Alleine für die spanischen Pogrome des Jahres 1391 unter der Parole »Lasst die Juden konvertieren oder sterben« geben manche Historiker sechsstellige Opferzahlen als Schätzung an.[185] Zweitens litt die Region besonders schwer und nachhaltig an den Folgen der Pestepidemie des 14. Jahrhunderts, für die allenthalben die Juden verantwortlich gemacht worden waren. Mit der Taufe versprachen sich die Juden, den extremen Verfolgungen zu entgehen. Gleichwohl war die Konversion schwer zu ertragen: Die Tränen der Getauften mischten sich mit dem Taufwasser, hieß es in einer zeitgenössischen Chronik.[186]

Die Getauften sowie ihre Nachfahren wurden Neuchristen genannt, im spanischen und portugiesischen Sprachraum auch *Conversos* oder verächtlich *Marranen* (etymologisch zurückgehend wahrscheinlich auf das spanische *marrano*, »Schwein«). Die Chris-

183 Absatz 5 des Alhambra-Edikts, a. a. O.
184 Vgl. FRIEDMAN, S. 6f.; YERUSHALMI, S. 56.
185 NIRENBERG, S. 227f.
186 WIESENTHAL, S. 35.

ten unterstellten ihnen jedoch, heimlich weiterhin jüdisch zu sein und die Taufe nur zum Schein angenommen zu haben, was angesichts der bedrängenden Umstände, denen die Juden ausgesetzt waren, zweifellos oft der Fall war.[187] *Conversos* wurden daher vor die Tribunale der 1478 eigens dafür gegründeten Spanischen Inquisition geladen, um ihre Rechtgläubigkeit einer Überprüfung zu unterziehen.[188] Interessanterweise beschäftigten sich die Inquisitoren dabei ausgiebig mit genealogischen Fragen; mehr und mehr stand die Frage im Vordergrund, ob der Angeklagte jüdische Vorfahren hatte, ob er »Viertel-«, »Halb-« und sonst ein »Bruchteiljude« war; selbst ob er zu einem vierundsechzigstel Teil jüdisch war, untersuchten die Richter der Kirche.[189] Fast jedes Prozessprotokoll beginnt mit der Suche nach Juden oder Konvertiten unter den Vorfahren des Angeklagten.[190] Tausende von *Conversos* wurden nach unfassbar grausamen Folterungen verurteilt und dem weltlichen Arm zur Vollstreckung der Todesstrafe durch Verbrennen auf dem Scheiterhaufen übergeben. Die Methode des Verbrennens rechtfertigte man mit dem Johannes-Evangelium, das die vom Glauben Abgefallenen mit verdorrten Zweigen am Weinstock Jesu gleichsetzt: »Wer nicht in mir bleibt, wird wie die Rebe weggeworfen und er verdorrt. Man sammelt die Reben, wirft sie ins Feuer, und sie verbrennen.« (Joh. 15:6). Am Ende verfiel das Vermögen der *Conversos*, Kirche und Krone teilten sich die Beute.

Diese Verbrechen sind nicht wiedergutzumachen. Doch noch einmal: Wer vermag die ungeheuren Summen zu berechnen, die Hunderttausenden von Juden und *Conversos* geraubt und für Kirche und Krone eingezogen wurden? Und in welchem Ausmaß ver-

---

187 POLIAKOV (IV), S. 30f.; YERUSHALMI, S. 56.

188 Selbsterklärtes Ziel der Inquisition war es seit jeher, Häretiker aufzuspüren und zum rechten Glauben zurückzuführen oder zu bestrafen. Häresie konnte indessen nur begehen, wer die Taufe empfangen hatte; bekennende Juden und Muslime waren daher von vornherein nicht dem Kirchenrecht und der Inquisition unterworfen (eine Ausnahme schildert WIESENTHAL, S. 167). Die deutliche Mehrzahl der Fälle, die die spanische Inquisition untersuchte, betraf *Conversos*.

189 Vgl. etwa FRIEDMAN, S. 18.

190 NIRENBERG, S. 249.

dankt die Katholische Kirche bis heute ihren Reichtum dem Vermögen der ermordeten und vertriebenen Juden und *Conversos*, das sie sich angeeignet hat?

In unserem Zusammenhang ist der entscheidende Punkt, dass sich in dieser Phase ein »rassistischer« Antisemitismus deutlich herauskristallisierte. Um den *Conversos* den Zugang zu staatlichen oder kirchlichen Ämtern und zu Bildungseinrichtungen zu verwehren, auch um Eheschließungen zwischen *Conversos* und Alt-Christen zu unterbinden, wurde es seit der zweiten Hälfte des 15. Jahrhunderts mehr und mehr zur verbindlichen Rechtsnorm, für die Inanspruchnahme dieser Rechte den Nachweis einer nichtjüdischen Abstammung über mehrere Generationen zu verlangen. Die Regelung nennt sich *limpieza de sangre* – »Reinheit des Blutes«. Formal richtete sie sich zwar auch gegen die Nachkommen der muslimischen Mauren, doch sie zielte in erster Linie auf Menschen jüdischer Herkunft.[191] Während vor allem Papst Nikolaus V. (1447 bis 1455) noch bereit war, Christen jüdischer Herkunft in den Schoß der Kirche aufzunehmen, wurde das Konzept der »Reinheit des Blutes« danach zunehmend strikter beachtet, vor allem im 16. und 17. Jahrhundert in Spanien und Lateinamerika. »Man fand bald kaum noch einen Bereich des öffentlichen Lebens«, so der amerikanische Historiker Yosef Yerushalmi, »in dem man ohne umständliche ›Reinheitsbeweise‹ (*pruebas de limpieza*) für ein Amt kandidieren konnte – sorgfältig beurkundete Stammbäume und Zeugen, die bestätigten, daß der Anwärter keinen Tropfen jüdischen Blutes hatte«. In verschiedenen Provinzen und Städten durften *Conversos* noch nicht einmal wohnen.[192] Angeordnet wurde auch, dass nicht nur Juden, sondern auch *Conversos* zu ihrer Markierung den gelben Judenhut tragen mussten.[193]

Der Franziskanermönch Francisco de Torrejoncillo verteidigte die Gesetze der *limpieza de sangre* im 17. Jahrhundert in seinem Buch

---

[191] YERUSHALMI, S. 73, Fn. 23.; vgl. auch NIRENBERG, S. 231.

[192] YERUSHALMI, S. 60.

[193] WIESENTHAL, S. 207f.; vgl. POLIAKOV (IV), S. 109, Anm. 21.

*Centinela contra judíos* (»Wacht gegen die Juden«) mit »rassenantisemitischen« Formulierungen, bei denen es dem Leser in der Tat, wie Yosef Yerushalmi schrieb, »kalt den Rücken herunterläuft«:

> »Um ein Feind der Christen, Christi und seines Göttlichen Gesetzes zu sein, muß man nicht von jüdischen Eltern abstammen. Ein Elternteil genügt. Es ist belanglos, wenn der Vater nicht [jüdisch] ist; es reicht schon, wenn die Mutter es ist. Und wenn sie es nicht ganz ist, genügt die Hälfte; und auch wenn es weniger ist, genügt ein Viertel oder ein Achtel. Und in unseren Tagen hat die Heilige Inquisition festgestellt, daß es bis zum einundzwanzigsten Grad [der Blutsverwandtschaft] Fälle von heimlich praktiziertem Judentum gibt.«[194]

Die Apologeten der *limpieza*-Doktrin verwiesen zur Begründung immer wieder auf das Motiv des Gottesmordes; mit dieser jüdischen Schuld sei seither das jüdische Blut gleichsam infiziert. Die Juden, so erläuterte auch der Franziskanermönch Torrejoncillo, hätten aufgrund der kollektiven Schuld an der Kreuzigung Jesu ihre »Reinheit« verloren und trügen damit für immer einen unauslöschlichen Makel mit sich; der Ordensbruder beschrieb die Juden dann auch folgerichtig als »jüdische Rasse« (*»raza«*).[195] Seine Schrift erfuhr eine erhebliche Verbreitung, bis in die Mitte des 18. Jahrhunderts hinein erlebte sie mehrere Neuauflagen. Abgeschafft wurden die Statuten der *limpieza de sangre* erst im 19. Jahrhundert.[196]

Simon Wiesenthal notierte, was auf der Hand liegt: Die *Limpieza*-Gesetze sind »der Vorläufer des nationalsozialistischen Ariernachweises«.[197] Léon Poliakov bezeichnet sie als »das erste Beispiel in der Geschichte für einen organisierten Rassismus«.[198] »Die rassistischen Deutungen der Geschichte, die im letzten Jahrhundert zu einem einzigartigen Ansehen gelangten«, schrieb er in den 1970er Jahren, »waren nur eine Besessenheit der gleichen Art wie die *lim-*

---

[194] Francisco de Torrejoncillo, Centinela contra judíos, zit. n. YERUSHALMI, S. 62.
[195] HERING TORRES, S. 223; vgl. auch ibd., S. 143ff.
[196] POLIAKOV (IV), S. 156f.
[197] WIESENTHAL, S. 10.
[198] POLIAKOV (IV), S. 81. Ausführlich zur *limpieza de sangre* ibd., S. 82ff., 148ff.

*pieza*. Sie führten zu einem vom Rassenwahn geprägten Kreuzzug, und der von Hitler hervorgerufene Krieg ist ohne dieses Bindemittel undenkbar.«[199] »Die Nürnberger Gesetze«, konstatierte der Sozialwissenschaftler Jan Philipp Reemtsma, »sind bewusst oder unbewusst nach dem Vorbild der spanischen Gesetze zur Reinhaltung des Bluts – *limpieza de sangre* – verfasst worden«.[200] (Wir werden später nachweisen, dass für viele NS-Akteure die christlichen *Limpieza*-Gesetze tatsächlich ein bewusstes Vorbild waren.) Die *Encyclopedia of the Jewish Diaspora* sieht in ihnen ebenfalls eine Parallele zu den Nürnberger Gesetzen von 1935.[201] »Ohne die Gesetze der Reinheit des Bluts, die den mittelalterlichen Antijudaismus ergänzten und die Grundlage für ein säkulares, biologisches Verständnis von Juden bildeten«, erklärt schließlich der amerikanische Historiker Jerome Friedman, »hätte der moderne Rassenantisemitismus nicht entstehen können«. Die Statuten zeigen, dass die Gesellschaft des 16. Jahrhunderts nicht einfach »antijudaistisch« war, sondern »rassenantisemitisch«.[202]

Der Frage, inwieweit die spanische Gesellschaft zur Zeit der *limpieza de sangre* und die deutsche Gesellschaft zur Zeit der Nürnberger Gesetze strukturelle Gemeinsamkeiten aufwiesen, soll später nachgegangen werden. Vorerst bleibt festzuhalten, dass die Massenkonversionen des 14. und 15. Jahrhunderts die christliche Gesellschaft in eine neue Situation brachten. Bisher waren die Juden leicht als solche erkennbar gewesen, doch nun hatten *Conversos* mitunter einen jüdischen Ehepartner, sie lebten oft weiter in den Judenvierteln – und doch waren sie formal und juristisch Christen. Der christliche König von Aragón beklagte sich 1391 darüber, dass *Conversos* »in ihren Häusern und Wohnungen mit Ehefrauen, Kindern, Neffen, Vettern, Brüdern, Eltern und anderen leben, die noch

[199] Ibd., S. 150.
[200] REEMTSMA, S. 96.
[201] »closely paralleling the 1935 Nazi racial laws«, Frederick Schweitzer: History of Jewish Persecution and Expulsion, in: ENCYCLOPEDIA OF THE JEWISH DIASPORA, Bd. 1, S. 100.
[202] FRIEDMAN, S. 27.

Juden sind«. Dementsprechend sei es für »natürliche Christen« mittlerweile unmöglich geworden, zwischen christlichen *Conversos* und Juden zu unterscheiden.[203] Kurzum, mit der Assimilation durch Konversion verwischten sich die Grenzen zwischen Christen und Juden. Yosef Yerushalmi formulierte das Problem pointiert: »An die Stelle des alten Mißtrauens gegenüber dem Juden als Outsider trat die noch viel beunruhigendere Angst vor dem *Converso* als Insider.«[204] Diese Umstände führten dazu, dass die religiösen Kriterien der althergebrachten antijüdischen Gesetze nicht mehr ausreichten, um *das Jüdische* aus der Gesellschaft fernzuhalten. Dies ist der tiefere Grund für die Einführung rassischer, aufs Blut bezogener Kriterien.

Die Jesuiten führten ihre antisemitischen Aufnahmebestimmungen erst im Jahre 1593 ein, ein halbes Jahrhundert nach ihrer Gründung durch den baskischen Pilger Ignatius von Loyola. In den ersten Jahrzehnten seines Bestehens hatte sich der Orden hingegen besonders stark für die Bekehrung der Juden stark gemacht. Jesu Worte nach seiner Auferstehung waren ihnen Befehl: »Darum gehet zu allen Völkern und macht alle Menschen zu meinen Jüngern; tauft sie auf den Namen des Vaters und des Sohnes und des Heiligen Geistes und lehrt sie, alles zu befolgen, was ich euch geboten habe.« (Mt. 28:19–20). Anders als andere Orden waren die Jesuiten anfangs auch bereit, *Conversos* aufzunehmen. Tatsächlich waren ein gutes Drittel der frühen Mitglieder des Ordens *Conversos*. Gleiches gilt für einige seiner frühen Funktionäre, etwa Francisco Toledo, der als erster Kardinal der Jesuiten Karriere machte, sowie Diego Laínez, welcher Nachfolger von Ignatius im Amt des Generaloberen des Ordens wurde und dessen Urgroßvater jüdisch war. Auch Juan Alfonso de Polanco, erster Sekretär und enger Vertrauter des Ordensgründers, hatte nach Ansicht vieler Historiker jüdische Vorfahren. Inner- und außerhalb des Ordens gab es indessen heftigen

---

203 Nirenberg, S. 233f., 229.
204 Yerushalmi, S. 58; vgl. auch Friedman, S. 27.

Widerstand gegen diese jesuitische Politik, die schließlich den Prinzipien der *limpieza de sangre* zuwiderlief, und so beschloss die fünfte Generalversammlung des Ordens im Jahre 1593, fürderhin »Judensprösslinge« auszuschließen. Man einigte sich einige Jahre später darauf, auf eine nichtjüdische Abstammung über fünf Generationen hinweg zu bestehen.[205]

Ignatius von Loyola war Zeitgenosse Martin Luthers und Johannes Calvins. Seine *Societas Jesu* war eine »Kampftruppe« der Gegenreformation, die »in bedingungslosem Gehorsam gegenüber dem Papst und den Konzilsbeschlüssen die Vernichtung der protestantischen Häresie auf ihre Fahnen geschrieben hatte«.[206] Wie bedingungslos diese Unterwerfung unter die Lehre der Kirche war, die Ignatius seinen Ordensbrüdern abverlangte, machte er in seinen *Ignatianischen Exerzitien* deutlich: »Wir müssen, um in allem das Rechte zu treffen, immer festhalten: ich glaube, dass das Weiße, das ich sehe, schwarz ist, wenn die hierarchische Kirche es so definiert.«[207] Nicht selten (und mancherorts bis in die Mitte des 19. Jahrhunderts hinein) waren die Juden unter Strafandrohung gezwungen, in ihren Ghettos oder in ihren Synagogen den Predigten der Jesuiten beizuwohnen.[208] Der Erfolg dieser zwangsweisen Judenmission war allerdings eher bescheiden.

Die strikte Hierarchie der Jesuiten indes, auch ihr relativ hoher Bildungsgrad und ihre aggressive gegenreformatorische Tätigkeit, führte bei den Protestanten zu einer Abneigung, die nicht selten dämonisierende Züge aufwies. Vielleicht spielte auch die relative Offenheit des Ordens gegenüber den *Conversos* in seinen Anfangsjahren eine Rolle. Der Orden und sein Gründer Ignatius wurden mitunter in einer Reihe mit Juden und Freimaurern genannt. In dieser Tradition findet man heute noch krude Texte, in welchen die

---

[205] Vgl. HARTMANN, S. 16f.

[206] WALLMANN, S. 118.

[207] LOYOLA, S. 112.

[208] Aus jesuitischer Sicht ausführlich zur Judenmission und den Zwangspredigten BROWE, S. 13ff. – Der Autor verteidigt die Maßnahmen ohne Umschweife, bedauert jedoch zugleich, dass ihnen vor allem wegen der »Verstocktheit« der Juden und ihres »Christenhasses« wenig Erfolg beschieden war (ibd., 290ff.).

Jesuiten merkwürdiger Verschwörungen verdächtigt werden und ihnen eine Nähe zu den Juden vorgeworfen wird.

Der *Stürmer* reimte sich zu dieser Frage 1937 in einem Artikel der Sondernummer »Judentum gegen Christentum« seine eigene Geschichte zusammen. Aus Ignatius machte er einen »getauften Juden«; auch der Borgia-Papst Alexander VI. (1492 bis 1503), der gegenüber den Juden eine relativ große Toleranz hatte walten lassen, »war der Rasse nach Jude« (tatsächlich hatte keiner der Genannten jüdische Vorfahren). »Der jüdische Geist durchdrang den Jesuitenorden«, heißt es weiter. Die Reformation Martin Luthers stellt der *Stürmer* als Reaktion auf diese »Verjudung« der Kirche dar, bei welcher der Jesuitenorden eine wichtige Rolle gespielt habe. Luther, dieser »deutsche Mönch«, sei es gewesen, der »sich gegen diesen Judengeist empörte und die evangelisch-lutherische Kirche gründete«. Der Stürmer sehnt sich nach der Zeit des Urchristentums zurück, das eine strikt antijüdische Lehre verkündet habe; sein Urteil über die katholische Kirche ist indes ambivalent:

> »Die katholische Kirche hatte später noch mehrere judenfeindliche Päpste auf dem Thron sitzen. Aber sie kehrte nicht mehr zu dem Geist des Urchristentums zurück. Zu dem Geist, der in dem Juden das Teufelsvolk sah. Und der es als eine Selbstverständlichkeit ansah, daß gegen dieses Teufelsvolk stets und immer der Hauptkampf geführt werden muß.«[209]

Was nun die Jesuiten betrifft, so haben sie 1923 ihre antisemitische Verfassung geringfügig liberalisiert, doch erst im Herbst 1946, nach der Niederlage des Nationalsozialismus, verzichtete der Orden auf seine »Arier-Klausel«[210], also darauf, von angehenden Mitgliedern eine judenfreie Abstammungslinie zu verlangen.[211] Der Religionswissenschaftler Pinchas Lapide merkte dazu sarkastisch an, »daß in der Hitlerzeit die ›Gesellschaft Jesu‹ – die doch den Namen eines

---

[209] ›Stürmer‹-Sondernummer 6, Judentum gegen Christentum, März 1937, S. 12 (gesperrte Hervorhebungen im Original).

[210] So Jerome FRIEDMAN, S. 23.

[211] MARYKS, S. XV, 213; FRIEDMAN, S. 23.

Juden trug – und die SS die einzigen Organisationen auf der Welt waren, die nicht einmal Achtel-Juden als Mitglieder aufnahmen. Nach 1945 blieben die Jesuiten die einzige Körperschaft von dieser Exklusivität.«[212] Gleichwohl steht eine selbstkritische Stellungnahme der Jesuiten zu ihrer eigenen antisemitischen Geschichte bis heute aus.[213]

Die »rassenantisemitische« Geisteshaltung hinter der *limpieza de sangre*, der »Reinheit des Blutes«, war im christlichen Denken keine Ausnahme. Christliche Judenfeinde zeichneten sich schon zuvor oft durch essentialistische Vorstellungen aus, sie argumentierten immer wieder mit vermeintlich angeborenen jüdischen Eigenschaften. Im Grunde verweist hierauf schon die uralte christliche Idee der *Abstammung* der Juden vom Teufel. Wenn es etwa im Johannes-Evangelium heißt, die Juden hätten »den Teufel zum Vater«, so lauert bereits darin, wie der Autor Gerhard Scheit zu Recht bemerkte, »die Möglichkeit des Rassenantisemitismus«.[214]

Beim Heiligen Augustinus aus dem 4. Jahrhundert finden sich unter seinen zahlreichen Beschimpfungen der Juden auch solche, die sich auf angeblich typisch jüdische Körpermerkmale beziehen, etwa wenn er die Juden als »triefäugige Schar« bezeichnet. Vor allem im 13. Jahrhundert tauchte die Idee auf, jüdische Männer und männliche *Conversos* würden menstruieren, was eine Strafe für die Ermordung Christi und eine Erfüllung des Blutfluchs sei (»Sein Blut komme über uns und unsere Kinder!«, Mt. 27:25); etwa zur sel-

---

[212] LAPIDE (1967), S. 65. Die Schutzstaffel (SS) verlangte von ihren Mitgliedern einen über das gewöhnliche Maß hinausgehenden »Großen Ariernachweis«, der je nach Position eine nichtjüdische Abstammung bis zum Jahr 1750 bescheinigte.

[213] Während der Niederschrift dieses Buches wandte sich der Verfasser an die deutsche Abteilung der Jesuiten mit der Frage, ob es zu der antisemitischen Aufnahmeregelung eine offizielle Stellungnahme gibt. Die Pressestelle versicherte zwar zunächst beflissen, ein Kirchenhistoriker des Ordens werde sich deswegen melden, man zog es indessen vor, dies nicht zu tun. Auch DAHL (S. 331) kommt zu dem Ergebnis, dass es eine solche Stellungnahme nicht gibt. Robert A. Maryks, ein ausgewiesener Kenner der Jesuiten, bestätigte dem Verfasser, dass sich daran auch im Jahr 2021 nichts geändert hat.

[214] SCHEIT, S. 29.

ben Zeit wurden die Juden mitunter dunkelhäutig dargestellt, was ebenfalls mit dem Gottesmord in Verbindung gebracht wurde.[215]

Der Heilige Hieronymus nannte Christen jüdischer Herkunft bezeichnenderweise »Halbjuden« (»*semiiudaei*«).[216] Die erste gesetzliche Festschreibung eines »Rassenantisemitismus« findet sich bereits im Jahre 633: Auf dem 4. Nationalkonzil von Toledo wurde das für die Juden der Iberischen Halbinsel bereits bestehende Verbot, ein öffentliches Amt zu bekleiden, ausgedehnt auf »Juden oder diejenigen ihrer Rasse« (»los judíos o los de su raza«).[217] Der christliche westgotische König Sisenand verfügte dort kurz darauf, dass es nicht nur den Juden, sondern auch den Neuchristen verboten sei, vor Gericht gegen einen Christen auszusagen.[218] Und während der antijüdischen Pogrome zur Zeit der Pest wurden Christen jüdischer Herkunft oftmals nicht verschont. Auch für Martin Luther, der in der letzten Dekade seines Wirkens einen rabiaten Antisemitismus entwickelt hatte, blieben die Neuchristen schlicht Juden: »Und so wenig sie Fleisch und Blut, Mark und Bein ändern können, so wenig können sie diesen Stolz und Neid ändern; sie müssen so bleiben und verderben, wenn Gott nicht sonderlich hohe Wunder tut.«[219] Luther sprach vom »Jüdischen Blut«, vom jüdischen »Blutstamm«, vom »Geblüt und Stamm Israel«. Aber auch Luthers zeitgenössischer Gegner, der katholische Theologie-Professor Johannes Eck, fabulierte von der »anererbten Bosheit« der Juden.

---

215 GEBKE, S. 123ff., 148f., KAPLAN, S. 57ff. (Menstruation); KAPLAN, S. 12, 81ff. (Hautfarbe). Beide Autorinnen liefern weitere Beispiele für körperliche Merkmale, die den Juden zugeschrieben werden.

216 GOETZ, S. 446f.

217 Canon LXV: »Por precepto del señor y excelentísimo rey Sisenando estableció este santo concilio que los judíos o los de su raza no desempeñen cargos públicos, porque con este moíiuo injurian a los cristianos.« (Dt.: »Durch das Gebot des Herrn und ausgezeichnetsten Königs Sisenand wurde in diesem heiligen Konzil festgelegt, dass Juden oder diejenigen ihrer Rasse keine öffentlichen Ämter bekleiden sollen, weil sie damit die Christen beleidigen.«) In der lateinischen Fassung: »aut hi qui ex Iudeis sunt« (»auch diejenigen, die aus [von] den Juden sind [kommen]«. Text des Canons (lat. & span.) bei TEJADA Y RAMIRO, S. 308. Zu späteren Debatten um den Passus und seine Vorbildfunktion für die *limpieza de sangre* vgl. BAT-SHEVA, S. 43ff.

218 GRAETZ (1858), S. 36 und passim.

219 Martin Luther, »Von den Juden und ihren Lügen«, *in:* FAUSEL, S. 273.

Dass sich Juden unter christlicher Herrschaft – anders als im Nationalsozialismus – durch Konversion der Verfolgung immerhin hätten entziehen können, dass dem sogenannten Antijudaismus mithin der mildernde Umstand zukomme, die Juden hätten mit der Taufe schließlich stets auch die Gleichheit erlangt: Das gehört also ins Reich der Legenden. Dabei ist genau dies ein Punkt, auf den die Vertreter des Dogmas vom kategorialen Unterschied zwischen »Antijudaismus« und »Antisemitismus« nachdrücklich hinweisen. Was verharmlosend als christlicher »Antijudaismus« daherkommt und strikt von einem modernen sogenannten Rassenantisemitismus getrennt werden soll, trug tatsächlich oft bereits die biologisch begründete Idee der »Unveränderlichkeit« der Juden in sich.

# 10. Der »Ariernachweis«

Die Sorge um die »Reinheit des Blutes« trieb auch die Nationalsozialisten um. In *Mein Kampf* ist Adolf Hitler regelrecht besessen von den Gedanken um »Blutreinheit« und ihrem Gegenteil, der »Blutschande« (auch »Rassenschande«). Die Nürnberger Gesetze verweisen ebenfalls auf die »Reinheit des deutschen Blutes«: Der Reichstag, so heißt es in der Präambel zum »Blutschutzgesetz«, habe das Gesetz beschlossen, durchdrungen »von der Erkenntnis, daß die Reinheit des deutschen Blutes die Voraussetzung für den Fortbestand des Deutschen Volkes ist«.[220]

Nicht nur die Formulierungen ähneln sich, auch die Motivlage. Julius Streicher etwa argumentierte fünf Jahrhunderte nach der *limpieza de sangre* nicht anders als die christlichen Bischöfe und Inquisitoren Spaniens, als er 1924 in einer Rede in Bamberg ausführte: »Ich kenne genug Juden, die sich nur zu dem Zweck haben taufen lassen, um das Christentum zersetzen zu können!«[221] Und als Abgeordneter des bayerischen Landtags warnte er 1929 die Regierung in einer wütenden Ansprache davor, dass getaufte vormalige Juden über Nichtjuden zu Gericht sitzen könnten:

> »Also sorgen Sie dafür, daß der Jude bei uns nicht Staatsanwalt und Richter wird! Sorgen Sie aber auch dafür, daß der Jude nicht mit dem Taufschein in der Hand uns betrügt! Darin liegt eine große Gefahr. Es gibt leider noch viele Deutsche, die meinen, dann sei er kein Jude mehr, sondern ein Christ. Der Taufschein tut nichts. […] Sie mögen taufen, so lange sie wollen, der Jude bleibt Jude.«[222]

Adolf Hitler ereiferte sich in ähnlicher Weise über die »Gefahr« einer Scheinkonversion. Ein Jude, schrieb er in *Mein Kampf*, »braucht

---

220 Gesetz zum Schutze des deutschen Blutes und der deutschen Ehre, Deutsches Reichsgesetzblatt 1935 Teil I, Nr. 100, S. 1146.

221 »Wir wollen schaffen und leiden …«, Rede vom 17.9.1924, *in:* STREICHER, S. 26.

222 Verhandlungen des Bayerischen Landtags, 24. Sitzung v. 22.2.1929, S. 730, online einsehbar unter https://archive.ph/9q5Sm.

sich ja nur taufen zu lassen, um in den Besitz aller Möglichkeiten und Rechte der Landeskinder selber kommen zu können. Er besorgt dieses Geschäft denn auch nicht selten zur Freude [...] Israels über den gelungenen Schwindel.«[223]

Die Assimilation der Juden in Europa ab der Mitte des 19. Jahrhunderts stellte Antisemiten im Grunde vor dasselbe »Problem«, das sie schon im 15. und 16. Jahrhundert hatten: Es war immer schwieriger geworden, zwischen Juden und Nichtjuden zu unterscheiden. (Dieser Punkt wird im Kapitel *Dialektik des Antisemitismus* noch genauer beleuchtet werden.)

Daher griffen auch die Nationalsozialisten auf Blut und Abstammung zurück: Sie setzten für die Ausstellung des berüchtigten »Ariernachweises« eine nichtjüdische Abstammung voraus, wie sie im christlichen Europa mit der »Reinheit des Blutes« bereits über Jahrhunderte eingefordert worden war. Wenigen ist indes bewusst, dass sich der NS-Staat auch dabei wieder an der Religion orientierte: Man bediente sich hierfür der Eintragungen in den Tauf- und Kirchenbüchern, die bis ins 18. Jahrhundert zurückreichten und demnach auch die Religionszugehörigkeit der Großeltern verzeichneten. (Die staatlichen Standesämter erfassten diese Daten erst ab dem Jahr 1874.) »Als Hüter der Tauf- und Heiratsurkunden mehrerer Generationen«, schrieb der Holocaust-Forscher Raul Hilberg, »stellten die Kirchen alle geforderten Daten wie selbstverständlich bereit, ließen sogar eigens Formulare zum ›Nachweis der arischen Rasse‹ drucken, um ihrer Klientel zu dienen«. Den »Ariernachweis« bekam nur, wer Dokumente darüber vorlegen konnte, »dass alle vier Großeltern Christen waren«.[224] Hilberg betont im Hinblick auf die Frage, wer als »Arier« und wer als »Nichtarier« galt, »dass die Definition in keiner Weise auf rassischen Kriterien« beruhte.[225]

---

[223] Hitler (1943), S. 341.

[224] Hilberg (2011), S. 285.

[225] Hilberg (2017), Bd. 1, S. 70. – Die naive Vermengung von Rassismus und NS-Antisemitismus, der wir in vielen theoretischen Abhandlungen begegnen, verstellt auch den klaren Blick auf die strukturellen Parallelen zwischen modernem Antisemitismus und den Statuten der *limpieza de sangre*. Hering Torres (S. 238ff.) etwa streitet recht substanzlos dafür, das 16. Jahrhundert von einer Art antijüdischem

*Zur Ausstellung von »Ariernachweisen« recherchieren NS-Beamte und Theologen unter Leitung des Pfarrers Karl Themel im Archivraum der evangelischen Kirchenbuchstelle Alt-Berlin, 1936.*

In Berlin tat sich für die praktische Durchführung der evangelische Oberkirchenrat Karl Themel besonders hervor, der sich bereits 1932 der NSDAP angeschlossen hatte und seit 1933 auch der Sturmabteilung (SA) angehörte. Themel nutze seine Kenntnisse und seinen Zugang zu den Kirchenbüchern und hob die ›Kirchenbuchstelle Alt-Berlin‹ aus der Taufe, deren Zweck es war, Menschen ausfindig zu machen und zu denunzieren, die jüdische Vorfahren hatten. »In einer besonderen Abteilung«, schrieb der *Völkische Beobachter* im Dezember 1936 voller Anerkennung über diese kirchliche Dienststelle, »sind alle Judentaufen von 1800 bis 1936, die in Berlin stattfanden, zusammengetragen. Hier werden täglich drei, vier Fälle

Rassismus und damit von einer Nähe zum modernen Antisemitismus freizusprechen; seine Beweisführung scheitert bereits daran, dass er den modernen Antisemitismus für eine Spielart des Rassismus zu halten scheint. Er verkennt also, dass die Nürnberger Gesetze – wie auch die Gesetze der *limpieza* – pseudorassistisch sind und beide letztlich auf die Religion zurückgreifen.

einer nichtarischen Abstammung aufgedeckt.«[226] Die Tätigkeit der Kirchenstelle förderte – wie Themel 1941 selbst berichtete – bis Ende 1941 die jüdische Abstammung von 2.612 evangelischen Christen zu Tage. Mit ihrer »Forschung« und der Weitergabe der Ergebnisse an die NS-Behörden lieferte die Kirchenbuchstelle diese Menschen dem nationalsozialistischen Vernichtungsapparat aus.[227]

In den NS-Gesetzen findet sich die erste insoweit grundlegende Bestimmung in der »Ersten Verordnung zur Durchführung des Gesetzes zur Wiederherstellung des Berufsbeamtentums« vom 11. April 1933. Der Text liest sich wie eine Nachahmung der bereits erwähnten Ausführungen des Franziskanermönches Francisco de Torrejoncillo aus dem 17. Jahrhundert:

> »Als nicht arisch gilt, wer von nicht arischen, insbesondere jüdischen Eltern oder Großeltern abstammt. Es genügt, wenn ein Elternteil oder ein Großelternteil nicht arisch ist. Dies ist insbesondere dann anzunehmen, wenn ein Elternteil oder ein Großelternteil der jüdischen Religion angehört hat.« (Ziff. 2 Abs. 1 der VO)

In den »Nürnberger Gesetzen« des Jahres 1935, die gemäß des Protokolls der Wannseekonferenz vom 20. Januar 1942 »im Zuge der Endlösungsvorhaben […] gewissermaßen die Grundlage bilden« sollten[228], findet sich die entsprechende Bestimmung in § 2 Abs. 2 Satz 2 der Ersten Verordnung zum Reichsbürgergesetz vom 14. November 1935:

> »Als volljüdisch gilt ein Großelternteil ohne weiteres, wenn er der jüdischen Religionsgemeinschaft angehört hat.«

---

[226] ›Völkischer Beobachter‹, 13.12.1936, zit. n. GAILUS (2008), S. 88.

[227] Karl Themel war bis zu seinem Tod im Jahr 1973 in kirchlichen Diensten. Nennenswerte kritische Publikationen erschienen erst in den 1990er Jahren. Zum Ganzen vor allem GAILUS (2008), S. 82–100; der Beitrag ist in ähnlicher Form in ›Die Zeit‹ (44/2001) erschienen: »Für Gott, Volk, Blut und Rasse. Der Berliner Pfarrer Karl Themel und sein Beitrag zur Judenverfolgung.« Online unter www.archive.is/rqepG.

[228] S. 10 des Protokolls, online unter tinyurl.com/Protokoll-Wannsee (PDF-Datei).

Es ist also ein Etikettenschwindel, zu behaupten, der »Ariernachweis«, die »Nürnberger Gesetze« und letztlich auch die nationalsozialistische Judenvernichtung insgesamt bezögen sich auf die Zugehörigkeit oder Nichtzugehörigkeit zu »deutschem Blut« oder einer »arischen Rasse« – ein Etikettenschwindel indessen, der bedauerlicherweise auch heute noch von manchen »Antisemitismusexperten« unkritisch nachgebetet wird. Der »Ariernachweis« und entsprechende NS-Verfügungen bescheinigten nicht mehr und nicht weniger als das *religiöse Bekenntnis* der Vorfahren bis zur Generation der Großeltern.

Den prominenten Nazi-Juristen Wilhelm Stuckart und Hans Globke, unter deren Federführung die Nürnberger Gesetze maßgeblich geschaffen wurden, war dies durchaus bewusst. Um Missverständnisse auszuräumen, stellten sie in ihrem Gesetzeskommentar zu der Vorschrift klar, dass nicht auf eine vermeintlich besondere Eigenschaft des Blutes, sondern auf die Religion abzuheben sei:

> »Auch ein voll deutschblütiger Großelternteil, der etwa aus Anlaß seiner Verheiratung mit einem Juden zur jüdischen Religionsgemeinschaft übergetreten ist, gilt daher für die rassische Einordnung seiner Enkel als volljüdisch. Ein Gegenbeweis ist nicht zugelassen. Diese Regelung erleichtert die rassische Einordnung erheblich.«[229]

Tatsächlich mussten die Nationalsozialisten daran scheitern, eine rassistische Definition des Jüdischseins zu bestimmen; auch die beiden NS-Juristen Stuckart und Globke räumten ein, dass es »streng genommen« keine jüdische Rasse gebe:

> »Es gibt ein deutsches Volk, aber keine deutsche Rasse. Und wie es keine deutsche Rasse gibt, so gibt es streng genommen auch keine jüdische.«[230]

---

[229] STUCKART/GLOBKE, S. 64.
[230] Ibd., S. 2.

Die Autoren fabulierten sodann über Rassengemische, Volk und Blut, über die »gottgegebene Formung der Menschen in verschiedene Rassen und Völker«, um schließlich bei der *limpieza de sangre*, der »Reinheit des Blutes«, anzukommen: Der in der Weimarer Republik »um sich greifende Verfall des Gefühls für die Bedeutung der Reinheit des Blutes und die damit verbundene Auflösung aller völkischen Werte«, schreiben sie, »ließ ein gesetzliches Eingreifen besonders dringend erscheinen«.[231]

Den »Bormann-Diktaten« zufolge, deren Quellenwert indes nicht völlig unumstritten ist, soll Adolf Hitler im Februar 1945 seinem Sekretär Martin Bormann ganz ähnliche Äußerungen diktiert haben:

> »Dabei reden wir von jüdischer Rasse nur aus sprachlicher Bequemlichkeit, denn im eigentlichen Sinn des Wortes und vom genetischen Standpunkt aus gibt es keine jüdische Rasse. Die Verhältnisse zwingen uns zu dieser Kennzeichnung; denn die Realität ist die Existenz einer rassisch und geistig zusammengehörigen Gruppe, zu der die Juden in aller Welt sich bekennen […] Die jüdische Rasse ist vor allem eine Gemeinschaft des Geistes.«[232]

Angesichts dieser Aussage Hitlers – und der Tatsache, dass auch er sich oft religiöser Argumente bediente – stellen die Politikwissenschaftlerin Nina Scholz und der Historiker Heiko Heinisch die Frage, »ob es ›Rasseantisemitismus‹ als eigenständige Form des Antisemitismus überhaupt gibt, insbesondere ob Hitler und seine engsten Vertrauten einem solchen anhingen«.[233]

---

231 Ibd., S. 2ff., 10, 16. – In den 1950er Jahren wurde Hans Globke Chef des Bundeskanzleramtes und einer der wichtigsten Vertrauten von Konrad Adenauer.

232 BORMANN, S. 68. – Die Bormann-Diktate werden von den meisten Historikern als glaubwürdig erachtet und regelmäßig uneingeschränkt zitiert. SCHIRRMACHER (S. 42) meint, ihre Authentizität sei, von Verkürzungen abgesehen, nicht zu bezweifeln (vgl. auch die Hinweise in der Vorbemerkung, BORMANN, S. 9–11); LONGERICH (1992, S. 6) hält eine gewisse Skepsis für angebracht, solange die Originale nicht vorliegen. Die hier in Rede stehende Äußerung Hitlers entspricht inhaltlich indessen den bereits zitierten Bemerkungen Globkes und Stuckarts, was ihre Authentizität wahrscheinlich macht.

233 SCHOLZ/HEINISCH, S. 66.

Im Zusammenhang mit ihren antisemitischen Gesetzen wiesen die Nationalsozialisten immer wieder auf die alten, christlichen Bestimmungen hin, namentlich auf die *limpieza de sangre* und die Aufnahmebestimmungen der Jesuiten. Einige Beispiele seien hier angeführt.

Bereits im Juli 1933 konnte Deutschland einen völkerrechtlichen Vertrag mit dem Vatikan schließen. Dieses »Reichskonkordat« verschaffte dem NS-Staat sowohl im Innern als auch international erhebliche Reputation. Der Heilige Stuhl hat damit, wie der Münchner Kardinal Michael von Faulhaber 1937 in einer Predigt stolz feststellte, dem NS-Staat sein »Vertrauen ausgesprochen«, was eine »Tat von unschätzbarer Tragweite« gewesen sei.[234] (Im Gegensatz dazu hat der Vatikan den jüdischen Staat erst 1994 diplomatisch anerkannt, 46 Jahre nach dessen Gründung.) In den deutschen Akten zu den Vertragsverhandlungen findet sich nun ein bemerkenswerter Bericht des Botschaftsrates Eugen Klee, der als Geschäftsträger Deutschlands beim Heiligen Stuhl an der Ausarbeitung des Konkordats beteiligt war und im September 1933 auch die Ratifizierungsurkunden mit Eugenio Pacelli – dem damaligen Kardinalstaatssekretär, der 1939 unter dem Namen Pius XII. Papst werden sollte – ausgetauscht hatte. Zwar hatte sich der Vatikan gegenüber dem NS-Staat nicht über das Schicksal der Juden besorgt gezeigt; etwas mehr Sorgen hatte man sich in Rom indessen um diejenigen Katholiken gemacht, die vom Judentum zum Christentum konvertiert waren. Er habe, so meldete Klee einige Tage nach der Ratifizierung des Konkordats ans Auswärtige Amt, dem vatikanischen Vertreter Erzbischof Giuseppe Pizzardo seine Auffassung über die »Judenfrage« mitgeteilt. Aus dem Bericht geht hervor, dass Klee dabei einen direkten Vergleich der NS-Gesetze mit den antisemitischen Bestimmungen der Jesuiten gezogen hat:

> »Zum Schluß habe ich darauf hingewiesen, daß die Wurzellosigkeit des Judentums sich auf allen Gebieten des Geisteslebens als Gefahren-

[234] GOLDHAGEN (2002), S. 217.

herd erwiesen habe, dessen schädliche Auswirkungen auf die Dauer durch noch so beachtenswerte kulturelle Leistungen nicht aufgewogen werden könnten. Als Beispiel dafür, daß dieser Gefahrenherd auch in der katholischen Kirche schon vor langer Zeit erkannt worden sei, habe ich folgendes angeführt: Die 5. Generalversammlung des Jesuitenordens vom November 1593 in Rom beschloß ein Gesetz, das für alle Zukunft die Aufnahme von Sprößlingen aus jüdischen Familien in den Jesuitenorden verbot. [...] Ich habe dem Unterstaatssekretär Pizzardo auch mündlich dargelegt, daß diese Gesetze eines der hervorragendsten Orden der katholischen Kirche, die durch Jahrhunderte hindurch aufrechterhalten worden sind und sich daher wohl als notwendig erwiesen haben müssen, noch über die in Deutschland getroffenen Maßnahmen hinausgehen. Sie zeigten daher deutlich, wie berechtigt die Besorgnisse der Reichsregierung um die rassische Erhaltung des deutschen Volkes seien.«[235]

Als Hitler im April 1933 den Osnabrücker Bischof Wilhelm Berning empfing, äußerte er sich ebenfalls zum Thema. Das Protokoll, das der Bischof anfertigen ließ, vermerkt, dass die Unterredung »sehr herzlich und sachlich« verlief. Der Reichskanzler habe sich dann »mit Ruhe und Wärme, hie und da temeramentvoll« folgendermaßen zu den Juden geäußert:

> »Die katholische Kirche hat 1.500 Jahre lang die Juden als Schädlinge angesehen, sie ins Ghetto gewiesen usw., da hat man erkannt, was die Juden sind. In der Zeit des Liberalismus hat man diese Gefahr nicht mehr gesehen. Ich gehe zurück auf die Zeit, was [sic] man 1.500 Jahre lang getan hat.«

Vielleicht, so Hitler weiter, erweise er damit »dem Christentum den größten Dienst«.[236]

---

[235] Staatliche Akten über die Reichskonkordatsverhandlungen 1933, Kommission für Zeitgeschichte, hrsg. von Alfons Kupper, Reihe A: Quellen, Bd. 2 (Mainz 1969), Dok. 192, S. 419.
[236] Akten deutscher Bischöfe über die Lage der Kirche, Bd. 1 (1933–1934), bearb. v. Bernhard Stasiewski, Dok. 32/I, S. 100ff.

Auch der *Stürmer* verweist wiederholt auf die Kontinuität der NS-Gesetze, besonders ausführlich in seiner Sondernummer »Judentum gegen Christentum – Jüdisch-bolschewistischer Vernichtungskampf gegen die christliche Kirche« vom März 1937. In der Ausgabe, die von der Antisemitismusforschung auffällig selten in den Blick genommen wird, werden gleich über mehrere Seiten Analogien zwischen den Nürnberger Gesetzen und der »Judengesetzgebung durch die christliche Kirche« hervorgehoben.[237] Der Leitartikel bekundet zunächst die brennende Sorge des *Stürmers* um den Bestand des Christentums: »Noch niemals war das Christentum in seiner ganzen Geschichte einer größeren und gewaltigeren Gefahr gegenübergestanden, als in der jetzigen Zeit.« Es seien besonders die revolutionären Ereignisse in der Sowjetunion und in Spanien, die zu dieser Sorge Anlass gäben, denn »überall dort, wo die jüdisch-bolschewistischen Aufrührer die Macht in der Hand haben, wird das Christentum in schauerlicher und gründlicher Weise ausgerottet«. (Nebenbei bemerkt: Diese Ausrottungsfantasie entspringt wie so oft bei Antisemiten tatsächlich den eigenen Vernichtungswünschen, die projektiv den Opfern untergeschoben werden.) Die Kirchenfürsten würden diese Gefahr heute nicht mehr erkennen, sie würden nicht mehr zum Kampfe aufrufen und keinen Kreuzzug verkünden, und schließlich: »Sie erklären dem Judentum nicht den heiligen Krieg.« Das von den Juden zu verantwortende Schicksal Christi drohe daher dem Christentum als solchem: »Es ist, als ob das Christentum in seiner Gesamtheit einem grauenvollen Golgatha entgegenginge.«

Nach dem Übertritt Kaiser Konstantins zum Christentum im frühen 4. Jahrhundert, so der *Stürmer* in einem anderen Artikel der Ausgabe, »waren die Christen der damaligen Zeit gezwungen, Gesetze gegen die Juden zu erlassen. Diese Gesetze haben eine staunenswerte Ähnlichkeit mit den Judengesetzen des nationalsozialis-

[237] Alle folgenden Zitate stammen aus dieser ›Stürmer‹-Sondernummer 6, »Judentum gegen Christentum – Jüdisch-bolschewistischer Vernichtungskampf gegen die christliche Kirche«, März 1937, S. 1, 2, 8ff.

tischen Deutschlands.« Nach einer Aufzählung der antisemitischen NS-Gesetze bilanziert der *Stürmer*: »Die christliche Kirche der früheren Zeit und ihre geistlichen und weltlichen Vertreter sind noch viel weiter gegangen.« Der *Stürmer* referiert dann ausführlich die judenfeindlichen kirchlichen Gesetze: Etwa zu »Ehe und Geschlechtsverkehr«, zu den öffentlichen Ämtern, dem Richteramt und der Zeugenfähigkeit, zum Geld- und Geschäftsverkehr und so weiter. Zum Gelben Fleck führt der *Stürmer* aus: »Darüber hinaus war es den Juden aber auch nicht gestattet, die gleiche Kleidung zu tragen, wie sie der Nichtjude trägt. Der Jude durfte sich nicht auf diese Weise ›tarnen‹. Er bekam eine eigene Tracht und er bekam auf diese Kleidung den gelben Fleck aufgenäht.«

Die Kirche habe mit ihren Gesetzen, die »weit schärfer und einschneidender als die Nürnberger Gesetze« seien, die Juden daran gehindert, die Religion zu verspotten und dem Staat zur Gefahr zu werden. »Die gleichen Gründe sind es auch«, so der *Stürmer*, »die Adolf Hitler veranlaßten, dem deutschen Volke die Nürnberger Gesetze zu geben und sie auf dem Reichsparteitag 1935 zu Nürnberg so zu verkünden, wie die kanonischen Judengesetze auf den Konzilien, den großen Kirchentagungen, verkündet worden waren«.

Der *Stürmer* behauptet in der Ausgabe mehrmals, die alten judenfeindlichen Gesetze der Kirche seien nicht einfach religiös motiviert gewesen. »Es besteht kein Zweifel, daß diese Gesetze aus rassischen Gründen erlassen wurden«, kommentiert das Blatt beispielsweise das Verbot des Geschlechtsverkehrs zwischen jüdischen und christlichen Personen, das auf verschiedenen Konzilien beschlossen worden war (und welches Simon Wiesenthal als »die ›Nürnberger Gesetze‹ von damals« bezeichnete[238]). Die vom *Stürmer* wiedergegebene Anordnung des Papstes Innozenz III., wonach die Kleidung der Christen »sich von der Tracht anderer Völker allgemein unterscheiden soll«, sei »bezeichnend« und ruft beim nationalsozialistischen Verfasser geradezu Entzückung hervor, die er

---

238 WIESENTHAL, S. 54.

durch doppelte Ausrufezeichen bekundet: »!! Innozenz unterscheidet also nicht zwischen Glaubensgemeinschaften, sondern zwischen Völkern.«

Nachdem im Jahr 1938 auch im faschistischen Italien drastische antisemitische »Rassengesetze« eingeführt worden waren, sahen sich die Verantwortlichen dort ebenfalls in der Tradition des althergebrachten christlichen Antisemitismus. Einer der führenden faschistischen Politiker Italiens, Roberto Farinacci, der als Mitglied des faschistischen Großrates und rechte Hand Benito Mussolinis die Verabschiedung dieser Gesetze maßgeblich forciert hatte, hielt 1939 einen Vortrag über »Die Kirche und die Juden«. »Wir faschistischen Katholiken«, erklärte er dort, »betrachten das jüdische Problem von einem streng politischen Standpunkt aus. [...] Aber es beruhigt unsere Seelen zu wissen, dass wir als Katholiken, wenn wir Antisemiten werden, es den Lehren verdanken, die die Kirche in den letzten zwei Jahrhunderten verbreitet hat.« Diese Lehren, so führt er weiter aus, habe die Kirche auch nach der Französischen Revolution nicht aufgegeben, sondern eher noch bekräftigt, denn sie »konnte sich nicht selbst korrigieren, ohne der Unfehlbarkeit ihrer Lehren den Todesstoß zu versetzen«. Die »maßgebendste aller katholischen Zeitschriften«, die jesuitische *Civiltà Cattolica*, habe im Jahr 1890 »die von der Französischen Revolution proklamierten Menschenrechte [...] *Rechte der Juden* genannt«.[239] Farinacci kommt sodann auf den Jesuitenorden zu sprechen, dessen Verfassung jedem die Aufnahme versage, »der von der jüdischen Rasse abstammt [...] bis in die fünfte Generation«. Der »arische Rassismus der Jesuiten« sei also »sogar noch strenger als der deutsche«. Als Faschist habe man in den Jesuiten »stetige Vorläufer und Meister in der jüdischen Frage«; höchstens müsse man sich vorwerfen lassen, nicht dasselbe Außmaß an Unnachgiebigkeit gegen die Juden aufzuweisen wie diese.[240]

---

[239] Es handelt sich um eine Artikelserie in *La Civiltà Cattolica* mit dem Titel »Über die Judenfrage in Europa«, auf die wir noch zu sprechen kommen.
[240] KERTZER (2004), S. 376f.

Nach allem zeigt sich, dass die »modernen« antijüdischen Gesetze des NS-Staates und seines Einflussbereiches nicht nur demselben Geist entsprangen wie die christlichen, sondern dass sie darüber hinaus oft auch im *bewussten Denken* der nationalsozialistischen Akteure als Fortsetzung einer langen christlichen Traditionslinie gesehen wurden.

# 11. Eskalation des christlichen Antisemitismus

Im Hinblick auf das Verhältnis des alten, christlichen »Antijudaismus« zum modernen Antisemitismus haben wir gesehen, dass bedeutende nationalsozialistische Propagandaorgane – vor allem, aber keineswegs allein Julius Streichers *Stürmer* – für ihre Hetze die klassischen christlichen Judenbilder verwendeten. Im Kapitel über die »Reinheit des Blutes« hat sich gezeigt, dass auf der anderen Seite der christliche Judenhass schon früh rassenantisemitische Merkmale aufwies. Ab dem späten 19. Jahrhundert schlugen die christlichen Organe – etwa die päpstlich kontrollierte, bedeutende Jesuitenzeitschrift *La Civiltà Cattolica* –, dann moderne, vernichtungsantisemitische Töne an und stellten politische Forderungen, die tatsächlich mehr nach NS-Antisemitismus klingen als nach bloßem theologisch begründetem »Antijudaismus«.

Angesichts der zunehmenden, von den christlichen Kirchen seit Anbeginn erbittert bekämpften bürgerlichen Gleichheit der Juden in Europa forderte *La Civiltà Cattolica* im Jahr 1880 in Bezug auf die Juden, »Sondergesetze für eine Rasse einzuführen, die in so außergewöhnlicher Weise durch und durch verdorben ist«.[241] *Sondergesetze für eine verdorbene Rasse* – schon dieses mit dem NS-Antisemitismus auf einer Linie liegende Ansinnen ist ein Hinweis darauf, wie fragwürdig die kategoriale Unterscheidung zwischen Antijudaismus und Antisemitismus ist. Im gleichen Jahr bekräftigte das Jesuitenblatt – wie die Nationalsozialisten ein halbes Jahrhundert später –, dass eine Konversion zum Christentum nichts am Jüdischsein ändere:

> »Die Juden sind nicht nur aufgrund ihrer Religion Juden […], sie sind Juden auch und besonders aufgrund ihrer Rasse.«[242]

---

[241] KERTZER (2004), S. 181.
[242] KERTZER (2004), S. 184.

1897 wurde *La Civiltà Cattolica* noch deutlicher:

> »Der Jude bleibt immer und überall unwandelbar [!] ein Jude. Seine Nationalität wurzelt weder in dem Boden, auf dem er geboren wurde, noch in der Sprache, die er spricht, sondern in seinem Samen.«[243]

In ihrer Artikelserie »Über die Judenfrage in Europa« (*Della Questione Giudaica in Europa*) aus dem Jahr 1890 schrieb *La Civiltà Cattolica* von der »jüdischen Pest«, der »Plage« und »Geißel«, von der »jüdischen Rasse« (*razza giudaica*), die Gott »an das Kreuz geliefert« habe und mit dem »Fluch des Gottesmordes« behaftet sei. Von der jüdischen Selbstverfluchung ist die Rede, auch von dem Vermögen, das die Juden heute »an sich gerafft« hätten. »Wenn man nichts dagegen unternimmt«, zitiert das Blatt zustimmend den Priester Georg Ratzinger (den Großonkel des deutschen Papstes Benedikt XVI.), »wird die europäische Gesellschaft in 50 oder 100 Jahren an Händen und Füßen gebunden unter die Herrschaft der jüdischen Bankiers fallen«. »Doch die jüdische Rasse ist nicht damit zufrieden, uns auszubluten«, so die *Civiltà Cattolica*, »sondern sie will uns den Glauben an Christus rauben und die Güter unserer Kultur zerstören.« Das Freimaurertum habe mit seinen Ideen der Französischen Revolution und den allgemeinen Menschenrechten, diesem »Gift der Freiheit«, den Juden die bürgerliche Gleichheit geschenkt. Zuvor hätten die christlichen Gesetze den Juden noch ihren angemessenen Platz zugewiesen. »Diese Gesetze müssen mit Liebe oder mit Gewalt wiederhergestellt werden.« Das Blatt erwägt verschiedene Wege, um »die Judenfrage zu lösen«, um also das verlorene Terrain wiederzuerobern – selbstredend »immer an der Grenze dessen, was das Evangelium erlaubt«. Wie es für den Antisemitismus typisch ist, wird dabei festgehalten, dass »es sich um Notwehr handelt«. Am Ende des Beitrags verleiht der jesuitische Verfasser seiner Hoffnung Ausdruck, ein neuer Befreier möge Freimaurer und Juden zugrunde richten:

---

[243] KERTZER (2004), S. 184.

»Nun so möge der neue Attila losgelassen werden über ihre Republiken und Monarchien, ihre Institutionen und Börsen, ihre Theater, Werkstätten und Vergnügungsorte, er möge sie und die Juden ins Verderben treiben. Denn beide haben Christus verleugnet [...].«[244]

Den »neuen Attila« sahen deutsche Nationalsozialisten und italienische Faschisten, die den Artikel gerne zitierten, in Adolf Hitler und Benito Mussolini.[245]

Selbst eine »Kapitalismuskritik«, wie sie mit ihrer Gegenüberstellung von »schaffendem« und »raffendem« Kapital später auch von den Nationalsozialisten formuliert wurde, findet sich in *La Civiltà Cattolica,* so etwa in einem Artikel mit dem Titel »Die jüdische Moral« aus dem Jahr 1893: »Die jüdische Nation arbeitet nicht, sondern wächst und gedeiht im Glanze des Wohlstands und Fleißes der Nationen, die ihnen Zuflucht geben.« Sie sei »ein riesiger Krake, der mit seinen übergroßen Tentakeln alles ergreift. Sein Bauch sind die Banken [...].«[246]

1937 schließlich schrieb die *Civiltà Cattolica* über das Judentum, es sei »ein Fremdkörper, ein Entzündungsherd, der Reaktionen jenes Organismus hervorruft, den er befallen hat«. Diskutiert werden anschließend verschiedene Wege, darunter wiederum die Eliminierung und Vernichtung.[247] In diesen Jahren wurden die Juden von der *Civiltà Cattolica,* aber auch von anderen katholischen Blättern, meist als »Rasse« beschrieben.[248]

Genug davon, auch wenn man noch viele offizielle christlich-antisemitische Äußerungen anführen könnte, die sich auf Blut und

---

[244] Die Artikelserie stammt aus der Feder des Herausgebers und Chefredakteurs der *Civiltà Cattolica,* des Jesuiten Francesco Berardinelli. Alle Zitate aus dem dritten Teil der Serie (»Die Abhilfen«), in deutscher Übersetzung in GRABNER-HAIDER/STRASSER, S. 241ff. (eingerücktes Zitat S. 253). In diesem Werk lautet die Übersetzung im letzten Zitat: »er möge sie und die Juden in die Vernichtung treiben«; »ins Verderben« ist indessen eine genauere Übersetzung (im ital. Original »*in una ruina*«). Der Jahrgang 1890 der *Civiltà Cattolica* (ital.) findet sich online unter tinyurl.com/Civilta1890; der dritte Teil der Serie dort S. 641–655.

[245] GRABNER-HAIDER/STRASSER, S. 113.

[246] KERTZER (2004), S. 194f.

[247] GOLDHAGEN (2002), S. 131.

[248] KERTZER (2016), S. 516 (Anm. 19).

Rasse, auf Absonderung und Vernichtung beziehen und die sich in der Tat, wie Daniel Goldhagen schreibt, »von denen der Nationalsozialisten in nichts unterschieden«.[249]

Der gegenwärtige Papst Franziskus, der selbst Jesuit ist, würdigte gleichwohl noch im Dezember 2019 die *Civiltà Cattolica,* die schließlich von Anfang an als inoffizielles Sprachrohr des Heiligen Stuhls galt. In einem Beitrag für das Organ schrieb er, seit der Gründung durch Papst Pius IX. im Jahr 1850 sei *La Civiltà Cattolica* den Päpsten stets ein »treuer Begleiter« gewesen.[250]

---

[249] GOLDHAGEN (2002), S. 130. Goldhagen bezieht sich hier auf Ausgaben der *Civiltà Cattolica* aus den 1920er und 30er Jahren.

[250] »Papst würdigt Jesuitenzeitschrift Civiltà Cattolica«, ›KNA‹-Meldung vom 30.12. 2019, online auf der Website der Jesuiten unter https://archive.md/XRdPc.

# 12. Wesen und Erscheinung des Antisemitismus

Wie jede Ideologie hat auch der Antisemitismus seine eigene Dynamik. Seine Erscheinungsbilder passen sich den Zeitumständen und den gesellschaftlichen Kräfteverhältnissen an. Wenn die Juden zunächst als »Mörder unseres Herrn und Heiland« galten, später in rassistischem Tonfall als »Zersetzer der Völker« (oder noch später unter humanistischer Fassade als »Kindermörder Israel«), dann handelt es sich insoweit lediglich um vordergründige, rationalisierte und daher auch leicht wandelbare Äußerungsformen des Antisemitismus. Wenn der Antisemit früher behauptete, Juden seien der christlichen Identität fremd, und heute behauptet, sie seien der völkischen Identität fremd, so mag dieser Wandel der Erscheinung für eine historische Analyse von Interesse sein. Wesen und Erscheinung des Antisemitismus sind jedoch nicht identisch. Es wäre naiv und positivistisch, die »Absichtserklärungen« des Antisemiten für bare Münze zu nehmen, statt in ihnen bloße Schutzbehauptungen zu erkennen und kritisch nach dem wirklichen inneren Impuls des Antisemiten zu fragen. »Der Wunsch, den Antisemitismus anders als in der jüdisch-christlichen Trennung zu begründen« schrieb der israelische Sozialhistoriker Jacob Katz, »blieb in Wahrheit nichts als eine Absichtserklärung«.[251]

Das unbewusste Bild vom Juden, der Christus ablehnt und damit als Bedrohung für die eigene Identität erscheint, überlebt als eigentlicher Antrieb des Judenhasses den Wandel der Zeit. Denn wer und was ein Jude eigentlich ist, darüber wird zwar seit jeher gestritten, eines aber wissen die Antisemiten gewiss: Juden haben sich nicht der Mehrheitsreligion des Christentums (und im Nahen und Mittleren Osten: des Islam) angeschlossen, trotz aggressiver Mission haben sie sich der Masse verweigert. »Was immer sich sonst noch über den Juden sagen ließ, er war zuallererst der ›an-

[251] Katz, S. 323.

dere‹, der Christus und die Offenbarung verschmäht hatte.«[252] Es erschütterte die Grundfeste ihres Daseins, dass die Christenheit mit ihrer zentralen, auch im Neuen Testament immer wieder betonten Berufung, die christliche Botschaft den Juden anzutragen, regelmäßig scheiterte. Selbst während der Zwangstaufen, betonte der Soziologe Max Horkheimer, gab es nicht nur Fälle Einzelner, »die sich passiv der Folter ergaben, sondern auch genuiner Märtyrer, die lieber starben als zu sagen: ›Ich glaube an Jesus Christus‹«. Die relative Seltenheit erfolgreicher Bekehrungsversuche, so schlussfolgerte er, bezeuge den Widerstand der Juden gegen die Bekehrung und mag »zur Intensivierung des Hasses auf sie beigetragen haben«.[253] Dass ausgerechnet die Juden Jesus nicht anerkannten, obgleich doch gerade ihnen in den Heiligen Schriften ein Messias prophezeit wurde, macht die Sache für die Christen umso schmerzhafter. Jeder existierende Jude stellt tatsächlich die Position Jesu als Messias infrage; die fortdauernde Existenz des Judentums wird gleichsam als gelebte Infragestellung des Christentums wahrgenommen – und verfolgt. »Wenn die Riten der Juden heilig und verehrungswürdig sind, dann muss unsere Lebensweise falsch sein«, meinte schon der Heilige Chrysostomos, um dann um so energischer fortzufahren: »Aber wenn wir den rechten Weg gehen, wie es der Fall ist, dann gehen sie einen betrügerischen Weg.«[254]

Dieser Prozess kann beispielhaft an der Person Martin Luthers gezeigt werden. In seiner frühen Schrift *Dass Jesus Christus ein geborener Jude sei* aus dem Jahr 1523 hatte er die Juden noch umworben und die päpstliche Gewaltmission abgelehnt. Als sich seine Hoffnung auf eine aufrichtige Bekehrung der Juden zum Christentum jedoch zerschlug, zeigte er seinen radikalen Antisemitismus ganz unverhohlen.[255] In seinen 1543 veröffentlichten Traktaten *Von den Juden und ihren Lügen* sowie *Vom Schem Hamphoras und vom Ge-*

---

[252] FRIEDLÄNDER (2007), S. 98.
[253] HORKHEIMER, S. 30.
[254] Zit. n. GOLDHAGEN (1998), S. 72; vgl. auch CHRYSOSTOMUS, S. 95.
[255] Insoweit besteht eine gewisse Parallele zum Propheten Mohammed, der in der frühen Zeit seines Wirkens ebenfalls relativ tolerant war.

*schlecht Christi* forderte er, Synagogen, jüdische Wohnhäuser und jüdisch-religiöse Texte zu verbrennen, die Juden der Zwangsarbeit zu unterwerfen und sie schließlich zu eliminieren: »Drum immer weg mit ihnen.«[256] Er vertraute auch Konvertiten nicht mehr und entwickelte einen biologistischen Antisemitismus, auf den sich 1946 selbst Julius Streicher vor dem Internationalen Militärgerichtshof in Nürnberg berief: »Dr. Martin Luther säße heute sicher an meiner Stelle auf der Anklagebank, wenn dieses Buch von der Anklagevertretung in Betracht gezogen würde. In dem Buch ›Die Juden und ihre Lügen‹ schreibt Dr. Martin Luther, die Juden seien ein Schlangengezücht, man solle ihre Synagogen niederbrennen, man soll sie vernichten.«[257]

Gleichwohl wäre es verfehlt, bei Luther von einer »enttäuschten Liebe zu den Juden« zu sprechen, wie es mitunter geschieht. Von Anfang an, auch als er sie noch mit milden Worten zu bekehren versuchte, erschien ihm die Existenz von Juden als unerträglich, weil sie den Messias des Neuen Testaments nicht anerkannten, mithin: weil sie keine Christen waren.[258]

Da religiöse Dissidenz mehr als jede andere exemplarisch und musterbildend ist, stehen die Juden aufgrund ihrer Weigerung, sich der Mehrheitsreligion zu unterwerfen, im Verdacht, auch unabhängig von der Religion Träger von intellektuellem Ungehorsam und persönlicher Selbstbehauptung zu sein. Dieser Ungehorsam bezieht sich in den Augen der Antisemiten auch auf die Zwänge der Natur: Das menschenfreundliche Unterfangen, gestalterisch in die Gesellschaft und Natur einzugreifen und Vorgefundenes umzuformen, um es dadurch erträglicher zu machen, erscheint ihnen sündhaft und nicht selten jüdisch. Kunst, Wissenschaft und insbesondere die Medizin – die ja den Versuch einer Emanzipation des

---

256 Dazu WIPPERMANN (2005), S. 73, der anschaulich darlegt, dass Luthers Antisemitismus einen »exterminatorischen Charakter« hatte.

257 Der Prozess gegen die Hauptkriegsverbrecher vor dem Internationalen Militärgerichtshof Nürnberg, Verhandlungsniederschrift vom 29.4.1946, online verfügbar unter https://archive.is/NS0kr.

258 Vgl. KRAMER, S. 70.

Menschen von der Natur darstellt – werden vom Antisemiten oft als jüdisch imaginiert. Der multikulturelle Staat Israel gilt ihnen infolgedessen als »unnatürlich«, als künstlich, wie schon der beliebte, abfällige Begriff »zionistisches *Gebilde*« belegt – im Gegensatz zu den europäischen und arabischen Staaten, deren »Volksgemeinschaften« als naturwüchsig, autochthon und »mit ihrer Scholle verwachsen« wahrgenommen werden. Und in der Tat war die israelische Staatsgründung »künstlich« insofern, als sie – im Angesicht eines wütenden Antisemitismus – Folge einer bewussten menschlichen Entscheidung war, eines gestalterischen Eingriffs, und nicht Ergebnis des blinden, »natürlichen« Ganges der Geschichte.

Ein zentraler Hassschwerpunkt des Antisemiten ist infolgedessen die Idee der Emanzipation des Individuums von den Zwängen der Natur und der Gesellschaft; Judenfeinde sind stets Feinde der individuellen Freiheit, des Geistes und all der schönen Dinge, die dazu gehören: die Moderne, Zivilisation und Kosmopolitismus, Weltzugewandtheit und Ausgelassenheit, Intellektualität, Vernunft und Zweifel, Müßiggang und Lust, Fantasie und Introspektion. Nicht das Subjekt mit all seinen Bedürfnissen steht für sie im Vordergrund, sondern die gleichsam naturwüchsige Gemeinschaft.[259] Im deutschsprachigen Raum zeigt sich das auch an den gängigen antizionistischen Parolen: Es ist eher selten die Rede von der »Freiheit für die Palästinenser«, weitaus häufiger wird die »Freiheit für das palästinensische *Volk*« gefordert.

Aufgrund des gängigen Bildes von den Juden als Verkörperung von Mehrheitsverweigerung und Individualität erscheinen sie nicht einfach nur als eine *andere* Identität (wie es beim Rassismus der Fall ist). Die Juden werden vielmehr gesehen als regelrechte *Anti-Identität*: als wurzellose Kosmopoliten, als teuflische Zersetzer *jeder* Identität. Antisemiten liefern selbst zahlreiche Belege für dieses Bild von den Juden als antiidentitäre Universalisten: »Die Juden«, schrieb *La Civiltà Cattolica* 1890 in ihrer Artikelserie ›Über die

[259] Vgl. dazu und zum antisemitischen Gehalt von 9/11 meinen Essay »Der Hass auf die Freiheit«, ›Lizas Welt‹, 28.9.2011, https://archive.md/6hsMb.

Judenfrage in Europa‹, »stehen hinter den Prinzipien der Gleichheit aller Bürger vor dem Recht, sie bestimmen die demokratischen Parteien und wollen einen Staat ohne Religion erreichen«.[260] Über den antisemitischen Attentäter, der sich zu Jom Kippur 2019 anschickte, die jüdische Gemeinde in Halle auszulöschen, heißt es in einem Prozessbericht: »Während der Flüchtlingskrise verfestigt sich auch sein Hass auf Juden. Die ›semitische Weltsicht‹ besage, dass alle Menschen gleich seien, also auch Muslime.«[261] Das antisemitische Gerücht, George Soros oder ähnliche Akteure betrieben einen »Bevölkerungsaustausch«, sie würden also gezielt Migranten »ins Land holen«, um die »Identitäten der Völker« zu zersetzen, speist sich ebenfalls aus diesem Bild von den Juden als Anti-Identität. Amerikanische und britische Rechtsradikale haben mitunter die Zionisten oder den Staat Israel als Strippenzieher hinter dieser vorgeblichen Volkszersetzung ausgemacht.[262] Das Motiv ist im Übrigen nicht neu: »Juden waren und sind es«, schrieb schon Adolf Hitler in *Mein Kampf*, »die den Neger an den Rhein bringen, immer mit dem gleichen Hintergedanken und klaren Ziele, durch die dadurch zwangsläufig eintretende Bastardierung die ihnen verhaßte weiße Rasse zu zerstören, von ihrer kulturellen und politischen Höhe zu stürzen und selber zu ihren Herren aufzusteigen«.[263]

Moderne Antisemiten beschuldigten die Juden, die gute alte Zeit eines Abendlandes christlicher Identität zerstört zu haben und hinter der Französischen Revolution zu stecken, hinter der Aufklärung, dem Kommunismus und dem Humanismus. Ebendies ist auch das Leitmotiv der von christlichen Zaristen fabrizierten *Protokolle der Weisen von Zion*. Die dahinterstehende Sehnsucht, Teil eines starken Kollektivs zu sein und sich ihm unterzuordnen, war im traditionell antiliberalen Deutschland besonders stark ausgeprägt.

---

260 ›La Civiltà Cattolica‹, »Über die Judenfrage in Europa« (1890), zit. n. GRABNER-HAIDER/STRASSER, S. 243.

261 ›Frankfurter Allgemeine Zeitung‹, 21.7.2020, online: https://archive.is/pWwpA.

262 Dazu Marc Neugröschel, Ideological Conflicts among Donald Trump Supporters, Vortrag vom 19.7. 2021, www.youtube.com/watch?v=_1HVl1rOPDc.

263 HITLER (1943), S. 357.

# 13. Dialektik des Antisemitismus

Der NS-Staat und die Kirchen haben sich als rivalisierende Loyalitätszentren mitunter umworben, mitunter bekämpft. Die Päpste stachelten regelmäßig zum Judenhass auf, aber hin und wieder nahmen religiöse Würdenträger die Juden auch in Schutz, denn ihre Taufe erschien ihnen im Allgemeinen erstrebenswerter als ihre Ermordung. Der Kirchenstaat, das politische Herrschaftsgebiet der Päpste in Mittelitalien, betrieb die Dehumanisierung der Juden noch bis weit ins 18. und sogar 19. Jahrhundert hinein: Länger als überall sonst mussten die Juden dort den gelben Schandfleck tragen; sie wurden gefangengenommen, wenn sie ohne das vorgeschriebene Abzeichen angetroffen wurden.[264] Erst 1798 war damit Schluss, nachdem französische Truppen Rom erobert hatten. Länger als überall sonst existierte im Kirchenstaat auch das Judenghetto – dort übertraf »das Elend der Juden alle anderen Gemeinden«.[265] Diesmal war es die italienische Armee, die 1870 den (nach dem Sturz Napoleons 1815 wiederhergestellten) Kirchenstaat und mit ihm die Ghettos auflöste.[266] Die faschistische italienische Regierung unter Benito Mussolini schließlich hat mit den Lateranverträgen von 1929 die politische und staatliche Souveränität des Vatikans wiederhergestellt, wenngleich in verkleinerter Form als Enklave innerhalb Roms; der Vatikan hat seine heute bestehende staatliche Existenz Mussolini zu verdanken.

Die Aufklärung, die Idee der Gleichwertigkeit der Menschen unabhängig von der Religion und in der Folge auch die Judenemanzipation erschütterten das Weltbild christlicher Judenfeinde. Gleichzeitig war es in den europäischen Gesellschaften zunehmend unmodern, ja verpönt geworden, sich unverblümt auf die Religion als Identitätsmerkmal zu berufen und religiös gegen die Juden zu

264 KERTZER (2004), S. 15.
265 POLIAKOV (III), S. 173f., 176.
266 KERTZER (2004), S. 173f.

argumentieren; so entstand das Bedürfnis nach einer zeitgemäßer erscheinenden Aufmachung des Antisemitismus. Hinzu kam eine weitere Entwicklung: Bisher hatte die antisemitische Gesellschaft anhand der Religion klar erkennen können, wer Jude ist und wer nicht. Doch Aufklärung und Säkularisierung machten auch vor den Juden nicht halt, sie definierten sich ebenfalls immer weniger über die Religion. Dieser Umstand sowie der bestehende antisemitische Druck führten im 19. Jahrhundert dazu, dass ein beträchtlicher Teil der deutschen Juden zum Christentum konvertierte (in der Regel, ohne dem neuen Glauben besonders viel abgewinnen zu können). Felix Mendelssohn Bartholdy, Ludwig Börne, Heinrich Heine und die Eltern von Karl Marx seien hier stellvertretend für viele genannt. Auf diesen Wandel nahm der in Basel lehrende Theologieprofessor Adolf Köberle 1933 in einer Predigt Bezug:

> »Daneben gibt es noch einen anderen Typus von Judentum: Es ist der säkulare, religionslose Jude. Er ist den Weg der Empörung gegen Gott konsequent bis zum Ende gegangen. Er hat auch dem letzten Rest von Gottesglauben und Gottesfurcht den Abschied gegeben. Sein Ideal ist der Geist der französischen Revolution, der Geist des Liberalismus und Materialismus, des Marxismus und Bolschewismus, aber auch, wenn es gerade sein kann, der Geist des skrupellosen Mammonismus und der unbegrenzten zäsarischen Weltherrschaftsgier. Überall, wo es etwas zu zersetzen gibt, zu zerstören gilt, heiße es Ehe und Familie, Vaterlandsliebe oder christliche Kirche, Zucht und Ordnung, Keuschheit und Anstand, überall, wo es etwas zu gewinnen gibt, da ist er dabei, da ist er vorne dran mit geistreich witzelndem Spott, mit klug geschäftiger Begabung, mit zäh wühlender Energie. Ein atheistischer Mensch wirkt immer zerstörend; aber nirgends wirkt sich die verderbliche Kraft dieser Haltung so verheerend aus wie bei einem jüdischen Menschen, der sein reiches alttestamentliches Erbgut verschleudert hat und unter die Schweine gegangen ist.«[267]

Für Antisemiten und ihr Bedürfnis, Juden als Juden zu identifizieren, war die jüdische Assimilation ein Problem. Yosef Yerushalmi

---

[267] GERLACH, S. 33.

schrieb für das 15. und 16. Jahrhundert, dass nach den damaligen Massenkonversionen an die Stelle des alten Verdachts gegen die Juden als *Outsider* die Panik vor dem assimilierten Juden als *Insider* getreten war. Ohne die Parallele zum 15./16. Jahrhundert zu erwähnen, beschrieb Daniel Goldhagen die Situation im 19. Jahrhundert ganz ähnlich: »Hatte es zu Anfang des Jahrhunderts noch geheißen, die Juden wollten in das Haus der Deutschen eindringen, so meinte man jetzt, sie hätten es bereits besetzt. Die voremanzipatorische Empfindung ›Haltet sie draußen‹ wurde zu ›Schmeißt sie raus‹.«[268] Sowohl im Spätmittelalter während der Blutreinheitsgesetze, als die Juden der Iberischen Halbinsel massenhaft konvertierten, als auch im 19. und 20. Jahrhundert in Deutschland beobachten wir, wie Yosef Yerushalmi scharfsinnig feststellte, »eine dem jüdischen Assimilierungsprozeß immanente Dialektik: eine Gesellschaft, die durch neue Umstände dazu bewogen wird, die Juden zu akzeptieren, jedoch gleichzeitig durch tief verwurzelte Einstellungen dazu konditioniert ist, sie abzulehnen. Wenn die Assimilierung Realität wird, wie in beiden Fällen geschehen (katholische Rechtgläubigkeit [bei den *Conversos*, Anm. T. T.] auf der iberischen Halbinsel, Akkulturation und Erosion der jüdisch-religiösen Identität in Deutschland), wird die alte Definition des Judentums qua Religion augenscheinlich zum Anachronismus und muß nach und nach einer rassischen weichen.«[269] Judenfeinde bemühten sich daher in beiden genannten Epochen, an die Stelle des tatsächlichen jüdischen Glaubens eine Blutlinie zu setzen, um mittels Abstammungsermittlungen den Juden oder einer »jüdischen Geisteshaltung« auf die Spur zu kommen.

Aufgrund der lange tradierten und tief verinnerlichten Vorstellung von den Juden als Gottesmördern und gewieften Feinden des Christentums erschienen die assimilierten Juden auch dem »modernen« Antisemiten nach wie vor als eine Gefahr für die Eigengruppe. Im 19. Jahrhundert und danach wurde diese Eigengruppe

---

268 Yerushalmi, S. 58, Goldhagen (1998), S. 90.
269 Yerushalmi, S. 65.

auch von wenig oder nicht religiösen Menschen noch immer als christlich geprägt empfunden, denn es hatte sich eine Entwicklung vollzogen zu einer »gedanklichen Verschmelzung von Deutschtum und Christentum, wobei allein schon der Begriff ›deutsch‹ ein christliches Element beinhaltete«.[270]

In Deutschland war die Judenemanzipation spät und nur widerwillig verwirklicht worden. Zu einer wirklichen, verinnerlichten Akzeptanz der Juden als gleichberechtigte Staatsbürger hatte sich die deutsche Mehrheitsgesellschaft nicht durchgerungen. Zur Zeit der Wirtschaftskrisen am Ende des 19. Jahrhunderts – wenige Jahre nach der rechtlichen Gleichstellung der deutschen Juden im Jahr 1871 – konnte von einer solchen Akzeptanz keine Rede sein. »Die Zeit zwischen Emanzipation und Krise war zu kurz«, schrieb der Historiker Reinhard Rürup, »um die ›Judenfrage‹ und die Tatsache, dass es bis in die sechziger Jahre [des 19. Jahrhunderts] noch immer ›Judengesetze‹ gegeben hatte, in Vergessenheit geraten zu lassen«. Die zögerliche Emanzipationspolitik begünstigte zudem »die ohnehin verbreitete Auffassung, dass die Emanzipation ein Entgegenkommen seitens der christlichen Gesellschaft, kein Recht, sondern ein Vorschuss auf künftige Leistungen beziehungsweise eine Belohnung für soziales Wohlverhalten sei«. Damit erschien die Emanzipation der Juden auch jederzeit widerrufbar.[271]

Eine »Antisemitenpetition« an die Reichsregierung, mit der im Jahre 1880 unter anderem die Entfernung der Juden aus Staatsdienst, Heer, Richteramt und Schuldienst gefordert wurde, damit »der innige Zusammenhang von deutschem Brauch und deutscher Sitte mit christlicher Weltanschauung und christlicher Überlieferung erhalten« bleibe, hatte auf legislativer Ebene zwar keinen Erfolg. Die Initiatoren der Petition konnten allerdings um die 250.000 Unterschriften aus der deutschen Bevölkerung sammeln. Auch der prominente evangelische Theologe und Berliner Domprediger Adolf Stoecker, ein wichtiger Wegbereiter des Nationalsozialismus,

[270] GOLDHAGEN (1998), S. 90.
[271] RÜRUP, S. 30, 82.

sah 1888 in der Judenemanzipation eine Zumutung für die deutsche Christenheit: »Wir hoffen aber, daß ein Befreier kommen wird. Es ist ein Schandfleck der europäischen Staatskunst, daß man die Juden eine so verächtliche und gefährliche Rolle spielen läßt. Die Judenmacht muß gebrochen werden.« Ein Artikel des Gottesmannes aus demselben Jahr liest sich wie eine Drohung mit den Schrecken des Nationalsozialismus: »Daß der nächste große ›innere Staatsmann‹ Europas diesen Kampf aufnehmen wird und muß, ist gewiß. [...] Entweder das Judentum verzichtet auf seine unerträgliche Stellung, oder es fordert einen Kampf heraus, der nur mit seiner allgemeinen Unterdrückung enden kann.«[272] Nach Stoecker sind bis heute nicht nur Straßen benannt, sondern beispielsweise auch eine Pflegeeinrichtung der evangelischen Kirche in Duisburg.

Bezeichnenderweise entstand der moderne Antisemitismus unmittelbar nach der Festschreibung der bürgerlichen Gleichheit für Juden und dem Zusammenbruch des Kirchenstaates. Er muss als Reaktion auf – und Intervention gegen – die Judenemanzipation verstanden werden. Die geradezu schockierend erscheinende bürgerliche Gleichheit und wachsende gesellschaftliche Bedeutung der Juden stellte für die Christen eine schwere Kränkung dar, derer man sich dann auch mittels moderner Methoden zu erwehren gedachte: Rassengesetzgebung und schließlich industrielle Vernichtung.

In der *Civiltà Cattolica* lässt sich diese Dynamik anschaulich nachvollziehen. In alter Zeit, so das Blatt, hätten die Juden glücklich in ihren Ghettos gelebt. Jetzt aber, nach der Judenemanzipation, werde »dieses fremde Volk, wenn es zu viel Freiheit erhält, sofort zum Verfolger, Unterdrücker, Tyrannen, Dieb und Zerstörer der Länder, in denen es lebt«.[273] Die Schlussfolgerung war für die Masse der deutschen Christen klar: Radikale, modern-antisemitische Maßnahmen erschienen ihnen nun nötig, um sich der »jüdischen Gefahr« zu erwehren.

---

272 STOECKER, S. 480, 484f.
273 KERTZER (2004), S. 183.

Halten wir fest: Die These, der christliche Judenhass unterscheide sich grundsätzlich vom rassistisch begründeten, modernen Antisemitismus, mag für eine deutsche Akademiker- oder Kirchenlaufbahn hilfreich sein. Sie erweist sich angesichts der historischen Tatsachen jedoch als Entlastungsstrategie einer christlich sozialisierten Gesellschaft, die es nicht wahrhaben möchte, dass der mörderische Antisemitismus nicht lediglich ein kurzfristiger »Zwischenfall«, sondern ein beständiger Begleiter »unserer« Geschichte war. Nicht eine neue, gleichsam aus dem Nichts entstandene moderne antisemitische Ideologie hat im 19. und 20. Jahrhundert also die Welt verändert, sondern eine veränderte Welt hat den alten christlichen Judenhass verschärft und ihm eine neue, völkische Färbung gegeben. *La Civiltà Cattolica* und andere christliche Organe waren treibende Kräfte dieser Verschärfung.

# 14. Shoah

Historische Faktoren wie die Inflation – von der Hitler fabulierte, sie sei von den Juden »angestiftet und durchgeführt« worden[274] – sowie die Weltwirtschaftskrise ab 1929 spielten für die besondere Virulenz des Antisemitismus in der Weimarer Zeit eine weitere große Rolle. Bedeutsam waren zudem die deutsche Reaktion auf die Niederlage im Ersten Weltkrieg und die Ratifizierung des Versailler Friedensvertrages. Den Deutschen, die eine ausgeprägte Identifikation mit dem eigenen Kollektiv aufwiesen, erschienen insbesondere die Kriegsniederlage sowie ihre Folgen als beispiellose narzisstische Kränkung (»Schanddiktat von Versailles«), die das Bedürfnis nach einem Sündenbock und nach Revanche hervorrief. Und tatsächlich waren auch die Kriegsniederlage und die Dolchstoßlegende aufgeladen mit dem Gottesmordmotiv. So wie Judas Iskariot einst Christus für dreißig Silberlinge verraten und ans Kreuz gebracht habe, so hätten die Juden auch Deutschland verraten und trügen daher die Verantwortung für den verlorenen Krieg. Der letzte deutsche Kaiser etwa, Wilhelm II., ließ dies anklingen, als er im Oktober 1919 behauptete, Deutschland habe den Ersten Weltkrieg nur durch den »Verrat im Innern« verloren – die Niederlage sei nämlich »von rückwärts, von Zuhause, von Juda's Geld« bewirkt worden.[275]

Während der NS-Staat den Krieg vorbereitete, verschärfte sich auch sein Antisemitismus, denn in der Vorstellung der Nationalsozialisten verschmolzen Krieg und Holocaust zu einer einzigen apokalyptischen Schlacht. Für sie war, wie der amerikanische Historiker Jeffrey Herf schreibt, »der Krieg gegen die Juden gleichbedeutend mit dem Zweiten Weltkrieg – also dem Krieg gegen die Führungsmächte der Anti-Hitler-Koalition, Großbritannien, die Sowjetunion und die Vereinigten Staaten«. Die Anti-Hitler-Mächte

---

274 Reichstagsrede vom 30.1.1939, *in:* HITLER (1988), S. 1056.
275 RÖHL, S. 1283.

*Links: Juden als die »Kräfte hinter Roosevelt«. Titel eines Buches von Johann von Leers, 1941. Mitte: Hinter Großbritannien, den USA und der Sowjetunion stehe »der Jude«. Deutsches Plakat, 1940. Rechts: Churchill, Roosevelt und Stalin seien die »Marionetten« des Juden. Karikatur im ›Völkischen Beobachter‹, 25.7.1941.*

galten in der NS-Ideologie nur als Werkzeuge der hinter den Kulissen agierenden jüdischen Drahtzieher. Das »Weltjudentum« habe durch seine Marionetten Winston Churchill, Franklin D. Roosevelt und Josef Stalin den Krieg gegen Deutschland begonnen, daher würde Deutschland einen Krieg gegen das Judentum führen, bis es ausgerottet sei. Die »Endlösung« erschien den Nationalsozialisten daher »als eine notwendige Vergeltungsaktion im Rahmen eines umfassenderen Verteidigungskrieges, den Nazi-Deutschland gegen das internationale Judentum, das Weltjudentum und seltener ›die Juden‹ führte«.[276]

Die christlichen Wahnvorstellungen vom Gottesmord und von den Brunnenvergiftungen begleiteten indessen auch die Phase der ideologische Verschärfung des nationalsozialistischen Antisemitismus hin zum Vernichtungsantisemitismus. Hans Frank, Hitlers Generalgouverneur in Polen, berichtet in seinen Memoiren, wie der »Führer« 1938 Ausrottungsfantasien gegen die Juden entwickelte und dabei äußerte, er müsse womöglich den »Blutfluch« vollstre-

[276] HERF (2006), S. 9, 110, 265.

cken, also jene Selbstverfluchung, die den Juden aufgrund ihres »Gottesmordes« im Evangelium des Matthäus zugeschrieben wird. Adolf Hitler, so Frank, habe eines Abends Folgendes gesagt:

> »In den Evangelien riefen die Juden dem Pilatus zu, als dieser sich weigerte, Jesus zu kreuzigen: ›Sein Blut komme über uns und unsere Kinder.‹ Ich muß vielleicht diese Verfluchung vollstrecken.«[277]

Im März 1941, als sich die Vernichtungspolitik der Nationalsozialisten bereits radikalisiert hatte, nahm Conrad Gröber, der nazifreundliche Erzbischof von Freiburg, in seinem Fastenhirtenbrief zu Ostern auf die Selbstverfluchung Bezug. Er thematisierte die Passion Christi und die gottesmörderischen Juden, um anschließend den Stellenwert des Blutfluchs zu bekräftigen: »Über Jerusalem gellt indessen der wahnsinnige, aber wahrsagende Selbstfluch der Juden: ›Sein Blut komme über uns und unsere Kinder!‹ Der Fluch hat sich furchtbar erfüllt. Bis auf den heute laufenden Tag.«[278] Beim Ulmer Einsatzkommando-Prozess von 1958 bekundete ein Pfarrer auf die Frage, warum er nichts gegen die Massenerschießungen unternommen habe, er habe gedacht, den Juden geschehe dies recht, denn an ihnen erfülle sich nun das Wort »Sein Blut komme über uns und unsere Kinder!«[279] *Den Juden geschehe dies recht*: Der Gottesmann war mit diesem Urteil nicht alleine. Jedes Kind hatte gelernt, dass die Juden mit der Kreuzigung des Gottessohnes eine unermessliche Schuld auf sich geladen hätten (nach 1945 änderte sich daran zunächst nur wenig: Die Passionsspiele Oberammergau beispielsweise strichen den Blutfluch erst im Jahr 2000 aus dem Text).

Die Shoah war nur möglich, weil die Vorstellung einer solchen mystischen Ur-Schuld der Juden im Denken und Fühlen der Täter und Mitläufer tief verwurzelt war.

---

[277] FRANK, S. 315.

[278] ›Amtsblatt für die Erzdiözese Freiburg‹, 1941, Nr. 9, S. 388.

[279] LAPIDE (1979), S. 241. Auch der evangelische Wehrmachtsoberpfarrer Bernhard Bauerle rechtfertigte das jüdische Schicksal offen mit dem Blutfluch, PÖPPING, S. 150.

Wenige Monate nach seiner Bezugnahme auf den Blutfluch, zum sechsten Jahrestag seiner Ernennung zum Reichskanzler (»Machtergreifung«), hielt Hitler eine Rede im Reichstag, in der er zum ersten Mal öffentlich nicht mehr nur von der Diskriminierung oder Deportation der Juden sprach, sondern explizit von deren Vernichtung. In seinem Leben sei er bereits »sehr oft Prophet« gewesen, und weiter:

> »Ich will heute wieder ein Prophet sein: Wenn es dem internationalen Finanzjudentum in und außerhalb Europas gelingen sollte, die Völker noch einmal in einen Weltkrieg zu stürzen, dann wird das Ergebnis nicht die Bolschewisierung der Erde und damit der Sieg des Judentums sein, sondern die Vernichtung der jüdischen Rasse in Europa.«[280]

Auf diese »Prophezeiung« kam er in den folgenden Jahren, auch während des Holocausts, noch mindestens sechsmal zurück.[281] Die Wahnvorstellung von einem jüdischen kriegerischen Angriff, dessen man sich nur mittels der Vernichtung der Juden erwehren könne, war Allgemeingut unter den Nationalsozialisten. »Der Weltkrieg ist da, die Vernichtung des Judentums muss die notwendige Folge sein«, schrieb Goebbels Ende 1941 in sein Tagebuch.[282]

Bezeichnenderweise verwendete Hitler auch in dieser wegweisenden Rede Begriffe aus der Gedankenwelt des Christentums, die mit dem Gottesmordvorwurf verbunden sind. Er rekurrierte auf die Brunnenvergiftungslegende und den Satan. In erster Linie sei es das »unverantwortliche Treiben einer gewissenlosen Presse«, das zu Spannungen in Europa geführt habe, und weiter: »Was sich hier verschiedene Organe an Weltbrunnenvergiftung erlauben, kann nur als kriminelles Verbrechen gewertet werden.« Die »drohende Bolschewisierung« Europas – hinter der selbstredend die Juden standen – sei »eine satanische Erscheinung«. Hitlers Schluss-

---

[280] Reichstagsrede vom 30.1.1939, *in:* HITLER (1988), S. 1058.
[281] HERF (2006), S. 5.
[282] GOEBBELS, Eintrag vom 13.12.1941, S. 2317

worte waren: »Danken wir Gott, dem Allmächtigen, daß er unsere Generation und uns gesegnet hat, diese Zeit und diese Stunde zu erleben.«[283]

Das Handeln der Nationalsozialisten wurde wesentlich von ihrer Ideologie bestimmt, nicht von Zweckmäßigkeitserwägungen. Ihre antisemitische Raserei stellten sie über ihre objektiven Interessen: Noch kurz vor Kriegsende hatten die Züge nach Auschwitz Priorität gegenüber militärischen oder ökonomischen Belangen. »Die Nazis schienen überzeugt, dass es wichtiger sei, die Vernichtungsfabriken in Betrieb zu halten, als den Krieg zu gewinnen«, bemerkte die Philosophin und politische Theoretikerin Hannah Arendt. Sie war es auch, die darauf hinwies, wie schwer diese »vollendete Sinnlosigkeit« der nationalsozialistischen Massenvernichtung zu begreifen sei, was oft zu der falschen Annahme führe, den Beweggrund der Täter nicht in ihrer Ideologie zu sehen, sondern letztlich doch in einem – allenfalls »übertriebenen« – Egoismus.[284] Sinnlos erschien den Nationalsozialisten die Judenvernichtung indessen nicht – in ihrer Logik war sie vom Krieg nicht zu trennen. Es war beständiger Teil der NS-Ideologie, die Juden in christlicher Tradition als bedrohliche Strippenzieher zu halluzinieren. Die Regierungen der Vereinigten Staaten, Großbritanniens und der Sowjetunion wurden zu Akteuren, die – wie die römische Obrigkeit vor 2.000 Jahren – von den Juden gesteuert waren. So wurde der Zweite Weltkrieg zum Vernichtungskrieg gegen die Juden.

---

283 Reichstagsrede vom 30.1.1939, *in:* Hitler (1988), S. 1064, 1067.
284 Arendt (1989), S. 7ff.

# 15. Exkurs: Das Armageddon der »Christlichen Zionisten«

Vor allem in den Vereinigten Staaten existieren starke Bewegungen fundamentalistischer Christen, die der Eschatologie anhängen, also ganz von Endzeitvorstellungen erfüllt sind; sie können bei oberflächlicher Betrachtung als projüdisch oder zionistisch erscheinen. Zu den prominentesten Vertretern der »Christlichen Zionisten« (ein Schwindeletikett, wie wir sehen werden) gehören Mike Pence, Vizepräsident der Vereinigten Staaten unter Donald Trumps Präsidentschaft, sowie Trumps Außenminister Mike Pompeo. Die Organisation *Christians United for Israel* (CUFI) hat nach eigenen Angaben über neun Millionen Mitglieder, insgesamt soll es in den Vereinigten Staaten 30 Millionen »Christliche Zionisten« geben.

Auch wenn sich die Ideen dieser Bewegungen aus dem Spektrum der Evangelikalen in Einzelheiten unterscheiden, spielen Israel und die Juden regelmäßig eine zentrale, aber durchaus unerfreuliche Rolle. Jesus Christus, so glauben sie unter Bezug auf die Offenbarung des Johannes (»Apokalypse«), kehre nach Jerusalem zurück, sobald sich alle Juden dort versammelt hätten. Er errichte sodann im Heiligen Land sein Tausendjähriges Königreich, dessen geistliches Zentrum der wiedererrichtete Jerusalemer Tempel sei. Kriegerische Zeiten würden anbrechen, der Messias werde mit dem Antichristen – den Feinden Israels – ringen und am Ende der apokalyptischen Schrecken Gericht über die Gläubigen und die Ungläubigen halten. Die Gläubigen werden leibhaftig in den Himmel auffahren (»Entrückung«), auch ein Drittel der Judenheit würde Jesus als Messias anerkennen – also zum Christentum konvertieren – und dadurch gerettet werden; viele betreiben daher bereits jetzt eifrig Judenmission, etwa unter der falschen Flagge *Jews for Jesus*. Die verbliebenen Juden hingegen würden vernichtet.[285]

[285] Zu den evangelikalen Fundamentalisten und ihrem Israel-Bild vgl. KLOKE.

Diese Kreise können durchaus antisemitisch genannt werden, denn die Welt, die sie sich wünschen, ist letzten Endes judenfrei. »Man kann nicht gerettet werden, wenn man Jude ist«, sagt dementsprechend Pastor Robert Jeffress, einer der bekannten religiösen Führer der Bewegung. Reverend John Hagee, der Gründer der *Christians United for Israel,* erklärte den Holocaust für gottgewollt, da Hitler als »Jäger« die Juden nach Israel getrieben und damit Gottes Willen erfüllt habe. Als in Israel die amerikanische Botschaft nach Jerusalem verlegt und 2018 eingeweiht wurde, sprach ausgerechnet Pastor Jeffress zu Beginn der Zeremonie ein bizarres Gebet, und Reverend Hagee erteilte am Ende den nicht weniger bizarren religiösen Segen. Die Botschaftsverlegung sehen sie schließlich im Lichte ihrer Endzeiterwartungen.

Christlich-apokalyptische »Zionisten« haben nichts gemein mit dem Kernziel des Zionismus: der Schaffung und Bewahrung einer Art jüdischer Lebensversicherung in Gestalt eines Refugiums, in dem Juden sich selbst regieren. Das zionistische Projekt ist daher säkular und pragmatisch. Christliche »Zionisten« hingegen haben kein Interesse an einem sicheren Israel, das sie lediglich für ihre religiöse Heilserwartung instrumentalisieren. Im Gegenteil betrachten sie die Gründung Israels als vorübergehendes prophetisches Ereignis. Jedes Aufflammen des Konflikts mit der arabischen Seite erscheint ihnen als Erfüllung religiöser Prophezeiungen und als Zeichen der Hoffnung. Ein Friede im Nahen Osten aufgrund von Verhandlungen liefe ihrer religiösen Agenda zuwider. Aus diesem Grunde lehnen die meisten »Christlichen Zionisten« eine Zweistaatenlösung dann auch prinzipiell ab.

Werden die apokalyptischen Heilserwartungen der »Christlichen Zionisten« enttäuscht, kann ihr latenter, philosemitisch getünchter Antisemitismus schnell in offenen Juden- und Israelhass umschlagen. Sie sind in der Regel radikale Abtreibungsgegner und außerordentlich homophob. Sagen wir es vorsichtig: Israel hat bessere Unterstützer verdient.

# 16. »Gottesmörder Israel«

Es waren skurrile Petitionen, die nach der Gründung Israels beim Obersten Gerichtshof in Jerusalem eingingen: Christliche Theologen aus aller Herren Länder argumentierten allen Ernstes, der jüdische *Sanhedrin* aus der Zeit Jesu sei der »unmittelbare Vorgänger« des Israelischen Obersten Gerichtshofes und habe vor zwei Jahrtausenden einen furchtbaren Justizmord begangen, als er Jesus Christus verurteilt und ans Kreuz gebracht habe. Die Antragsteller waren überwiegend protestantische Geistliche. Sie forderten eine Wiederaufnahme des Verfahrens und die Aufhebung des vermeintlichen Urteils. Der Rechtshistoriker Chaim Cohn, damals Oberstaatsanwalt des Gerichtes und später auch Richter am Obersten Gerichtshof in Jerusalem, wurde vom Gerichtspräsidenten mit der Angelegenheit betraut. Er beschied die Anträge schon aufgrund der fehlenden rechtlichen Zuständigkeit abschlägig, nahm den Fall jedoch zum Anlass, ein Buch über den *Prozess und Tod Jesu aus jüdischer Sicht* zu schreiben.[286]

Es kann kaum überraschen, dass es auf der Grundlage des tief verwurzelten Bildes von den Juden als Gottesmördern einem Alptraum gleichkommt, wenn Juden gar einen eigenen Staat haben – den einzigen Staat, in dem sie sich selbst regieren, statt schutzlos und ohnmächtig der Willkür und den Verfolgungen einer christlichen oder islamischen Mehrheitsgesellschaft ausgeliefert zu sein, die sich allzu oft als antisemitisch erwiesen hat. »Der Staat Israel erfüllt jene Rolle, die sich die Opfer der Inquisition, die Opfer der Blutbeschuldigungen, die Ausgestoßenen, die Erniedrigten, die Menschen zweiter Klasse erhofften«, schrieb Simon Wiesenthal. Israel, so fuhr er fort, wurde für die Juden also zum »Beschützer und Zufluchtsort«.[287]

---

[286] Vgl. COHN, S. 7.
[287] WIESENTHAL, S. 239.

Die gängige europäische Wahrnehmung, wonach im israelisch-palästinensischen Konflikt der jüdische Staat stets der Aggressor sei, obgleich seine Feinde offen seine Vernichtung ankündigen und in die Tat umzusetzen versuchen, speist sich aus dem christlichen Bild von den Juden, die schon Christus ans Kreuz schlugen und deren Ziel es sei, die Nichtjuden insgesamt zu unterjochen. Auch die auffällige Empathielosigkeit hinsichtlich der jüdischen Opfer des Konflikts und die regelmäßig stattfindende Identifizierung mit der palästinensischen Seite, die nur als Opfer der Israelis fantasiert wird, ist ohne die Idee einer jüdischen Ur-Schuld kaum zu erklären. Sollte es der Hisbollah und dem Iran eines Tages gelingen, ihren Traum von der Zerstörung Israels zu erfüllen, dürfte manch einer dabei die vage Empfindung haben, die Israelis hätten im Grunde ihre gerechte Strafe erhalten.

So wie die Juden die Drahtzieher der Kreuzigung Jesu gewesen seien, so erscheint dem Antisemiten heute der Staat Israel als eine Art Welt-Strippenzieher. Bereits Adolf Hitler ließ diese Sichtweise in seinen Äußerungen über den Zionismus anklingen. Mit ihrem angestrebten Staat wollten die Juden in Wahrheit, so schrieb er in *Mein Kampf*, nur eine »Organisationszentrale ihrer internationalen Weltbegaunerei« schaffen.[288] »Der ganze Zionistenstaat soll nichts werden als die letzte vollendete Hochschule ihrer internationalen Lumpereien«, meinte er schon 1920, um mit besagter Tendenz fortzufahren: »und von dort aus soll alles dirigiert werden«.[289]

Zwar hielten die Nationalsozialisten aufgrund ihrer Ideologie vom (jüdischen) »raffenden« und dem »ehrlich schaffenden« Kapital die »parasitären« Juden zunächst für unfähig, einen eigenen Staat zu bilden. »[E]in Volk, das sich der Arbeit nicht selbst unterziehen will«, so Adolf Hitler, »wird sich niemals einen Staat selber gründen«, mithin »kann es nicht staatenbildend sein«.[290] Die natio-

---

288 HITLER (1943), S. 356.

289 »Warum sind wir Antisemiten?« Rede auf einer NSDAP-Versammlung im Hofbräuhaus München vom 13.8.1920, *in:* HITLER (1980), Dok. 136, S. 190.

290 Ibd., S. 187ff. (Zitat: S. 189). Ähnlich meinte Hitler in seiner Rede vom 21.11.1922, dass »der Jude selbst unfähig ist, einen Staat zu bilden«, ibd., Dok. 428, S. 737.

*Deutsche Medien stellen Israel häufig als Aggressor dar – drei Beispiele. Links oben: »Israel droht mit Selbstverteidigung« (›Focus Online‹, 22.1.2006). Rechts oben: Nicht der Beschuss aus Gaza, sondern erst die israelische Erwiderung bricht die Waffenruhe, meint der ›Spiegel‹ (13.8.2014). Unten: Auch für die ›Frankfurter Rundschau‹ ist es Israel, das die Waffenruhe beendet, nicht der zuvor erfolgte Beschuss israelischer Ortschaften (27.7.2014).*

*In vielen Fällen ist in der Schlagzeile lediglich von einer israelischen Aggression die Rede, und erst im Text findet sich ein Hinweis auf einen zuvor erfolgten Angriff der palästinensischen Seite.*

nalsozialistische Haltung zum Zionismus war daher bis Ende der 1930er Jahre eher von Hohn und Spott getragen. »Es ist gut, dass die Juden von Deutschland nach Palästina gegangen sind und hier ihr Vermögen ausgegeben haben«, schrieb etwa der Chefredakteur der NSDAP-Zeitung ›Der Angriff‹ noch im Sommer 1937. »Sie werden dort keine Wurzeln schlagen, ihr Vermögen wird ausgegeben, und die Araber werden sie liquidieren.«[291]

Doch nachdem die britische Peel-Kommission im Juli 1937 die Teilung Palästinas und die Schaffung eines jüdischen sowie eines arabischen Staates vorgeschlagen hatte und das zionistische Projekt damit konkrete Konturen anzunehmen drohte, änderte sich die nationalsozialistische Position grundsätzlich. »Die geschilderten Vor-

[291] Zit. nach Lewis (1989), S. 169.

gänge haben zu einer Revision des deutschen Standpunktes gegenüber dem Problem der Bildung eines Judenstaates in Palästina geführt«, hieß es umgehend aus dem Auswärtigen Amt. »Die Bildung eines Judenstaates [...] liegt nicht im deutschen Interesse«, denn ein solcher schaffe nur eine »zusätzliche völkerrechtliche Machtbasis« für das »internationale Judentum«. »Das deutsche Interesse an der Förderung der jüdischen Auswanderung nach Palästina wird daher durch das weitaus größere Interesse an der Verhinderung der Bildung eines jüdischen Staates kompensiert.«[292]

Inwieweit Israel als »Jude unter den Staaten« (Léon Poliakov) auch in unserer Zeit noch dem Gottesmord-Vorwurf ausgesetzt ist, lässt sich bereits anhand einer Auswahl von Zuschriften erahnen, die die israelische Botschaft in Berlin in den 2000er Jahren erhielt:

> »Christusmörder, Diebe, Betrüger, Judenpack: ›auserwähltes Volk‹!«
>
> »Juden sind für mich das unsympathischste Volk der Erde. Für mich als Christen bleiben sie Gottesmörder.«
>
> »Aber als ein Volk der Christusmörder muss man natürlich immer von sich selber ablenken.«
>
> »Israel hat kein Existenzrecht dort. Nur weil irgendwelche Christus-Mörder dort vor zweitausend Jahren ihr Unwesen trieben, heißt das noch lange nicht, dass daraus für heute ein Recht abzuleiten wäre.«[293]

Den Zentralrat der Juden in Deutschland erreichten im gleichen Zeitraum ähnliche Nachrichten:

> »Die Juden schlugen Jesus ans Kreuz u. erkennen auch heute noch unseren Heiland nicht an!«
>
> »Wir Christen haben doch längst vergeben, dass Juden unseren Herrn Jesus Christus verraten haben und kreuzigen ließen und damit un-

---

[292] Berichte des Auswärtigen Amtes, Akten zur Deutschen Auswärtigen Politik, Serie D, Bd. V, S. 629, 633, 641. Zum Wandel der NS-Sicht auf den Zionismus TARACH (2016), S. 69f., 81ff.

[293] Diese und die folgenden Beispiele aus SCHWARZ-FRIESEL/REINHARZ, S. 56, 66, 124ff. (sämtliche Fehler im Original).

ermessliche Schuld auf sich luden. […] Weshalb nur sind einige Juden so gegen unseren Herren? Weshalb dauert ihr Hass gegen uns Christen so an?«

Dieser Heilige Zorn äußert sich besonders stark immer dann, wenn Israel gezwungen ist, sich gegen die regelmäßigen Raketenangriffe derer zu verteidigen, die den jüdischen Staat vernichtet sehen wollen. Zwar ergreifen die Israelischen Streitkräfte bei ihren Versuchen, die militärische Infrastruktur der Hamas und ähnlicher Akteure zu zerstören, eine ganze Reihe von Maßnahmen, um die palästinensische Zivilbevölkerung zu schützen, wohingegen die Hamas sie bewusst als Schutzschirm einsetzt und zugleich die israelische Zivilbevölkerung im Visier hat.[294] Doch das hindert Israelfeinde nicht daran, in ihren Schreiben an die Botschaft des Staates Israel von jüdischen oder israelischen »Kindermördern« zu reden – eine Titulierung, die vor dem Hintergrund der alten Ritualmordlegenden zu sehen ist und nur durch sie ihre Wirkmächtigkeit bezieht:

»Ihr Kinderfresser.«

»Pfui Teufel!! Das ›auserwählte‹ Volk zeigt der Welt seine religiös-ideologisch verzerrte Fratze und erweist sich als gewissenlose Bande von blutgeilen Kindermördern.«

»Kinderschlächter!!!!«

Auch Bezugnahmen auf das Johannes-Evangelium finden sich in den Zuschriften. Dieser Verfasser schließt von der neutestamentlichen Teufelszuschreibung auf eine angebliche israelische Mordlust:

»ihr seid stolz auf gaza??? welcher mensch kann stolz auf mord sein? ein antichrist schon. jesus sagte ›ihr habt den teufel als vater‹. steht in der bibel! […] ich freue mich schon auf den tag. jener tag wird in die kosmische geschichte eingehen als der tag wo das BÖSE besiegt wurde.«

---

[294] Dazu ausführlich TARACH (2016), S. 200ff.

*Karikatur in der britischen Tageszeitung ›The Independent‹: Der israelische Ministerpräsident Ariel Scharon frisst ein palästinensisches Kind (27.1.2003).*

»Das moderne Israel ist nicht der wahre Erbe des biblischen Israel, sondern ein weltlicher Staat«, ließ der Vatikan dementsprechend noch am Tag der israelischen Staatsgründung in seiner Tageszeitung *L'Osservatore Romano* verlauten, und weiter: »Das Heilige Land und seine heiligen Stätten gehören daher dem Christentum, dem Wahren Israel.« Daniel Goldhagen merkt zu dieser Äußerung an, sie sei »im unvermindert eliminatorischen Geiste der Kirche und mit herrischer Geste« getätigt.[295] Sie ist Ausdruck der alten Enterbungstheologie, die seit der Entstehung des Zionismus nicht nur auf die Juden, sondern auch auf den Staat Israel angewendet wird und heute die palästinensische Theologie prägt.

Theodor Herzl, der Hauptbegründer des politischen Zionismus, beschrieb in seinen Tagebüchern ein Zusammentreffen mit Papst Pius X. im Jahre 1904, dessen Geist und Gestus eher noch furchtbarer waren. Pius X. erklärte ihm: »Die Juden haben unseren Herrn nicht anerkannt, daher können wir das jüdische Volk nicht anerkennen.« Herzl antwortete lakonisch: »Der Schrecken und die Verfolgungen waren vielleicht nicht das richtige Mittel, um die Juden zu bekehren.« Doch der Papst verlor sein eigentliches Ziel nicht aus den Augen: »Und so, wenn Sie nach Palästina kommen und Ihr

---

[295] GOLDHAGEN (2002), S. 383.

Volk ansiedeln werden, so wollen wir Kirchen und Priester bereit halten, um Sie alle zu taufen.«[296] In der Tat trifft man in Israel auch heute immer wieder auf eifrige Christen, die ihren Messias den Juden schmackhaft machen wollen.

Eher skurril mutet eine Begebenheit an, die Chaim Weizmann, der später erster Präsident des Staates Israel werden sollte, in seinen Memoiren schildert. Die arabische Delegation war für ihn zwar »ein Sammelpunkt aller reaktionären Kräfte«, gleichwohl hatte er sich 1922 als Präsident der Zionistischen Weltorganisation entschlossen, zunächst nach Rom zu fahren, da seinem Eindruck nach »der stärkste politische Widerstand gegen die Politik der Balfour-Deklaration[297] vom Vatikan auszugehen schien«. Weizmann traf den »zweiten Mann« des Heiligen Stuhls, Kardinalstaatssekretär Pietro Gasparri, und berichtete ihm über die zionistischen Vorhaben wie Ansiedlungsprojekte, Entwässerung, Aufforstung und medizinische Infrastruktur. Zwar habe der Kardinal, so Weizmann, zu erkennen gegeben, dass ihm diese Tätigkeiten keine Sorgen bereiteten. »Doch er fügte hinzu: ›C'est votre université que je crains‹ (Ihre Universität ist es, die ich fürchte). Das gab mir zu denken.«[298] Der »jüdische Geist« war für den Gottesmann offenbar des Teufels.

Als der Vatikan im Sommer 1922 dem Völkerbund ein offizielles Memorandum gegen die Gründung eines jüdischen Staates übermittelte, war im *Osservatore Romano* vom »bolschewistischen Judentum im Heiligen Land« und einem »zionistischen Weltproblem« die Rede.[299] Die Jesuitenzeitschrift *La Civiltà Cattolica*, beklagte im gleichen Jahr die »zionistischen Misshandlungen und Schikanen« gegen die arabische Bevölkerung und die »Arroganz dieser ruchlosen Tyrannen«, die seit mehr als 18 Jahrhunderten »vom göttlichen Fluch geschlagen« seien.[300] Noch 1948 fabulierte das Blatt

---

[296] HERZL, Tagebucheintrag vom 26.1.1904, S. 655ff.

[297] In der Balfour-Deklaration vom 2.11.1917 erklärte Großbritannien seine Unterstützung einer »nationalen Heimstätte für das jüdische Volk in Palästina«.

[298] WEIZMANN, S. 419, 422.

[299] LAPIDE (1967), S. 254.

[300] »Il sionismo«, ›La Civiltà Cattolica‹, 7.7.1922, vol. 3, S. 116ff.

davon, die Brunnen der arabischen Bevölkerung in Gaza seien von den Zionisten mit Typhus- und Ruhrkeimen vergiftet worden.[301]

Der Gottesmord-Vorwurf findet sich selbst in den Dokumenten der Vereinten Nationen zum UN-Teilungsplan von 1947. Nachdem die *Jewish Agency* in den UN-Beratungen kritisiert hatte, dass die Vereinten Nationen mit dem berüchtigten Großmufti von Jerusalem, Amin el-Husseini, ausgerechnet einen rabiat antisemitischen NS-Kollaborateur zum offiziellen Vertreter der Araber ernannt hatten, antwortete Emil Ghuri, der palästinensisch-christliche Generalsekretär des *Arab Higher Committee*: »The Jews are questioning the record of an Arab spiritual leader. Does that properly come from the mouth of a people who have crucified the founder of Christianity?«[302]

»Immer, wenn jüdische Bazillen gefunden werden, gibt es auch Mittel gegen diese Krankheit, die die Welt befällt und die überall das arabische und islamische Wesen bedroht«, hatte der Mufti noch wenige Jahre zuvor, im Frühjahr 1944, von seinem Berliner Exil aus in einer Rundfunkrede von sich gegeben. »Geht mit Entschlossenheit und Kraft daran, alle Juden aus Palästina und den übrigen arabischen und islamischen Ländern zu vertreiben.« Er sei überzeugt davon, »dass wir einen unabhängigen Staat haben werden, in dem es keine Spur mehr von den Juden und ihren Alliierten geben wird«.[303] Niemals indessen richtete sich der Hass des Muftis gegen die Christen. Mehr noch: Wenn es gegen die Juden ging, verstanden sich Christen und Muslime bestens. Der Mufti hatte auch zum organisierten Christentum ein herzliches Verhältnis. Walter Eytan, der erste Generaldirektor des israelischen Außenministeriums, wusste im Juni 1948 Aufschlussreiches über ihn zu berichten: »Es ist noch nicht so lange her, dass der Mufti öffentlich erklärte, eine der ersten Handlungen einer arabischen Regierung in Palästina werde es sein, diplomatische Beziehungen zum Vatikan aufzuneh-

---

301 LAPIDE (1967), S. 264f.

302 Vereinte Nationen, wörtliche Aufzeichnungen der 55. Sitzung vom 8.5.1947, online unter https://archive.ph/64k8e.

303 TARACH (2016), S. 100. Ausf. zum Mufti KÜNTZEL (2003) und TARACH (2016).

men.«[304] Kein Wunder also, dass Jassir Arafat, der Ziehsohn des Muftis und erster Präsident der palästinensischen Autonomiegebiete (1996–2004), gern gesehener Gast im Vatikan war. »Kein anderer Politiker ist so oft vom Papst empfangen und gesegnet worden wie Arafat – während seine Märtyrer sich in israelischen Bussen in die Luft sprengten«, schrieb ›Spiegel Online‹ in einem Nachruf.[305] Papst Johannes Paul II. hatte Arafat zum ersten Mal bereits 1982 empfangen, elf Jahre vor der diplomatischen Anerkennung Israels durch den Vatikan; insgesamt trafen sich die beiden zwölfmal.

»Bald wird die palästinensische Flagge auf den Mauern, Minaretten und Kathedralen von Jerusalem wehen«, orakelte Arafat 1993; sein Nachfolger Mahmud Abbas wiederholte die Aussage zwanzig Jahre später.[306] *Minarette und Kathedralen*: Synagogen haben in der Vorstellung der palästinensischen Führer keinen Platz in einem palästinensischen Staat.

Schon in den 1920er und 1930er Jahren waren die Juden Palästinas und die zionistische Untergrundorganisation *Haganah* immer wieder Angriffen von *Muslimisch-Christlichen Vereinigungen* ausgesetzt. Diese Gruppen proklamierten die »Einheit von Kreuz und Halbmond« im Kampf gegen die Juden und das zionistische Projekt. Auch heute sind praktisch alle christlich-palästinensischen Würdenträger gleich welcher Konfession radikal antiisraelisch eingestellt. Regelmäßig beschwören sie dabei, wie etwa der 2016 verstorbene katholische Theologe Geries Khoury aus Bethlehem, eine kulturelle und historische Gemeinsamkeit mit den Muslimen und weisen auf den gemeinsamen Kampf gegen den Zionismus hin.[307]

Der umtriebige palästinensische Priester der Anglikanischen Kirche, Naim Ateek, der die »Palästinensische Befreiungstheologie« maßgeblich prägte, ist nur einer der vielen Gottesmänner im Nahen Osten, die immer wieder die jüdische Ur-Schuld beschwören und zur israelischen Schuld fortschreiben:

---

[304] LAPIDE, S. 265.
[305] ›Spiegel Online‹, 11.11.2004, https://archive.md/rgxbC.
[306] ›The New York Times‹, 3.9.1993 sowie ›Jerusalem Post‹, 3.1.2013.
[307] QUER, S. 6.

»Während wir uns der Karwoche und Ostern nähern, wird das Leiden Jesu Christi unter den unheilvollen politischen und religiösen Mächten vor zweitausend Jahren erneut in Palästina lebendig. [...] In dieser Fastenzeit scheint es vielen von uns, dass Jesus wieder ans Kreuz geschlagen ist, mit Tausenden von gekreuzigten Palästinensern um ihn herum. Es braucht nur Menschen mit Einsicht, um die Hunderttausende von Kreuzen im ganzen Land zu sehen, palästinensische Männer, Frauen und Kinder, die gekreuzigt werden. Palästina ist zu einem riesigen Golgatha geworden. Das Kreuzigungssystem der israelischen Regierung ist täglich in Betrieb.«[308]

Der lutherische Pastor Mitri Raheb aus Bethlehem schlägt ähnliche Töne an, wenn er in seinen Predigten die Situation der Palästinenser mit dem Leidensweg und der Kreuzigung Jesu in Verbindung bringt und resümiert: »Das Kreuz wurde zum Symbol für die palästinensische Identität.«[309] Der auch in Deutschland gern gesehene Prediger identifiziert sich sogar selbst mit dem Gekreuzigten: »Ich war fünf Jahre alt, als Israel 1967 Bethlehem besetzte«, sagte er 2017 auf der Generalversammlung der Weltgemeinschaft Reformierter Kirchen in Leipzig. »Das war vor genau fünfzig Jahren. Ich weiß, was es bedeutet, unter Besatzung zu leben. Ich kann mir vorstellen, was es für Jesus bedeutet hat, unter Besatzung geboren zu werden, sein ganzes Leben unter Besatzung zu leben und vom Imperium am Kreuz zermalmt zu werden.«[310] In Deutschland genießt Mitri Raheb hohes Ansehen: So erhielt er 2008 den ›Aachener Friedenspreis‹ und 2012 von Bundespräsident Roman Herzog den ›Deutschen Medienpreis‹.

Die Vorstellung, der Staat Israel oder seine Armee würden die Kreuzigung Jesu heute an den Palästinensern wiederholen, gehört vor allem im arabischen Raum zum Standardrepertoire der antizionistischen Hetze. Mitunter wird die Botschaft nur angedeutet, so

---

308 An Easter Message from Sabeel, Naim Ateek, President, 2001, online verfügbar unter https://archive.is/HFMj0.

309 »The Cross and the unexpected revelation.« Dr. Raheb's sermon at Duke Chapel, 26.3.2017, Text und Video unter https://www.mitriraheb.org/en/article/1487339798.

310 Bible Study from the Book of Luke by Rev. Dr. Mitri Raheb at the General Council in Leipzig, 3.7.2017, Text verfügbar unter https://archive.md/dzS0i.

*Links: Wie Jesus vor 2.000 Jahren wird nun ganz Palästina ans Kreuz geschlagen. Propaganda-Postkarte im »Arabischen Aufstand« (1936–39). Rechts: Jassir Arafat (mit Sonnenbrille) in Amman (1970). Links über ihm ein Plakat seiner ›Fatah‹: Palästina wird an einem Davidstern – also von den Juden – gekreuzigt. Links im Bild Kamal Nasser (PLO, l.), rechts Nayef Hawatmeh (DFLP).*

etwa wenn der protestantisch sozialisierte Literaturwissenschaftler Edward Said davon spricht, die Palästinenser würden durch die Israelis ein »endloses Golgatha« erfahren.[311]

Auch die Palästinensische Autonomiebehörde verbreitet die Gottesmordlegende immerfort. Der Leiter ihres *Islamisch-Christlichen Rates für Jerusalem* erklärte im offiziellen palästinensischen Fernsehen etwa, der von den Juden gefolterte und gekreuzigte Jesus sei der erste palästinensische Märtyrer.[312]

Ein besonders schillernder Vertreter der »Einheit von Kreuz und Halbmond« war nach der israelischen Staatsgründung der Jerusa-

---

[311] »this endless calvary«, BBC-Dokumentarfilm ›In Search of Palestine. Edward Said's Return Home‹ (1998), online unter https://vimeo.com/184213685 (bei 26:10). *Calvary*, der englische Begriff für Golgatha, kommt von lat. *Calvariae locus*, »Ort des Schädels«, und bezeichnet den Berg, auf dem Jesus gekreuzigt worden sein soll.

[312] Official Palestinian Authority TV, ›Palestinian Media Watch‹, 22.1.2016, online unter https://palwatch.org/page/9604.

*Erzbischof Hilarion Capucci auf einer palästinensischen (2018), syrischen (1977) und irakischen (1976) Briefmarke. Auch Libyen und der Sudan ließen zu Ehren des Gottesmannes Briefmarken drucken.*

lemer Erzbischof Hilarion Capucci. Er wurde am 8. August 1974 von den Israelis bei nichts Geringerem als einem Waffenschmuggel für die PLO ertappt. Sein Dienst-Mercedes, mit dem er nach Jerusalem einzureisen versuchte, war vollgepackt mit Maschinengewehren, Handgranaten, Zeitzündern und Sprengstoff. Es zeigte sich zudem, dass Capucci bereits zuvor schwere Waffen für Terroranschläge besorgt hatte. Nach seiner Verhaftung war vom Vatikan ein erhebliches Lamentieren zu vernehmen, während die PLO ihn als Märtyrer feierte und bis heute feiert. Capucci gehörte 1976 schließlich zu den Gefangenen, deren Freilassung die deutschen und palästinensischen Entführer des Air-France-Fluges 139 (Flugzeugentführung nach Entebbe) forderten. Er selbst berief sich in seiner Eigenschaft als Erzbischof mit vatikanischem Pass zwar auf diplomatische Immunität – vergeblich allerdings, denn der Vatikan hatte den jüdischen Staat zu dieser Zeit, ein Vierteljahrhundert nach dessen Gründung, noch immer nicht diplomatisch anerkannt. Der gottesfürchtige Terrorhelfer wurde zu zwölf Jahren Gefängnis verurteilt, auf Betreiben des Vatikans allerdings nach gut drei Jahren entlassen und aus Israel ausgewiesen, unter der Bedingung, sich fortan aus israelischer Politik herauszuhalten. Doch Erzbischof Hilarion Capucci setzte die »Einheit von Kreuz und Halbmond« und seinen Kampf gegen die »Judaisierung Palästinas« bis zu seinem Tod im Jahr 2017 fort. Noch 2010 war er gemeinsam mit Islamisten an Bord der berüchtigten *Mavi Marmara* auf dem Weg in den Gazastreifen, um die israelische Seeblockade zu durchbrechen.

Auch wenn islamische Akteure eine größere unmittelbare Gefahr für Israel darstellen – zuvörderst der Iran und die von ihm alimentieren Gruppen Hisbollah, Hamas und Palästinensischer Islamischer Dschihad –, so wird doch oft übersehen, dass mit der PFLP (*Popular Front for the Liberation of Palestine*) eine der gefährlichsten palästinensischen Terrororganisationen christlichen Ursprungs ist. Ihre Gründer Wadi Haddad und George Habasch waren christlich-orthodox.[313] Zu den prominenteren Mitgliedern der Gruppe, die zumindest christlich sozialisiert wurden, zählt etwa Leila Chaled, die an mehreren Flugzeugentführungen beteiligt war und in Teilen der politischen Linken noch heute einen guten Ruf genießt. Auch innerhalb der Terrororganisation ›Schwarzer September‹, die der PFLP nahestand, gab es Christen. Fuad Shemali, der die entscheidenden Vorbereitungen für das Attentat auf das israelische Team bei den Olympischen Spielen von 1972 in München getroffen hatte, war christlicher Libanese.[314] Luttif Afif, der taktische Anführer der Gruppe, die das Attentat dann ausführte, hatte sich den Kampfnamen *Issa* (arab. »Jesus«) gegeben. Ob er tatsächlich einen christlichen Familienhintergrund hatte, wie es mitunter behauptet wird, ist allerdings zweifelhaft.[315]

---

[313] Insbesondere vom 1926 geborenen George Habasch ist bekannt, dass er stark christlich erzogen worden war; er besuchte eine christlich-orthodoxe Grundschule in Jaffa, später das katholische *Terra Sancta College* in Jerusalem. Bis zu seinem 22. Lebensjahr betrachtete er sich als guten Christen: »I was all the time imagining myself as a good Christian, serving the poor. When my land was occupied, I had no time to think about religion.« (»Terrorism's Christian Godfather«, ›Time‹, 28.1.2008). Noch Ende der 1960er Jahre sah er eine Harmonie zwischen »meinem arabischen Nationalismus, meinem Christsein, meiner islamischen Kultur und meinem progressiven Marxismus« (›Palestinian Journeys‹, Biography George Habash, online unter https://archive.ph/ckppb).

[314] Reeve, S. 378.

[315] Afifs Biografie bleibt schattenhaft. Nach Large, S. 196, sowie Reeve, S. 71f. war er der Sohn eines wohlhabenden christlichen Palästinensers; einer Recherche der israelischen Zeitung ›Haaretz‹ zufolge hatte *Issa* dagegen einen muslimischen Familienhintergrund, vgl. ›Haaretz‹ vom 31.8.2012, online https://archive.ph/otXTG.

*Der christliche Terrorist Samer Arbid als Jesus am Kreuz (oben in arabischer Schrift sein Name). Tageszeitung ›Al-Hayat al-Jadida‹, 16.10.2019.*

Kaum wahrgenommen wurde auch, dass einer der schrecklichsten gegen israelische Zivilisten gerichteten Terroranschläge der letzten Zeit einen christlichen Hintergrund hatte – die Ermordung der 17-jährigen israelischen Schülerin Rina Schnerb mit einem Sprengsatz im August 2019. Der Täter Samer Arbid ist ein christliches Mitglied der PFLP.[316] (Das hinderte die Bundestagsfraktion der AfD bezeichnenderweise nicht daran, im Zusammenhang mit diesem Anschlag von »radikalislamischem Terror« zu sprechen.[317]) Nachdem israelische Sicherheitskräfte Samer Arbid verhaften konnten und Befürchtungen einer Misshandlung beim Verhör laut wurden, veröffentlichte die offizielle Tageszeitung der Palästinensischen Autonomie *Al-Hayat al-Jadida* einen Cartoon, der den antisemitischen Mörder als Jesus am Kreuz zeigt, der also wiederum auf die angebliche jüdische Schuld an der Kreuzigung Jesu verweist. Die Botschaft ist klar: So wie die Juden einst Jesus ans Kreuz schlugen, so martern sie auch heute ihre Gegner.

---

[316] Palästinensische Nachrichtenagenturen nennen ihn einen »Palestinian Christian prisoner«, vgl. etwa ›Quds News‹ vom 15.10.2019, https://archive.ph/lufOu.
[317] So in ihrer Stellungnahme vom 7.10.2019, https://archive.ph/ayIRe.

# 17. Die Damaskusaffäre

Ein Ereignis aus dem Jahr 1840, das als »Blutanklage von Damaskus« oder »Damaskusaffäre« in die Geschichte eingegangen ist, hat die Dämonisierung der Juden im Nahen Osten außerordentlich befeuert. Kapuzinermönche aus Sardinien, die in Damaskus Mission betrieben, hatten in jenem Jahr die Damaszener Juden des Ritualmordes an einem ihrer Ordensbrüder beschuldigt. Sie sollen, so wurde fabuliert, den Pater Tomaso da Sardegna und seinen Diener in eine Falle gelockt und grausam ermordet haben; ihr Blut sei zum Backen der Matze verwendet worden, eines besonderen Brotes, das religiöse Juden zum Pessachfest zu sich nehmen. Auf der Grundlage von unter Folter erzwungenen Geständnissen betrieb der Vatikan im Anschluss eine bis dahin beispiellose Kampagne gegen die Juden.[318] Scherif Pascha, der Gouverneur der Stadt, ließ auf Drängen des französischen Konsuls und dessen katholischen Umfelds Juden verhaften, foltern und ermorden. »Der französische Konsul in Damaskus, der Graf Ratti-Menton, hat sich Dinge zuschulden kommen lassen, die hier einen allgemeinen Schrei des Entsetzens erregten«, schrieb Heinrich Heine in seinem Pariser Exil in einem Beitrag für die ›Augsburger Allgemeine‹:

> »Er ist es, welcher den okzidentalischen Aberglauben dem Orient einimpfte und unter dem Pöbel von Damaskus eine Schrift austeilte, worin die Juden des Christenmords bezüchtigt werden. Diese haßschnaufende Schrift, die der Graf Menton von seinen geistlichen Freunden zum Behufe der Verbreitung empfangen hatte, ist ursprünglich der ›Bibliotheca prompta a Lucio Ferrario‹ entlehnt, und es wird darin ganz bestimmt behauptet, daß die Juden zur Feier ihres Paschafestes des Blutes der Christen bedürften.«[319]

---

[318] David Kertzer, der Zugang zu den vatikanischen Akten hatte, schildert den Fall ausführlich, vgl. KERTZER (2004), S. 115ff.

[319] HEINE, S. 42. – Die Damaskusaffäre veranlasste Heine auch zur Veröffentlichung seines Fragments »Der Rabbi von Bacherach«.

Synagogen wurden gestürmt, Thorarollen wurden verbrannt. Die etwa 20.000 Juden von Damaskus waren einer ungeheuren Welle der antisemitischen Hetze und Gewalt ausgesetzt. Ein halbes Jahr später wurde die Anklage fallengelassen, nachdem die Folterungen allzu bekannt geworden waren und es vor allem aus Großbritannien und den USA Proteste gegeben hatte.

Auch der *Stürmer* schilderte mehrmals den angeblichen »Blutmord« an Pater Tomaso; zufrieden vermerkte das Blatt zugleich, dass die Ordensbrüder der Kapuziner von Damaskus »der Nachwelt zur Erinnerung« die Juden als Schuldige der Tat im Grabmal des Bruders Tomaso in Stein gemeißelt hätten.[320] In der Tat befindet sich in der vielbesuchten römisch-katholischen Franziskanerkirche in Damaskus an prominenter Stelle noch heute die große Grabtafel für Pater Tomaso, auf dem nicht nur in italienischer, sondern auch in arabischer Sprache in Stein gehauen ist, er sei »von Juden ermordet« worden. Die Kirche nährt damit den unter syrischen Christen ohnehin schon virulenten Antisemitismus und Antizionismus.

Die antisemitische Erzählung um Pater Tomaso geht im Nahen Osten auch heute noch um. Es war kein geringerer als Mustafa Tlas, über Jahrzehnte Syriens Außenminister und einer der wichtigsten Männer des Baath-Regimes, der die Blutverleumdung von Damaskus 1983 in seinem Buch *Das Matzenbrot von Zion* wiederholte. Das Werk erlebte mehrere Auflagen und ist nach wie vor verbreitet. In seinem Vorwort schrieb Tlas – ein sunnitischer Muslim –, wegen der Gefährlichkeit der Juden dürfe kein arabischer Staat jemals einen Friedensvertrag mit Israel schließen; der ägyptische Präsident Anwar as-Sadat habe 1979 mit dem ägyptisch-israelischen Friedensvertrag sein Land »an den Teufel verkauft«.[321]

Die Damaskusaffäre war zwar nicht die erste Verleumdung dieser Art im Nahen Osten – schon 1810 hatten die Christen Aleppos die Juden eines rituellen Mordes verdächtigt – doch sie war der

---

320 »Der Blutmord an dem Pater Thomas«, ›Der Stürmer‹, Nr. 19/1929.

321 Vgl. WEINSTOCK, S. 263 sowie *Anti-Defamation League*, »Classic Blood Libel: Mustafa Tlas' Matzah of Zion«, online unter https://archive.ph/ukfYo.

*Grabinschrift in der Franziskanerkirche Damaskus: »Hier ruhen die Gebeine des Paters Tomaso da Sardegna, Kapuziner und apostolischer Missionar, ermordet von den Juden am 5. Februar des Jahres 1840.«*

Auftakt für Ritualmordbeschuldigungen im gesamten arabischen Raum. Gleichwohl ist das Ereignis weitgehend in Vergessenheit geraten. (Gerhard Konzelmann etwa, der zahlreiche Bücher über den Nahen Osten veröffentlicht hat, erwähnte den Fall nicht einmal in seinem Buch *Damaskus*.)

Im Jahr 1840 wurden auch die in Rhodos lebenden Juden eines Ritualmordes beschuldigt, in der Folge außerdem die Juden von Beirut, Alexandria, Istanbul, Izmir und fast jeder größeren Stadt des Osmanischen Reiches. Noch 1897 kam es zu derartigen Verleumdungen in Algerien, 1901 auch in Kairo. In Jerusalem waren es die griechisch-orthodoxen Christen, die 1847 den gleichen Vorwurf gegen die Juden der Stadt erhoben; der amtierende Mufti stimmte in das Kesseltreiben ein. Häufig unterstützten die diplomatischen Vertreter insbesondere Frankreichs und Griechenlands die Hetze, wohingegen Großbritannien und meistens auch die Osmanischen Behörden die Juden verteidigten. Treibende Kraft hinter den Ritualmordbeschuldigungen waren bis dahin nicht die Muslime, sondern stets die Christen verschiedener Konfessionen.[322]

---

322 LEWIS (2004), S. 143f.; WEINSTOCK, S. 43ff.; LAQUEUR, S. 216.

# 18. Juden im Islam

Um die Wende zum 20. Jahrhundert war die Ritualmordlegende in der islamischen Gesellschaft angekommen, wo sie bis heute immer wieder reproduziert wird. Selbst im iranischen Schiraz kam es im Jahr 1910 zu antisemitischen Pogromen, zum dutzendfachen Mord an Juden und zur Verwüstung aller 260 Häuser des jüdischen Viertels, nachdem Muslime das Gerücht gestreut hatten, die Juden hätten ein muslimisches Mädchen rituell getötet.

Regelmäßig wird dabei auf Versatzstücke des christlichen Antisemitismus zurückgegriffen, der, wie der Jurist und Autor Nathan Weinstock bemerkte, »mit einer irritierenden Leichtigkeit vom islamischen Denken assimiliert worden ist«.[323] Tatsächlich ist dies jedoch kaum verwunderlich, schließlich ist der Koran stark von den kanonischen Evangelien beeinflusst. »Ohne Zweifel«, so Léon Poliakov, »gehörte die bei den Christen schon fest verwurzelte Abneigung gegen die Juden zu diesem Erbe«.[324]

Jesus – *ʿĪsā ibn Maryam* (Jesus, Sohn der Maria) – spielt im Islam eine durchaus herausragende Rolle. In insgesamt 108 Versen in 15 verschiedenen Suren des Koran wird er direkt erwähnt, an vielen anderen Stellen wird auf ihn angespielt.[325] Jesus gilt im Islam als der bedeutsamste und letzte Prophet vor Mohammed. Er wurde von einer Jungfrau geboren, konnte Wunder tun[326] und hat, wie es im Koran darüber hinaus heißt, das Evangelium empfangen: »Wir ließen ʿĪsā, den Sohn Maryams, folgen und gaben ihm das Evangelium.« (Sure 57:27). Am Ende der Zeiten, so will es die islamische Überlieferung, wird Jesus wiederkehren und seinen Gegenspieler und die Ungläubigen töten. Die Christen mit ihrer Dreieinigkeitslehre, so der Koran, hätten ihre Schriften indessen falsch gelesen, denn Jesus sei zwar Prophet, könne aber weder Gottes Sohn noch

323 WEINSTOCK, S. 263.

324 POLIAKOV (III), S. 31, NIRENBERG, S. 159; zum Ganzen ibd., S. 145ff.

325 KHORCHIDE/VON STOSCH, S. 10.

326 Vgl. Sure 5:110; NIRENBERG, S. 151.

göttlicher Natur sein, denn es könne nur einen einzigen Gott geben: »Ungläubig sind diejenigen, die sagen: Gott ist einer von dreien. Es gibt keinen Gott außer einem einzigen Gott.« (Sure 5:73).

Auch wenn die Toleranz, die die Juden in islamischen Ländern genossen haben, oft übertrieben dargestellt wird, so war dort ihre Sicherheit und Freiheit über die längste Zeit der Geschichte doch besser gewährleistet als im christlichen Europa.[327] Mit dem 19. Jahrhundert indessen begann auch der islamische Antisemitismus außerordentlich aggressive Züge anzunehmen. Um diese Dynamik zu verstehen, wollen wir zwei Aspekte des islamischen Judenbildes genauer betrachten. Erstens die islamische Sicht auf die christliche Legende vom jüdischerseits begangenen Gottesmord. Zweitens die Rolle als »Schutzbefohlene« (*Dhimmis*), die der Islam den Juden (und den Christen) zugewiesen hat.

Tatsächlich thematisiert der Koran explizit die Kreuzigung Jesu und die Frage der jüdischen Schuld. Doch die koranische Interpretation des Ereignisses weicht von der christlichen Sicht an entscheidender Stelle ab: Zwar sollen die Juden *versucht* haben, Jesus zu töten, doch es sei ihnen nicht gelungen:

> »Aber sie haben ihn weder getötet noch gekreuzigt, sondern es erschien ihnen so. Und diejenigen, die sich darüber uneinig sind, befinden sich wahrlich im Zweifel darüber. Sie haben kein Wissen darüber, außer dass sie Mutmaßungen folgen. Und sie haben ihn mit Gewissheit nicht getötet. Nein! Vielmehr hat Allah ihn zu Sich erhoben. Allah ist Allmächtig und Allweise.« (Sure 4:157–158)

Statt Jesus soll nach weitverbreiteter islamischer Lehre durch eine List Allahs Simon von Kyrene oder Judas am Kreuz gestorben sein.

Dem christlichen Muster folgend, hatten es die Juden nach den islamischen Überlieferungen auch auf den Propheten Mohammed abgesehen. Sie richteten Zaubersprüche gegen ihn, machten ihn für ein Jahr impotent und versuchten schließlich, ihn zu töten. Die islamische Überlieferung bekundet selbst, dass diese Vorstellung von

---

[327] Darin stimmen praktisch alle Historiker überein; statt aller LAQUEUR, S. 213.

den Christen übernommen worden war: Der berühmtesten Lebensbeschreibung Mohammeds zufolge warnte der christliche Mönch Sergius Bahira die Araber schon vor den Juden, als Mohammed noch ein Kind war: »Geh jetzt mit dem Knaben nach Hause und nimm ihn vor den Juden in Acht, denn bei Gott, wenn sie ihn sehen und ihn erkennen, so werden sie ihm Böses anzuthun suchen.«[328] Die Jüdin Zainab, die der Prophet nach seiner siegreichen Schlacht gegen die Juden von Khaibar als Gefangene hielt, soll nach der islamischen Geschichtsschreibung ein gebratenes Lamm vergiftet haben, das sie für Mohammed zubereitete. Doch die Juden scheiterten wiederum: Der Prophet »kostete einen Bissen davon, schluckte aber nicht«.[329]

Aus Sicht des Islam haben die Juden daher zwar Böses im Sinn, doch »sie schmiedeten eine List, und Allah schmiedete eine List; und Allah ist der beste Listenschmied« (Sure 3:54). Hajj Amin el-Husseini, der Großmufti von Jerusalem und spätere Mentor der »Palästinensischen Befreiungsbewegung«, dozierte darüber während seines Exils im nationalsozialistischen Deutschland in einer Rede an die Imame der muslimischen SS-Divisionen: »Die Juden haben in Khaibar versucht, den von Gott gesandten Mohammed zu vergiften, und verschiedene Attentate gegen ihn unternommen oder unternehmen lassen, die alle misslungen sind. Alle Versuche Mohammeds, sie zur Vernunft zu bringen, waren erfolglos, so dass er sich endlich gezwungen sah, die Juden zu beseitigen und sie aus Arabien hinauszujagen.«[330]

Die Juden sind nach althergebrachter islamischer Auffassung also nicht in erster Linie gefährlich, sondern vor allem minderwertig und unfähig, eher Objekte des Spottes als des tödlichen Hasses.

---

[328] Es handelt sich um den Geschichtsschreiber Muhammad Ibn Ishak (ca. 704–768), der im Islam als eine der wichtigsten Quellen für das Leben des Propheten und den frühen Islam gilt, vgl. NIRENBERG, S. 145f., 161. Ibn Ishak hat sich an anderer Stelle auch auf das Johannes-Evangelium bezogen, vgl. ibd., S. 185. Zur Bahira-Erzählung s. auch POLIAKOV (III), S. 32.

[329] NIRENBERG, S. 166–168, 171. Nach manch einer Überlieferung soll der Prophet allerdings durch das Gift erkrankt und letztlich daran gestorben sein.

[330] Vortrag vor den Imamen der bosnischen SS-Divisionen, 4.10.1944, HÖPP, S. 221.

»Seid erniedrigte Affen!«, sagte Allah zu ihnen dann auch (Sure 7:166). Eine teuflische Allmacht wurde ihnen im Islam indes kaum unterstellt. »Insgesamt ist die muslimische Einstellung zu Nichtmuslimen – wiederum im Gegensatz zum christlichen Antisemitismus – nicht von Hass, Furcht oder Neid diktiert«, schrieb der Islamwissenschaftler Bernard Lewis dementsprechend, »sondern lediglich von Verachtung geprägt«.[331] Die Begriffe »Demut« und »Demütigung« kommen im Koran und in später entstandenen islamischen Schriften daher auffällig oft im Zusammenhang mit den Juden vor.

Die militärischen Niederlagen, die die Juden den Überlieferungen zufolge gegen die Armeen Mohammeds erlitten hatten, festigten auf muslimischer Seite diesen Eindruck. Anders als die frühen Christen, die sich als schwache Minderheit einer nichtchristlichen Übermacht gegenübersahen, als sie ihre Lehre entwickelten, konnte der Stifter des Islam noch zu seinen Lebzeiten einen erheblichen Machtzuwachs erlangen; er wurde Staatsoberhaupt, befehligte Armeen, erhob Steuern und erließ Gesetze.

Der Islam wird in der Selbstwahrnehmung daher als stark angesehen, während die Juden als Verlierer erscheinen, wie auch der Mufti in einer Rede an seine Glaubensgenossen erklärte: »Fürchtet Euch nicht vor Euren Feinden und ihrer Propaganda und denkt daran, dass ihr niemals in der Geschichte mit den Juden zusammengestoßen seid, ohne dass sie nicht die Verlierenden waren. Gott hat bestimmt, dass es für die Juden keine feste Ordnung geben werde und kein Staat für sie entstehen soll.«[332] Schon die Schlachtrufe, die 1929 die Massaker an den Juden von Hebron begleiteten, verweisen auf die Unterlegenheit der Juden: »Palästina ist unser Land, und die Juden sind unsere Hunde!«[333] Noch in den antisemitischen Ausfällen unserer Zeit zeigt sich dieses Bild vom Juden: »Khaibar, Khaibar, oh ihr Juden, die Armee Mohammeds wird zurückkehren!«, skandieren Muslime in Erinnerung an Mohammeds

---

[331] LEWIS (2004), S. 38. Ähnlich auch LAQUEUR, S. 215.
[332] Rede zum Jahrestag der Balfour-Erklärung, Berlin 2.11.1943, HÖPP, S. 198.
[333] Über das Massaker von Hebron TARACH (2016), S. 13ff. (Zitat: S. 14).

siegreiche Schlacht oft auf antiisraelischen Kundgebungen. Dieses Muster der Abwertung der Juden findet sich auch in der Parole »Jude, Jude, feiges Schwein, komm heraus und kämpf allein!«, die in den vergangenen Jahren beim antiisraelischen, iranisch gesteuerten »Quds-Marsch« in Berlin zu vernehmen war. Der Politikwissenschaftler Matthias Küntzel hat darauf hingewiesen, dass sich dieses Motiv auch bei einem antisemitischen Angriff in Berlin 2018 zeigte: Dort griff ein Araber zu seinem Gürtel, um damit einen Kippa-Träger auszupeitschen. In der Tat stand dabei die Herabsetzung und Demütigung des Opfers im Vordergrund, nicht seine physische Verletzung.[334]

Allerdings ist mit dem islamischen Bild von den Juden, die zumindest den Versuch unternommen hatten, Jesus und den Propheten Mohammed zu töten, die Idee einer jüdischen Gefahr und daher auch die Empfänglichkeit für antisemitische Verschwörungsvorstellungen gleichsam angelegt. Diese Ambivalenz zeigt sich etwa darin, dass auf dem »Quds-Marsch« auch eine Parole verbreitet wurde, die die Juden nicht abwertet, sondern – wie im christlichen Antisemitismus – dämonisiert: »Rabbi trinkt Kinderblut«.[335]

Als Schriftbesitzer sind die Juden (wie Christen und bisweilen Mandäer sowie Zoroastrier) aus islamischer Sicht *Dhimmis*, Untertanen der islamischen Gemeinschaft mit eingeschränkten Rechten, die als Schutzbefohlene nicht getötet werden dürfen, wenn sie eine Kopfsteuer bezahlen und zahlreiche, von Region zu Region und von Epoche zu Epoche unterschiedlich stark demütigende Einschränkungen in Kauf nehmen.[336] Ihr Status als Unterworfene wurde bald zum Bestandteil des islamischen Rechts. Wie der Chronist at-Tabarī, einer der großen Korankommentatoren, festhält, mussten die unter islamischer Herrschaft lebenden Juden und Christen schon im 9. Jahrhundert honigfarbene Umhänge oder andere Mar-

[334] KÜNTZEL (2019), S. 29.

[335] ›Tagesspiegel‹, 8.6.2018, https://archive.ph/Qdk9X.

[336] ENCYCLOPAEDIA OF ISLAM, Bd. 2, S. 227ff. sowie ausf. LEWIS (2004), S. 23ff., 31ff. und passim.

kierungen als Erkennungszeichen tragen.[337] *Dhimmis* durften keine Staatsämter bekleiden, sie mussten den Muslimen stets den Vortritt lassen, durften nicht auf Pferden, sondern nur auf Eseln reiten, ihre Aussage vor Gericht zählte weniger als die eines Muslims, sie durften keine höheren Häuser als Muslime und vor allem keine neuen Gebetsstätten errichten. *Dhimmis* mussten auch unauffällig beten, um die empfindlichen Gefühle der Muslime nicht zu verletzen. Ein männlicher *Dhimmi* durfte eine muslimische Frau weder berühren noch heiraten; ein Muslim konnte allerdings ohne weiteres jüdische oder christliche Frauen heiraten oder als Konkubinen halten. *Dhimmis* durften sich nicht gegen den körperlichen Angriff eines Muslims verteidigen, sie durften keine Waffen tragen, und am wichtigsten war: Sie mussten jährlich eine Kopfsteuer (*Djizya*) entrichten. *Dhimmis* hatten nach allem kein eigenständiges Recht auf Leben, Unversehrtheit und Besitz. Tribut oder Tod – nur die Bescheinigung über die gezahlte Kopfsteuer berechtigt den *Dhimmi* dazu, ein weiteres Jahr zu leben:

> »Kämpfet wider jene, denen die Schrift gegeben ward, die nicht an Allah und den Jüngsten Tag glauben und nicht verbieten, was Allah und Sein Gesandter verboten haben, und sich nicht zur Religion der Wahrheit bekennen, bis sie die Schutzsteuer eigenhändig entrichten und demütig sind.« (Sure 9:29).

Die verschiedenen islamischen Herrscher setzten die Regelungen mal strenger, mal nachlässiger durch. Sie betrafen zwar auch die Christen des islamischen Herrschaftsbereichs, doch im Allgemeinen erlitten die Juden eine rigorosere Anwendung.[338] Schon im Koran findet sich diese Unterscheidung: »Du wirst finden, dass unter allen Menschen Juden und Götzendiener den Gläubigen am meisten feind sind; du wirst ferner finden, dass den Gläubigen noch die

---

[337] At-Tabarī, zit. n. STILLMAN, S. 167f.

[338] Diese Aussage gilt weniger für das Osmanische Reich, das aus geopolitischen Gründen seinen christlichen (in der Regel griechischen oder armenischen) Untertanen oft feindlicher gegenübertrat als seinen jüdischen; denn die Christen standen im Verdacht, »dass sie mit dem christlichen Feind sympathisierten« (LEWIS 2004, S. 61f.).

am besten gesinnt sind, welche sagen ›Wir sind Christen‹.« (Sure 5:82).

Die *Dhimmi*-Bestimmungen des islamischen Rechts hatten in der Tat zur Folge, dass die Juden – anders als im christlichen Europa – im Großen und Ganzen in Sicherheit leben konnten, allerdings nur unter der Bedingung, dass sie ihre Rolle als Unterworfene, als Menschen zweiter Klasse erfüllten.

Das erste große antijüdische Massaker, das Muslime an Juden begingen, widerspricht diesem Befund nicht, sondern bestätigt ihn vielmehr. Im Jahr 1066 ermordete ein muslimischer Mob im islamisch beherrschten Granada 3.000 bis 4.000 Juden der Stadt. Zuvor hatte der islamische Herrscher tatsächlich einen Juden zum Großwesir Granadas ernannt – für die Muslime der Stadt war dies ein grober Verstoß gegen die *Dhimmi*-Bestimmungen, der in ihren Augen zur Folge hatte, dass der geschützte Status der Juden aufgehoben war und sie umgebracht werden durften, ohne dass dies dem islamischen Recht zuwiderliefe. Ein zeitgenössisches antijüdisches Gedicht, das zum Massaker aufrief, weist auf diesen Umstand hin: »Wenn ihr sie tötet, handelt ihr nicht wider euren Glauben [...] Sie waren es, die den Vertrag mit uns gebrochen [...] Wie kann für sie noch gelten ein Vertrag / Wenn wir im Dunkeln stehn und sie im Licht? / Jetzt sind wir unten, sie dagegen oben.«[339]

Bezeichnenderweise kam es im 19. und 20. Jahrhundert (also durchaus bereits vor der Gründung Israels), als die egalitären Ideen der Französischen Revolution die islamische Welt erreichten und Juden sowie Christen nicht mehr bereit waren, ihre Erniedrigung zu akzeptieren, zu den gewalttätigsten Vertreibungen und blutigsten Pogromen. (Hinsichtlich der Christen stellte sich die Situation insofern etwas anders dar, als dass diese schon seit jeher über eigene, mächtige Staaten verfügten, ihnen daher eine untergeordnete gesellschaftliche Position schwerlich essentialistisch zugeschrieben werden konnte.) Der Niedergang des Osmanischen Reiches verstärkte die narzisstische Kränkung der Muslime.

---

339 LEWIS (2004), S. 48.

Aus der Sicht des althergebrachten Islam war der schockierendste Ausdruck der jüdischen Emanzipation und des jüdischen Widerspruchs gegen das Konzept vom *Dhimmi*-Status die Gründung des Staates Israel – und vor allem seine Verteidigung: Zu den wichtigsten Regeln des islamischen Rechts hatte schließlich gezählt, dass Juden keine Waffen tragen und sich gegen Angriffe von Muslimen nicht verteidigen dürfen. Das ist der Grund, weshalb sich der israelbezogene islamische Judenhass in derart aggressiver Form äußert und sich dem modernen Antisemitismus in Wort und Tat angenähert hat. Ohne dieses antisemitische Motiv des Hasses auf jüdische Emanzipation wäre es längst zu einer israelisch-palästinensischen Aussöhnung gekommen.

Das zeigt etwa Sayyid Qutb, der *Spiritus rector* der Muslimbruderschaft (deren palästinensischer Ableger die Hamas ist). In seiner 1950 erschienenen Schrift *Unser Kampf mit den Juden* reiht er die Gründung Israels unumwunden in die Chronologie der jüdischen Sünden ein:

> »Und die Juden kehrten zu bösen Taten zurück, woraufhin Allah den Muslimen die Macht über sie gab. Die Muslime vertrieben sie daraufhin von der Arabischen Halbinsel […] Dann kehrten die Juden abermals zu bösen Taten zurück, woraufhin Allah andere seiner Diener gegen sie schickte, bis in die moderne Zeit. Dann schickte Allah Hitler, um über sie zu herrschen. Und auch heute sind die Juden wieder zum Bösen zurückgekehrt, in Gestalt von ›Israel‹, das den Arabern, den Besitzern des Landes, Kummer und Leid bereitet. So möge Allah Menschen auf die Juden herabsenden, um die schlimmste Art von Strafe zu verhängen […].«[340]

Qutbs offene Bezugnahme auf Adolf Hitler weist auf einen weiteren Grund für die Aggressivität des islamischen Antisemitismus in jüngerer Zeit hin. Der eliminatorische Antisemitismus wurde in den meisten islamischen Gesellschaften nach 1945 durchaus nicht tabuisiert, sondern konnte ungebrochen weiter artikuliert werden, besonders in Ägypten, Syrien, der Region Palästina und im Irak.

---

[340] Zit. n. HERF (2009), S. 255.

Der Mufti beispielsweise, der als glühender Antisemit bis 1945 mit dem nationalsozialistischen Deutschland den Kampf gegen die Juden geführt hatte, wurde nach dem Krieg, als er nach seiner Flucht in Kairo eintraf, nicht *trotz*, sondern gerade *wegen* seiner NS-Vergangenheit enthusiastisch gefeiert.[341] Bis heute gilt er vielen palästinensischen Politikern als Held.

[341] Auf den Umstand, dass in Ägypten die NS-Vergangenheit des Muftis nach 1945 keineswegs das Ende seiner Karriere bedeutete, sondern im Gegenteil weitverbreitete Bewunderung auslöste, hat auch Jeffrey Herf aufmerksam gemacht, vgl. HERF (2009), S. 237, 241ff.

# 19. »Kindermörder Israel«

Im Nahen Osten sind die Motive des christlichen Judenhasses inzwischen außerordentlich populär geworden. Vor allem die palästinensische, syrische und iranische Propaganda sowie diejenige der Hisbollah bedient sich, wenn es um Israel geht, regelmäßig aus der christlichen Vorratskammer. Nicht nur die Christen der Region, auch viele Muslime stoßen ins gleiche Horn. Häufig etwa wird Jesus als erster palästinensischer Dschihadist und erstes Opfer der Juden im Kampf für die palästinensische Sache gefeiert.

Dass der Nazarener von den Juden ermordet wurde, gilt in der Region als ausgemacht. »Wir sind Muslime, wir sind Christen«, erklärte im Sommer 2019 Abbas Zaki, der Mitglied des Zentralkomitees der ›Fatah‹ und sunnitischer Muslim ist, »denn Jesus, unser Herr, ist Palästinenser. Die Juden kreuzigten ihn an der Via Dolorosa.«[342] Auch die offizielle Tageszeitung der Palästinensischen Autonomiebehörde, *Al-Hayat al-Jadida,* schreibt regelmäßig, die Juden hätten Jesus ans Kreuz geschlagen.[343]

Dazu beigetragen hat auch Mel Gibsons bereits erwähnter Splatterfilm ›Die Passion Christi‹, der mit seiner wüsten Christusmord-Erzählung auch im Nahen Osten auf ein empfängliches Publikum stieß. Selbst der palästinensische Präsident Jassir Arafat sah sich den Film an und bewertete ihn als »historisch und berührend«. Arafats Berater Nabil Abu Rudeina versäumte es dabei nicht, die Palästinenser unter Bezugnahme auf die Kreuzigung Jesu zum ewigen Opfer zu stilisieren: »Die Palästinenser sind noch immer täglich jenen Qualen ausgesetzt, die Jesus während seiner Kreuzigung zugefügt wurden.«[344] In einem affirmativen Artikel über ›Die Passion

[342] Rede des Fatah-Zentralkomitee-Mitglieds Abbas Zaki, ›Palestinian Media Watch‹, 13.8.2019, online unter https://palwatch.org/page/16431.

[343] Die NGO ›Palestinian Media Watch‹ hat mehrere derartiger Artikel dieser Zeitung ins Englische übersetzt, etwa vom 6.5.2013, 24.12.2013, 25.12.2014 und 6.9.2016.

[344] ›Jerusalem Post‹, 20.3.2004, online: https://archive.ph/dBkWw. – Arafats positive Bewertung des Streifens veranlasste den bekannten jüdisch-israelischen Arafat-Sympathisanten Uri Avnery zu einem bestürzten Protestschreiben an den PLO-Füh-

Christi‹ charakterisierte die syrische Regierungszeitung *Tishreen* im Jahr 2004 die Palästinenser gar als Söhne Christi, die dessen Kampf gegen die »fleischfressenden Bestien« fortsetzen: »Die palästinensische Intifada ist nichts anderes als eine Rückkehr zur Intifada von Christus durch seine Söhne.« Vor allem die Palästinenser, so *Tishreen*, würden heute »jeden Tag durch die Hände der amerikanischen und jüdisch-zionistischen Henker gekreuzigt. Selbst Säuglinge sind vor der Kreuzigung nicht sicher.«[345] Mohammad Schtajjeh, sunnitischer Muslim und seit 2019 Ministerpräsident der Palästinensischen Autonomiegebiete, wärmte das Narrativ in einer Rede bei einem Weihnachtsessen im Dezember 2020 erneut auf. Für ihn ist Jesus offenbar Held und Vorbild für palästinensische Selbstmordattentäter:

> »Unser Herr Jesus, Friede sei mit ihm, war der erste palästinensische Kämpfer, der sich selbst geopfert hat, von dem wir den Märtyrertod gelernt haben und der für seine Mission mit dem Leben bezahlt hat.«[346]

In den Sprachrohren des iranischen und des syrischen Regimes finden sich immer wieder Rekurse auf die Legende von den Juden als Christusmörder. So schrieb etwa die regierungstreue iranische Zeitung *Kayhan* im Mai 2020, die Zionisten verehrten das Blut und seien heute noch stolz auf die Ermordung Jesu.[347] Und als im Sommer 2001 Papst Johannes Paul II. dem syrischen Diktator Baschar al-Assad einen freundlichen Besuch abstattete, rief der Gastgeber zum

---

rer: »Wenn die Aussage nicht in einer palästinensischen Zeitung erschienen wäre, hätte ich geglaubt, dass sie von Ariel Scharons Propagandamaschine erfunden wurde.« Avnery hatte sich bis zu seinem Lebensende eingeredet, Arafat sei nicht vom Antisemitismus angetrieben. Vgl. Uri Avnery, Letter to Arafat about »The Passion of the Christ«, 5.4.2004, online: https://archive.vn/TCwsC.

[345] Reactions in the Arab Media to ›The Passion of the Christ‹, MEMRI Inquiry & Analysis Series No. 171, 20.4.2004, online unter https://archive.ph/HSuLV.

[346] PA PM insults Christianity by comparing Jesus to murderers and suicide bombers, ›Palestinian Media Watch‹, 3.1.2021, https://palwatch.org/page/18474.

[347] Iranian regime marks Qods Day 2020 with antisemitism, blood libels, and calls for destruction of Israel, MEMRI Inquiry & Analysis Series No. 1514, 21.5.2020, https://archive.ph/fXwti.

Kampf gegen Israel auf, denn die Juden, diese »Mörder Jesu Christi«, würden nun auch in Jerusalem Gewalt ausüben.[348]

Der Mythos vom jüdischen Ritualmord ist ebenfalls zum festen Bestandteil der Ideologie muslimischer antiisraelischer Akteure geworden. Die christliche Herkunft des Motivs offenbart sich dabei nicht zuletzt in der spezifischen Erzählung von der Vollziehung des Ritualmordes mittels eines im Innern mit *Nägeln* oder *Nadeln* gespickten Fasses. Wie beispielsweise beim bereits beschriebenen Gemälde »Kindermörder« in der Kathedrale von Sandomierz sind diese Tatwerkzeuge ein Verweis auf die Nägel, mit denen Jesus ans Kreuz geschlagen worden sei. Im Mai 2015 ließ etwa Scheich Khaled al-Mughrabi in der Jerusalemer al-Aqsa-Moschee seinem Verleumdungswahn freien Lauf. Die Juden, so der von der Palästinensischen Autonomiebehörde bezahlte Prediger, »suchen nach einem Kleinkind, entführen es und stecken es in ein im Innern mit Nägeln versehenes Fass«. Damit ihr Wunsch nach ewigem Leben erfüllt werde, würden die Juden sodann »mit Kinderblut geknetetes Brot« verzehren. Diese Tatsachen seien in Europa enthüllt worden, was zur Vertreibung der Juden und ihrer Vernichtung in Deutschland geführt habe.[349]

In einem Artikel der saudi-arabischen Tageszeitung *Al-Riyadh* vom März 2002 fantasierte deren Kolumnistin Umayma al-Jalahma von der König-Faisal-Universität das gleiche:

> »Bevor ich die Details beschreibe, möchte ich klarstellen, dass es eine im Lauf der Geschichte immer wieder historisch und juristisch gut belegte Tatsache ist, dass Juden Menschenblut vergießen, um Backwaren für ihre Feiertage herzustellen. Dies war einer der Hauptgründe für die Verfolgung und Verbannung, die zu verschiedenen Zeiten in Europa und Asien ihr Schicksal wurde. […] Für diesen Feiertag muss das Opfer ein geschlechtsreifer Jugendlicher und selbstverständlich Nicht-Jude sein, das heißt Christ oder Muslim. […] Lassen Sie uns nun genauer betrachten, wie das Blut der Opfer vergossen wird. Zu

[348] ›Welt am Sonntag‹, 6.5.2001.

[349] Jews make matzah bread from blood, sacrifice humans to Satan – Al-Aqsa lesson, Video und Transkript: www.palwatch.org/main.aspx?fi=157&doc_id=14972.

diesem Zweck wird ein Fass benützt, das etwa von der Größe des menschlichen Körpers und innen überall mit scharfen Nadeln bestückt ist. Diese Nadeln bohren sich in den Körper des Opfers, sobald es in das Fass eingeschlossen wird, und sehr langsam tropft das Blut aus ihm heraus.«[350]

In einem Beitrag mit dem Titel »Wer ist das blutrünstigste Volk der Menschheitsgeschichte?« listete im April 2015 das regierungsnahe iranische Nachrichtenportal ›Alef‹ verschiedene angebliche Ritualmorde der Juden aus den vergangenen Jahrhunderten auf. Unbekümmert benennt der Verfasser eine seiner Quellen: eine Ausgabe der »deutschen Zeitschrift ›Der Stürmer‹« von 1939. Das offen antijüdische Pamphlet ist bebildert mit einem italienischen Gemälde des Simon von Trient, eines christlichen Kindes, das seit dem 15. Jahrhundert als christlicher Märtyrer verehrt wird und vom Vatikan heiliggesprochen wurde, weil es Opfer eines jüdischen Ritualmordes gewesen sein soll.[351]

Nach allem überrascht es kaum, dass auch die Behauptung von Vergiftungen palästinensischer Brunnen durch Israelis zum Narrativ der »palästinensischen Sache« gehört. Einem besonders drastischen Fall aus prominentem Munde werden wir im nächsten Kapitel begegnen. Zu nennen sind hier aber auch in die Welt gesetzte Gerüchte, die auf der Brunnenvergiftungslegende aufbauen. Abdel Hamid al-Qudsi beispielsweise, unter Jassir Arafat stellvertretender Ernährungsminister der Palästinensischen Autonomiebehörde, sagte in einem Zeitungsinterview: »Israel verteilt Lebensmittel, die krebserregende Stoffe und Hormone enthalten, die die Potenz des Mannes schwächen.« Im April 2015 sollen die Israelis in arabischen Staaten zudem krebserregende Büstenhalter verkauft und so auch die arabische Frau ins Visier genommen haben. Auf der Jahreshauptversammlung der Weltgesundheitsorganisation (WHO) ein

---

[350] Saudi Government Daily: Jews Use Teenagers´ Blood for Purim‹ Pastries, MEMRI Special Dispatch No. 354, 12.3.2002, online unter https://archive.ph/IW2c0.
[351] Der Beitrag (persisch) ist online zu finden unter https://archive.is/OIZiw.

Jahr später behauptete das syrische Gesundheitsministerium, die Israelis injizierten syrischen Gefangenen pathogene Viren; die palästinensische Delegation sprach von krebserregenden Stoffen, die palästinensischen Gefangenen verabreicht würden.[352] Bei einem »Investigativjournalisten« der im Emirat Katar führenden Zeitung *Al-Sharq* ging die Fantasie in besonders grotesker Weise durch: Israel schicke geschlechtskranke Frauen nach Katar, um dort »Krankheit und Sünde« zu verbreiten und so gezielt das Emirat zu ruinieren. Und 1997 fabulierte der palästinensische Politiker Nabil Ramlawi von der ›Fatah‹, die israelische Regierung habe 300 palästinensische Kinder mittels einer Injektion mit dem AIDS-Virus infiziert. Seine moderne Variante der Brunnenvergiftungslegende findet sich in den Akten der Vereinten Nationen, denn gehalten hat er seine Rede ausgerechnet als palästinensischer Delegierter vor der UN-Menschenrechtskommission.[353]

---

352 FEUERHERDT/MARKL (2018), S. 271.

353 Die Verleumdung wurde ein Jahr später zurückgenommen, vgl. United Nations Press Release, 18.3.1998, https://archive.ph/j3M2k (Statement David Littman).

# 20. Delegierter Antisemitismus

Im Juni 2016 wurde im Herzen Europas die alte Legende von den brunnenvergiftenden Juden erneut verbreitet. In den heiligen Hallen des Europäischen Parlaments in Brüssel erfand ein vielbeachteter Redner eine wilde Räuberpistole, um die angebliche Bosheit der israelischen Juden zu belegen:

> »Erst vor einer Woche haben israelische Rabbiner eine deutliche Erklärung abgegeben: Sie verlangten von ihrer Regierung, das Wasser zu vergiften, um Palästinenser zu töten. Ist das nicht eine klare Anstiftung zum Massenmord am palästinensischen Volk?«

Nicht ein offen antisemitischer Abgeordneter einer rechtsradikalen Partei war es, der so gesprochen hatte, auch kein Piusbruder. Bei dem Redner handelte es sich um den palästinensischen Präsidenten Mahmud Abbas. Einige Tage später räumte Abbas kleinlaut ein, dass er sich geirrt habe und seine Behauptung unzutreffend war. Doch ungeachtet dessen, dass es sich, wie die *New York Times* feststellte, um »substanzlose Vorwürfe« handelte, um »antisemitische Behauptungen, die im Mittelalter zu Massenmorden an den europäischen Juden führten«,[354] erntete Abbas für seine Rede begeisterten Applaus. Zwar enthielt seine Ansprache das obligatorische und wenig konkrete Bekenntnis zu Frieden und Koexistenz, gleichwohl stellte kein Parlamentarier Abbas wegen der Verleumdung zur Rede, keiner verließ unter Protest den Raum, und der Präsident des Europäischen Parlaments, Martin Schulz, bedankte sich via Twitter sogar für die »inspirierende Ansprache«. Dass die Juden gefährlich seien, ihnen so etwas also zuzutrauen sei – so denkt es offenbar auch im gewöhnlichen EU-Abgeordneten. Doch für Europäer ist es inzwischen verpönt, derartige Brunnenvergiftungslegenden offen zu verbreiten. War man also froh, die antisemitische Hetze einem anderen Akteur überlassen zu können, sie mithin zu delegieren?

---

[354] Mahmoud Abbas Claims Rabbis Urged Israel to Poison Palestinians' Water, ›New York Times‹, 23.6.2016, online unter https://archive.ph/cXXjt.

Aus historischen Gründen kann der Judenhass hierzulande kaum mehr offen ausgelebt werden, ohne allgemein missbilligt zu werden. Man geht daher einen Weg, der als »delegierter Antisemitismus« bezeichnet werden kann: Der eigene Antisemitismus wird dabei vorzugsweise an Akteure aus dem Nahen Osten übertragen. Man bedient sich außenstehender Erfüllungsgehilfen, die nicht im Verdacht stehen, Teil des NS-Regimes gewesen zu sein oder in ideologischer Nähe zu ihm zu stehen. Die beiden großen Kirchen gehen diesen Weg besonders gerne. Sie unterstützen heute eine kaum zu überblickende Vielzahl rabiat antizionistischer NGOs aus dem Nahen Osten – finanziell, personell und organisatorisch.

Die umtriebige katholische Organisation *Pax Christi* etwa arbeitet ständig mit palästinensischen Gruppen zusammen, die zum Boykott Israels aufrufen und Hass gegen den jüdischen Staat schüren. Ein palästinensisches Vorstandsmitglied von *Pax Christi* begrüßt es gar, Hebräisch zu lernen, um besser zu verstehen, »wie der Feind denkt«.[355] *Pax Christi* beteiligte sich 2010 auch an dem antiisraelischen Propaganda-Coup der »Free-Gaza-Flottille«. Das Katholische Hilfswerk *Misereor* wiederum trägt zur Finanzierung des *Palästinensischen Zentrums für Menschenrechte* bei, das vor allem aus ehemaligen Mitgliedern der Terrorgruppe PFLP besteht und entsprechende Propaganda betreibt.[356]

Der *Evangelische Entwicklungsdienst* unterstützt die haarsträubend geschichtsrevisionistische propalästinensische »Nakba-Ausstellung«, in der Israel stets als Täter und Palästinenser stets als Opfer dargestellt werden.[357] Kirchen stellen dafür auch auffallend häufig Räumlichkeiten zur Verfügung.

Der Ökumenische Rat der Kirchen schließlich unterstützt und verbreitet Dokumente palästinensischer Christen, die zum Boykott

---

[355] Rania Murra, Interview vom 10.8.2014, online unter https://archive.is/fshdI.

[356] Palestinian Centre for Human Rights´ Ties to the PFLP Terror Group, NGO-Monitor, Januar 2020, online unter http://ngo-monitor.org/pdf/PCHR_0120.pdf.

[357] Vgl. dazu meinen Beitrag »Mythos ›Nakba‹ – Eine Ausstellung beim Evangelischen Kirchentag verfälscht Geschichte«, Jüdische Allgemeine, 23.4.2013, online unter https://archive.ph/NmLkW.

des Staates Israel aufrufen und offen die Enterbungstheologie vertreten. Unter Bezugnahme auf »unseren Herrn Jesus Christus«, den Gott »eingesetzt hat zum Erben über alles«, wird beispielsweise im sogenannten *Kairos-Palästina-Dokument* die Pflicht der Christen zum Boykott Israels und zur Solidarität mit den Palästinensern betont. Selbstmordattentäter offenbar eingeschlossen, denn es heißt im Text auch: »Wir haben Hochachtung vor allen, die ihr Leben für unsere Nation hingegeben haben.«[358]

Nach all dem überrascht es nicht, dass der bereits erwähnte christliche Terrorist Samer Arbid vor seinem Mordanschlag auf die Israelin Rina Schnerb jahrelang für verschiedene antiisraelische, mit der PFLP verbundene NGOs arbeitete, die maßgebliche Finanzspritzen aus Ländern mit überwiegend christlicher Bevölkerung erhielten.[359]

Mitunter wird die eigene Abneigung gegen Israel auch an Juden delegiert. Denn sofern auch einmal israelische NGOs unterstützt werden, handelt es sich regelmäßig um antizionistische Gruppen. Und kaum einer der vielen gehässigen Medienberichte über den jüdischen Staat kommt ohne jüdische oder israelische Kronzeugen aus.

Delegierten Antisemitismus treffen wir auch in weiteren Spielarten an. Ausgerechnet Deutschland ist der größte Sponsor des ›Hilfswerks der Vereinten Nationen für Palästina-Flüchtlinge im Nahen Osten‹ (UNRWA); mit Großbritannien und Schweden werden auch die Plätze zwei und drei von christlich geprägten Ländern angeführt.[360] Zwar wäre gegen eine Förderung sinnvoller palästi-

---

[358] Der Text des Dokuments ist online unter https://archive.is/9M2sJ verfügbar. Eine lesenswerte Entgegnung der *Central Conference of American Rabbis* findet sich unter https://archive.is/KP63w. Zur Aktualität der Israel-Boykottkampagnen in den deutschen Kirchen vgl. Sebastian Mohrs gleichlautenden Beitrag in ›Kirche und Israel‹ 1/2017, https://archive.ph/eDJCO. Insgesamt zur Boykott-Bewegung gegen Israel FEUERHERDT/MARKL (2020).

[359] Current and Former NGO Employees Arrested as Part of PFLP-Terror Cell, NGO-Monitor, 19.12.2019, https://archive.ph/mH366.

[360] 2020 Pledges to UNRWA's Programmes (Cash and In-kind) – Overall Donor Ranking, online: www.unrwa.org/sites/default/files/2020_overall_donor_ranking.pdf.

nensischer Projekte nichts einzuwenden, doch mit etwa 210 Millionen US-Dollar alleine im Jahr 2020 zahlte Deutschland einen Betrag an die UNRWA, der angesichts des Elends in vielen anderen Regionen der Welt eine äußerst auffällige Gewichtung offenbart. Die Zahlungen kommen der PLO und der Hamas zugute und sind nicht an Bedingungen geknüpft. Dabei setzen die palästinensischen Behörden bis heute Millionenbeträge dafür ein, um Terroranschläge zu belohnen: Das palästinensische »Gefangenengesetz« regelt Zahlungen an Terroristen oder deren Familien, wenn der Täter von den Israelis inhaftiert worden beziehungsweise als Selbstmordattentäter oder bei Gefechten mit den Israelis ums Leben gekommen ist.[361]

Auch die von der UNRWA bereitgestellten palästinensischen Schulbücher sprechen alles andere als eine Sprache des Friedens: Ein Thema für die fünfte Klasse lautet beispielsweise »Die wiederkehrenden Versuche der Juden, den Gesandten [Mohammed] zu töten.« In Bezug auf Jesus und andere Propheten des Islam heißt es in einem Schulbuch für die neunte Klasse: »Enthüllung des Charakters der Kinder Israels und ihrer Feindseligkeit gegenüber den Propheten«. Den Kindern der dritten Klasse werden antisemitische Terroristen als Vorbilder präsentiert: »Unsere palästinensische Geschichte ist voll von Namen von Märtyrern, welche ihre Seelen als Opfer für das Heimatland hingaben. Unter ihnen ist die Märtyrerin Dalal al-Mughrabi, die mit ihrem Kampf ein Bild von Herausforderung und Heldentum gemalt hat, das ihr Andenken in unseren Herzen und Gedanken unsterblich gemacht hat.«[362] Die hier verherrlichte Dalal al-Mughrabi ist indessen eine antisemitische Killerin: Sie führte 1978 das »Küstenstraßen-Massaker« an; dabei ermordeten die aus dem Libanon eingedrungenen Terroristen nördlich von Tel Aviv 37 Zivilisten, darunter zehn Kinder.

---

[361] Dazu TARACH (2016), S. 217f.

[362] GROISS, S. 5. – Welch haarsträubende Kapriolen deutsche Forscher schlagen, wenn sie den Antisemitismus in palästinensischen Schulbüchern bewerten sollen, kann in einem Beitrag des Tagesspiegel vom 18.6.2021 nachgelesen werden, online unter https://archive.is/xzw7t.

Die Delegation des Antisemitismus geht einher mit einer paternalistischen Erwartungshaltung gegenüber den Akteuren, denen man die drängende Angelegenheit des Antisemitismus gewissermaßen anvertraut hat und die insoweit als bloße Werkzeuge dienen. Wird diese antisemitische Erwartung enttäuscht, etwa wenn palästinensische oder iranische Bewegungen sich nicht gegen Israel, sondern am Ende gegen das eigene islamistische Unterdrückungsregime richten, so ist man irritiert, ja verärgert. Noch keine deutsche propalästinensische Initiative hat sich jemals mit den demokratischen Bewegungen in Gaza, der Westbank oder dem Iran solidarisiert.

# 21. Die Dynamik der Verleugnung

Nach 1945 zeichneten sich die christlichen Erklärungen zur Shoah vor allem durch Selbstgerechtigkeit aus. Die Evangelische Kirche, die sich erst 1980 verbindlich von der Gottesmordlegende verabschiedete, hatte 1948 in ihrem *Wort zur Judenfrage* noch unbekümmert behauptet, dass »Israel den Messias kreuzigte«, womit die Juden ihre »Erwählung und Bestimmung verworfen« hätten. Was danach im Text folgt, liest sich wie eine Drohung. Schamlos empfahl die Kirche den überlebenden Juden die Taufe – und zwar als Lehre aus der Shoah: »Dass Gott nicht mit sich spotten lässt, ist die stumme Predigt des jüdischen Schicksals, uns zur Warnung, den Juden zur Mahnung, ob sie sich nicht bekehren möchten zu dem, bei dem allein auch ihr Heil steht.«[363]

Das *Wort zur Judenfrage* des Jahres 1948 war vom Bruderrat der ›Bekennenden Kirche‹ formuliert worden, aus der wenig später der ›Rat der Evangelischen Kirche Deutschlands‹ (EKD) hervorging. Dabei gehört es zur gängigen christlichen Entlastungsstrategie, die ›Bekennende Kirche‹ als Gruppierung darzustellen, die Toleranz und Menschlichkeit gepredigt und daher in Opposition zur NS-Politik gestanden habe.

Tatsächlich wandte sich die ›Bekennende Kirche‹ mitunter gegen die Bestrebungen der völkischen ›Deutschen Christen‹, die Judenmission zu unterbinden. Der nationalsozialistischen Politik als solcher widersprach jedoch kaum ein Mitglied der Bewegung.[364] Wirft man einen genaueren Blick auf die ›Bekennenden Christen‹, so zeigt sich insbesondere, dass – von wenigen Ausnahmen abgesehen – kaum einer die jüdische Bevölkerung verteidigte; allenfalls Christen jüdischer Herkunft wurden in Schutz genommen. Selbst

---

[363] Wort zur Judenfrage des Bruderrats der Bekennenden Kirche, 8.4.1948, online abrufbar unter https:/tinyurl.com/EKD-Wort (PDF-Datei).

[364] GAILUS (2021), S. 31, 34, der auch darlegt, dass die ›Bekennende Kirche‹ eine bloß »innerkirchliche Opposition« war, die ohne die ›Deutschen Christen‹ kaum entstanden wäre.

Martin Niemöller, der oft als heldenhafte Galionsfigur des kirchlichen Widerstandes innerhalb der ›Bekennenden Kirche‹ hervorgehoben wird, war durch und durch antisemitisch. Sein Ruf als NS-Oppositioneller gründet sich vor allem darauf, dass er von 1938 bis 1945 in den Konzentrationslagern Sachsenhausen und Dachau inhaftiert war. Nicht erwähnt wird meist, dass sich Niemöller von dort aus freiwillig zur Wehrmacht meldete, nachdem Deutschland im September 1939 Polen überfallen hatte. An den Nationalsozialisten hatte der deutsche Pastor indes vor allem ihre (ab 1937 schärfer werdende) Kirchenpolitik auszusetzen, nicht ihre antisemitische Weltanschauung. Niemöller hatte Hitler bereits im März 1933 zum Austritt aus dem Völkerbund gratuliert; die Juden, predigte er 1935, trügen die Verantwortung für »das Blut Jesu und aller seiner Boten«.[365] Sie seien ihm »unsympathisch und fremd«, bekundete er im Jahr 1938 vor Gericht, das dürfe man ihm als Spross einer Theologenfamilie schon glauben. Dies entsprach gewiss der Wahrheit, denn Niemöller war ein Antisemit der ersten Stunde. Für ihn waren die Juden eine Rasse. Schon 1920 wurde er Mitglied im rassistisch-antisemitischen ›Deutschvölkischen Schutz- und Trutzbund‹. Alice Salomon, die zum Christentum übergetretene Jüdin, die sich insbesondere für das Frauenwahlrecht stark machte, war ihm ein Beispiel für die »gottverfluchten Juden«.[366]

Als ihn israelfreundliche Kreise 1963 für eine Initiative gewinnen wollten, mit der endlich die diplomatische Anerkennung Israels durch Deutschland gefordert wurde (sie erfolgte tatsächlich erst 1965), lehnte Niemöller – mittlerweile hohe Ämter innerhalb der EKD ausübend – mit der Begründung ab, es sei mehr Verständnis für die arabische Position nötig. »Inwiefern aber die Evangelische Kirche«, so Niemöller, der inzwischen auch zu einer Ikone der deutschen Friedensbewegung geworden war, »eine positive Aufgabe und ein positives Interesse am Staate Israel haben soll oder

---

[365] »Alles und in allem Christus«, 15 Dahlemer Predigten (1935), zit. n. GOLDHAGEN (1998), S. 588f.

[366] ZIEMANN, S. 305, 8, 111f., 93.

darf, ist mir bis zur Stunde schleierhaft«. 1967 schließlich blieb er seiner Haltung treu und offenbarte zudem mangelnde historische Kenntnisse, als er erklärte, »daß ich, wenn ich Araber wäre, bestimmt Antisemit wäre, weil hier ein fremdes Volk auf meinem Boden einen Staat gegründet hat, den meine Väter seit 1200 Jahren bewohnt haben«.[367]

Anders als Niemöller hat der evangelischer Theologe Dietrich Bonhoeffer mitunter nicht nur für Christen jüdischer Herkunft, sondern auch für Juden ein gutes Wort eingelegt. Doch zur Wahrheit gehört auch, dass Bonhoeffer im Juni 1933 das Narrativ vom Blutfluch und der Ur-Schuld der Juden bekräftigte:

> »Niemals ist in der Kirche Christi der Gedanke verloren gegangen, daß das ›auserwählte Volk‹, das den Erlöser der Welt ans Kreuz schlug, in langer Leidensgeschichte den Fluch seines Leidens tragen muß. [...] Aber die Leidensgeschichte dieses von Gott geliebten und gestraften Volkes steht unter dem Zeichen der letzten Heimkehr des Volkes Israel zu seinem Gott. Und diese Heimkehr geschieht in der Bekehrung Israels zu Christus.«[368]

Geradezu besessen mutet eine Stellungnahme des Vatikans aus dem Jahr 1949 an. In seinem Bulletin *Fides* hieß es, der Zionismus sei womöglich »geistlich von einer zweitausend Jahre alten Rache gegen das Christentum inspiriert«. Das Magazin des französischen Katholizismus, *La Documentation catholique*, schämte sich kurze Zeit später nicht, eine groteske Täter-Opfer-Umkehr zu betreiben: »Der Zionismus ist ein neuer Nazismus.«[369] Noch wenige Monate zuvor hatten im Israelischen Unabhängigkeitskrieg auf jüdischer Seite viele Holocaust-Überlebende, auf arabischer Seite indessen auch etliche flüchtige deutsche Nationalsozialisten gekämpft.[370]

---

367 GRONAUER, S. 182, 221. – Zum Ganzen vgl. auch Gerhard Ziemanns Beitrag »Kein Kronzeuge. Gründe für die Revision eines verklärenden Bildes von Martin Niemöller.« *In:* ›zeitzeichen‹, Mai 2020, online unter https://archive.is/yKzhA.

368 Die Kirche vor der Judenfrage, BONHOEFFER, Bd. 12, S. 354f.

369 ›Fides‹, Bulletin der Kongregation für die Verbreitung des Glaubens, 9.5.1949, sowie ›La Documentation catholique‹, 17.7.1949, beides zit. n. LAPIDE, S. 269.

370 TARACH (2016), S. 103ff., 110ff. und passim.

Der Vatikan relativierte im Zweiten Vatikanischen Konzil 1965 immerhin den Vorwurf des Gottesmordes, doch seine nachkonziliarischen Erklärungen sind kaum weniger impertinent als diejenigen der Nachkriegs-EKD. Aus den historischen Beziehungen zwischen Kirche und Judentum, so schrieb die Päpstliche Kommission 1975, entstehe »die Verpflichtung zu einem besseren gegenseitigen Verstehen und einer neuen gegenseitigen Hochschätzung«. Das setze »den Wunsch voraus, sich gegenseitig kennenzulernen«.[371] *Gegenseitig* – auch die Juden haben demnach also eine Bringschuld: der Christenheit Verständnis, Wertschätzung und Interesse entgegenzubringen. Gegenüber dem nachvollziehbaren Wunsch der Juden, von diesen Zumutungen verschont und in Ruhe gelassen zu werden, hatte die Kurie keinen Respekt. Kein Wunder, dass der israelische Oberrabbiner Schlomo Goren nur trocken und reserviert Stellung nahm: »Die Christen sollen uns nicht missionieren, und wir missionieren die Christen nicht. Wir leben nicht mehr im Mittelalter, wo uns Disputationen aufgezwungen wurden. In Fragen der heiligen Stätten ist unser Außenministerium zuständig – und weiter haben wir nichts miteinander zu reden.«[372]

Die fehlende Bereitschaft zur Selbstkritik zeigt sich bereits in der Einleitung der genannten vatikanischen Erklärung. Das Konzil von 1965, so heißt es dort, habe sich an diesem »Wendepunkt« in den jüdisch-katholischen Beziehungen vor allem bestimmen lassen von der »Erinnerung an die Verfolgungen und die Massenhinrichtungen von Juden, die in Europa in der Zeit vor dem zweiten Weltkrieg und während des Krieges geschehen sind«. Doch das ist nicht wahr. Denn eine solche christliche oder kirchliche Läuterung war nicht zu bemerken, als der *Stürmer* in den 1920er Jahren anfing, sich der Motive des christlichen Judenhasses zu bedienen. Sie war nicht zu bemerken, als die Deutschen die Nationalsozialisten an die Macht brachten. Sie war nicht zu bemerken, als die Nürnberger

---

[371] Richtlinien und Hinweise für die Durchführung der Konzilserklärung ›Nostra aetate‹, Art. 4, 1.12.1974, online unter https://archive.is/zFT0I.
[372] KRÄMER-BADONI, S. 109.

Gesetze verabschiedet wurden. Und es war nichts von ihr wahrzunehmen, als die Deutschen die Massenvernichtung durchführten. Noch im Dezember 1942, also während des Höhepunkts der Shoah, hatte Papst Pius XII. die Gottesmordlegende beschworen. »Jerusalem«, so erklärte er, habe »sich der Einladung und Gnade des Heilands mit einer starren Verblendung und hartnäckigen Verleugnung widersetzt, die es auf dem Weg der Schuld bis hin zum Gottesmord geführt haben«.[373] (Der beliebte Vorwurf, Pius habe zum Holocaust »geschwiegen«, führt daher in die Irre. Pius schwieg nicht, er beteiligte sich vielmehr selbst während der Massenvernichtung, über die er informiert war,[374] an der Dämonisierung der Juden.) Tatsächlich hat also nicht die Shoah, nicht das nationalsozialistische Programm der Massenvernichtung die christlichen Institutionen zu einigen halbherzigen Distanzierungen gebracht; es war die militärische Niederlage Deutschlands, die zu diesem »Wendepunkt« geführt hat.

Ein Jahrzehnt später nahm die Abwehr der eigenen Schuld eine etwas andere Färbung an. Da die Verwicklung der Kirchen in den Holocaust international immer deutlicher skandalisiert worden war, hatte Papst Johannes Paul II. zu dieser Frage 1987 eine Historikerkommission eingesetzt. Nach jahrelanger mühseliger Recherche kam die vatikanische Kommission 1998 zu folgender großartiger Erkenntnis:

> »Man darf nicht übersehen, dass es einen Unterschied gibt zwischen dem Antisemitismus, der sich auf Theorien stützt, die im Widerspruch zur beständigen Lehre der Kirche über die Einheit des Menschengeschlechts und über die gleiche Würde aller Rassen und Völker stehen, und den althergebrachten Gefühlen des Misstrauens und der Feindseligkeit, die wir Antijudaismus nennen und derer sich leider auch Christen schuldig gemacht haben. […] Die Shoah war das Werk

---

[373] Im italienischen Original: *»lungo il cammino della colpa, fino al deicidio«*. Weihnachtsansprache seiner Heiligkeit Pius XII. vor dem Heiligen Kardinalskollegium, 24.12.1942. Auf der Website des Vatikans abrufbar (ital.): https://archive.is/k5d8Z.

[374] Vgl. FRIEDLÄNDER (2011), S. 224f.

eines typisch modernen neuheidnischen Regimes. Sein Antisemitismus hatte seine Wurzeln außerhalb des Christentums.«[375]

Die in diesen Worten zum Ausdruck kommende Ignoranz über die Wurzeln des Antisemitismus traf auf ein willfähriges Publikum, das seinen Judenhass und seine christliche Identität kaum je ernsthaft hinterfragt hatte. Unmittelbar nach dem Krieg hätte die Leugnung der christlichen Wurzeln des NS-Antisemitismus wohl noch zu Irritationen geführt – zu gut erinnerte man sich daran, dass Nationalsozialismus und Christentum wesentliche Hass-Schwerpunkte gemeinsam hatten. 1998 jedoch, mehr als ein halbes Jahrhundert nach der NS-Zeit, war der Prozess des Verdrängens und Vergessens so weit fortgeschritten, dass die Erklärung zumindest in Deutschland kaum auf Widerspruch stieß. Betrüblicherweise beten selbst manche Antisemitismusforscher – vorzugsweise deutsche mit christlichem Hintergrund – die bequeme These von der grundsätzlichen Unterschiedlichkeit des christlichen und des modernen Judenhasses weiterhin nach.

Forscher aus den Vereinigten Staaten wie der Historiker und Sozialwissenschaftler David Kertzer und nach ihm der Politikwissenschaftler Daniel Goldhagen kritisieren diese Sicht der Dinge dagegen scharf. Goldhagen nannte die vatikanische Erklärung »eine der eklatantesten öffentlichen Geschichtsklitterungen der letzten Zeit«,[376] er hält die Unterscheidung von Antijudaismus und Antisemitismus für eine Fiktion, die auf einer beschönigenden Darstellung der christlichen Judenfeindlichkeit beruht. David Kertzer, Pulitzer-Preisträger und einer der bedeutendsten Historiker der Vereinigten Staaten, konstatiert, dass eine solche Unterscheidung »der historischen Prüfung nicht standhält«.[377] Der Historiker Raul Hilberg, der als *Doyen* der Holocaust-Forschung gelten kann, stellt in seinem Standardwerk zur Vernichtung der europäischen Juden

---

[375] »Wir erinnern: Eine Reflexion über die Shoah«. Vatikanische Kommission vom 16.3.1998, online unter https://archive.ph/RCbFA

[376] GOLDHAGEN (2002), S. 110.

[377] KERTZER (2004), S. 12.

»die wichtigsten antijüdischen Maßnahmen der katholischen Kirche und ihre vom Naziregime erlassenen modernen Entsprechungen gegenüber«.[378] Auch der israelische Historiker Jacob Katz weist auf die christliche Tradition des Antisemitismus hin:

> »Weithin erwies sich der moderne Antisemitismus also als Fortsetzung der vormodernen Ablehnung des Judentums durch das Christentum, selbst wenn er jede Verbindung damit bestritt oder sich sogar als feindlich zum Christentum bekannte. [...] Kein Antisemit, selbst wenn er antichristlich war, verzichtete je auf den Gebrauch jener antijüdischen Argumente, die in der Ablehnung von Juden und Judentum durch frühere christliche Zeiten wurzelten.«[379]

Nach Jeffrey Herf »war die Beziehung zwischen dem Christentum und dem Nationalsozialismus enger, als die Zuschreibungen der Nachkriegszeit über seinen atheistischen oder heidnischen Charakter suggerierten«.[380] Die Sozialwissenschaftler Max Horkheimer und Theodor W. Adorno schließlich kamen zu einem ähnlichen Befund: »Der völkische Antisemitismus will von der Religion absehen. Er behauptet, es gehe um Reinheit von Rasse und Nation«, schrieben die Begründer der Kritischen Theorie 1944 im amerikanischen Exil. »Schwerlich aber ist die religiöse Feindschaft, die für zweitausend Jahre zur Judenverfolgung antrieb, ganz erloschen. Eher bezeugt der Eifer, mit dem der Antisemitismus seine religiöse Tradition verleugnet, daß sie ihm insgeheim nicht weniger tief innewohnt als dem Glaubenseifer früher einmal die profane Idiosynkrasie.«[381]

Dieser *Eifer der Verleugnung* führt dazu, dass manch ein katholischer Kulturkämpfer mit gewieften Wendungen in die Offensive

---

378 So HILBERG (2017), Bd. 1, S. 16.

379 KATZ, S. 322f.

380 HERF (2009), S. 52.

381 HORKHEIMER/ADORNO, S. 185. (Mit *Idiosynkrasie* ist hier eine spezifische Art der Abscheu gemeint.) – Adorno schrieb wenige Jahre später in den *Studien zum autoritären Charakter*: »Es ist kaum übertrieben zu behaupten, dass viele der gebräuchlichen Rationalisierungen des Antisemitismus ihren Ursprung im Christentum haben oder zumindest mit christlichen Motiven vermischt sind.« (ADORNO, S. 282).

geht. »Verbindendes Element des Bolschewismus und des Nationalsozialismus«, sagte Martin Hohmann im Oktober 2003 in seiner Rede zum Tag der Deutschen Einheit, sei »die religionsfeindliche Ausrichtung und die Gottlosigkeit«. Für Hohmann, der damals für die CDU im Bundestag saß und inzwischen der AfD angehört, lautete die Schlussfolgerung:

> »Die Gottlosen mit ihren gottlosen Ideologien, sie waren das Tätervolk des letzten, blutigen Jahrhunderts. Diese gottlosen Ideologien gaben den ›Vollstreckern des Bösen‹ die Rechtfertigung, ja das gute Gewissen bei ihren Verbrechen.«[382]

Hohmann gilt inzwischen zurecht als antisemitischer Geschichtsrevisionist. Doch eine ähnliche Volte schlug auch Papst Benedikt XVI. im September 2010, als er in einer Ansprache vor der britischen Königin Elizabeth II. darüber sprach, »wie Großbritannien und seine Verantwortlichen der Nazityrannei widerstanden haben, die Gott aus der Gesellschaft entfernen wollte«.[383] Vergleichbare Äußerungen finden sich bei einer ganzen Reihe kirchlicher Würdenträger, etwa bei Bischof Walter Mixa und Kardinal Joachim Meisner.

Benedikts Publikum nahm diese Geschichtsklitterung anstandslos hin. Aber auch darüber hinaus ist die Vorstellung weit verbreitet, dass es sich beim Nationalsozialismus um eine religionsfeindliche Unternehmung gehandelt habe. Was wir bereits behandelt haben, möchte man offenbar ungern zur Kenntnis nehmen: dass Hitler, der zeitlebens Kirchenmitglied war, explizit und öffentlich die »Durchsetzung des Christentums« einforderte; dass

---

[382] Rede Martin Hohmanns zum Tag der Deutschen Einheit vom 3.10.2003, dokumentiert auf der Website der ›Frankfurter Allgemeinen Zeitung‹, online unter www.tinyurl.com/Rede-Hohmann. Hohmann fabulierte in seiner Rede von einer jüdischen Prägung der russischen Bolschewiki und einem angeblichen »Tätervolk«-Vorwurf gegen die Deutschen und behauptete, man könne folglich auch die »Juden mit einiger Berechtigung als ›Tätervolk‹ bezeichnen«. Sein Entlastungsangriff führte zur ›Hohmann-Affäre‹ und zu seinem Ausschluss aus der CDU.

[383] Ansprache von Benedikt XVI., Schloss »Holyroodhouse«, Edinburgh, 16.10.2010, online unter https://tinyurl.com/Rede-Benedikt.

er – und regelmäßig auch andere Vertreter des NS-Regimes sowie seiner Propagandaorgane – sich immer wieder auf das Christentum bezogen, welches auch im Parteiprogramm der NSDAP als Standpunkt der Partei festgeschrieben war; dass Jesus im *Stürmer* als erster großer Antisemit gewürdigt wurde und die NSDAP sich als die letzte Bastion präsentierte, die sich dem »jüdisch-bolschewistischen Vernichtungskampf gegen die christliche Kirche« entgegenstellte.

Schon die Selbstbezeichnung des NS-Regimes als »Tausendjähriges Reich« war direkt der Offenbarung des Johannes entnommen (Offb. 20:1–6). Auch wenn Hitler ab 1936/37 begann, vor allem die katholische Kirche als konkurrierende Autorität kritischer zu betrachten und mitunter abfällige Bemerkungen über das zeitgenössische Christentum zu machen, so ging damit keine grundsätzliche Veränderung seiner eigenen Weltanschauung einher. Hitler bezeugte sein Leben lang, ein »frommer Mensch« zu sein. Ungezählt sind seine Bezugnahmen auf »unseren ewigen Herrgott«, auf den »Allmächtigen«, »den Schöpfer« und »ewigen Richter«, auch auf »Gottes Werk« und »den Willen Gottes«, auf die »allmächtige Vorhersehung« und »die Gnade des Herrn«. Dabei waren seine Positionen in Stellungnahmen, die nie zur Veröffentlichung oder Propaganda bestimmt waren, dieselben wie jene in seinen öffentlichen Reden und in *Mein Kampf*.[384] Der Münchner Kardinal Michael von Faulhaber würdigte nach einem Gespräch mit Hitler die »herrlichen Gottesbekenntnisse, die der Führer bei verschiedenen Gelegenheiten und gerade in den feierlichsten Reden abgelegt« habe.[385] Noch in seinem Neujahrsaufruf an das deutsche Volk vom 1. Januar 1945 bekräftigte der »Führer«, er könne »diesen Appell nicht schließen, ohne dem Herrgott zu danken für die Hilfe, die er Führung und Volk hat immer wieder finden lassen, sowie für die Kraft, die er uns gegeben hat, stärker

---

[384] SCHIRRMACHER, S. 82.

[385] Bericht des Kardinals Faulhaber über ein Treffen mit Hitler auf dem Obersalzberg am 4.11.1936, *in:* VOLK, S. 192.

zu sein als die Not und Gefahr«. Er wolle daher »gegenüber dem Allmächtigen das feierliche Gelöbnis ablegen, daß wir treu und unerschütterlich unsere Pflicht auch im neuen Jahr erfüllen werden«.[386]

Am 19. April 1945, wenige Tage vor dem Einrücken der Roten Armee, zeigte auch Joseph Goebbels noch Gottvertrauen: »Gott wird Luzifer, wie schon so oft , wenn er vor den Toren der Macht über allen Völkern stand, wieder in den Abgrund zurückschleudern, aus dem er gekommen ist.«[387] Adolf Eichmann, der maßgebliche Logistiker der Judenvernichtung, bekundete noch unter dem Galgen seinen Glauben: »In einem kurzen Weilchen, meine Herren, sehen wir uns ohnehin alle wieder. Das ist das Los aller Menschen. Gottgläubig war ich im Leben. Gottgläubig sterbe ich.«[388] Auch Julius Streicher, der »Judenhetzer Nummer eins«, erklärte im Oktober 1946 noch auf dem Weg zum Schafott: »Jetzt geht es zu Gott!«[389] Der Nürnberger Kriegsverbrecherprozess war für ihn eine Art zweites Golgatha: »Jetzt kreuzigen sie mich«, beschwerte er sich in seiner Zelle dem Gerichtspsychologen Gustave Gilbert gegenüber, und weiter: »Ich merke es. Drei der Richter sind Juden.«[390]

Der *Stürmer*-Herausgeber und sein Schriftleiter Karl Holz waren bereits 1929 im »Nürnberger Talmudprozess« zu einigen Monaten Gefängnis verurteilt worden, weil sie sich mit ihrer antisemitischen Hetze im *Stürmer* des »Religionsvergehens« nach § 166 des Reichsstrafgesetzbuches strafbar gemacht hatten. Im Strafurteil, das im Bundesarchiv Berlin einsehbar ist, hatte das Gericht ausdrücklich den religiösen Charakter der *Stürmer*-Hetze betont, als es feststellte, dass »Holz und Streicher alle die Untaten, welche sie den Juden zur Last legen, nicht aus besonderen Merkmalen ihrer Rasse

---

[386] Neujahrsaufruf an das deutsche Volk, 1.1.1945, *in:* HITLER (1988), S. 2185. Auch im März 1945 sprach er noch davon, dass »der allmächtige Herrgott seinen Segen nicht versagen« werde, ibd., S. 2212 (Proklamation an die Wehrmacht vom 11.3.1945).
[387] GOEBBELS, S. 45 (Rede am Vorabend von Hitlers Geburtstag).
[388] ARENDT (2005), S. 371.
[389] ROOS, S. 28.
[390] GILBERT, S. 47.

oder ihres Volkscharakters, sondern aus religiösen Lehren und Gebräuchen« herleiteten.[391]

Die von Benedikt und Hohmann verteufelten nichtreligiösen Menschen, denen sie als »Vollstrecker des Bösen« und »Tätervolk« die eigentliche Schuld an den NS-Verbrechen zuschieben wollten, waren tatsächlich sogar eine Gruppe, gegen die sich von Anfang an der Hass der Nationalsozialisten richtete. Hitler verabscheute den »Teufel des Atheismus«[392], er bezeichnete derartige Ideen als »Leerheit«[393], als »Dummheit«[394] und gar als »Vertiertsein«.[395] Er echauffierte sich über »Religionslästerer« und »Gottlosenverbände, die die Religionslosigkeit praktisch demonstrieren«[396] und spuckte Gift und Galle gegenüber »Gottesleugnern, Atheisten, Religionsschändern«.[397] (Ohnehin waren nichtreligiöse Menschen im nationalsozialistischen Jargon oft »Gottesleugner« – ein Begriff, der die Existenz Gottes bereits voraussetzt.) »In unseren Reihen dulden wir keinen, der die Gedanken des Christentums verletzt«, erklärte Hitler 1928 in einer Rede auf einer NSDAP-Versammlung in Passau.[398] Das war keine kurzfristige ideologische Marotte Hitlers. Ein Dokument im Berliner Bundesarchiv aus dem Jahre 1938 beweist, dass auch Heinrich Himmler seine SS (»Schutzstaffel«) nicht etwa zur Gottlosigkeit verpflichtete, wie Benedikt uns glauben machen

---

[391] Urteil des Schwurgerichts beim Landgericht Nürnberg, 4.11.1929, Bundesarchiv Berlin, BArch, NS 26/499, Bl. 44. Der ›Stürmer‹ titelte anschließend: »Der Judensieg – Der Stürmer kämpft weiter« (Ausgabe 45/1929). Avraham Barkai schildert die Enttäuschung des ›Centralvereins deutscher Staatsbürger jüdischen Glaubens‹ darüber, wie wenig abschreckend die verschiedenen strafrechtlichen Versuche insgesamt waren, gegen den Antisemitismus der Nazis vorzugehen., vgl. BARKAI, S. 183ff.

[392] »Aufruf an das deutsche Volk«, abgedr. im ›Völkischen Beobachter‹ vom 10.9. 1930, *in:* HITLER (1995), Bd. III, Teil 3, Dok. 109, S. 405.

[393] VOLK, S. 192, Bericht des Kardinals Faulhaber über ein Treffen mit Hitler auf dem Obersalzberg am 4.11.1936.

[394] Monolog vom 24.10.1941, abends (Führerhauptquartier), *in:* HEIM, Dok. 43, S. 84. Zu Heim vgl. NILSSON, S. 105ff.

[395] Monolog vom 14.10.1941, mittags (Führerhauptquartier), *in:* HEIM, Dok. 33, S. 82,

[396] Rede auf dem Gautag der Thüringer NSDAP in Gera, 6.9.1931, *in:* HITLER (1996a), Bd. IV, Teil 2, Dok. 25, S. 83.

[397] HITLER (1961), S. 89.

[398] Rede auf NSDAP-Versammlung in Passau, 27.10.1928 (»Unser Schicksal heißt Deutschland«), *in:* HITLER (1994), Bd. III, Teil 1, Dok. 40, S. 191.

möchte, sondern im Gegenteil zum Glauben an einen Gott. In einer Rede auf der Tagung der Auslandsorganisation der NSDAP kam Himmler auf die religiöse Frage zu sprechen:

> »Nun will ich noch zu einer der wichtigsten Fragen, zur religiösen Frage, sprechen. Was meine SS-Männer im Einzelnen hier alles denken, weiß ich nicht genau, aber eines weiß ich, und das habe ich auch in einem Befehl festgelegt:
> 1. Ich dulde keinen Mann in der SS, der nicht an Gott glaubt.
> 2. Ich dulde ferner nicht, daß irgendeiner in seiner religiösen Überzeugung gekränkt wird.«[399]

Auf diesen Punkt bestand die SS immer wieder. Es stehe dem SS-Mann frei, in der Kirche zu sein oder nicht, schrieb Himmler 1937 einem Pfarrer aus Halberstadt, und weiter: »Es steht dem SS-Mann allerdings nicht frei, Atheist zu sein; dies ist die einzige Welt- oder Religionsanschauung, die in der SS nicht geduldet wird.«[400] In einem Büchlein mit dem Titel *50 Fragen und Antworten für den SS-Mann* wird jeder, »der nicht an Gott glaubt«, als »überheblich, größenwahnsinnig und dumm« bezeichnet. Für die SS gelte hinsichtlich eines ungläubigen Menschen daher: »er ist nicht für uns geeignet«. Als Himmler 1935 über die Broschüre sprach, bekräftigte er, dies sei »eindeutig unsere Stellung zur Religion«.[401] Welcher Kon-

---

[399] Rede des Reichsführers-SS auf der Tagung der Auslandsorganisation der NSDAP am 2.9.1938 in Stuttgart (»Ahnen und Enkel«), Bundesarchiv Berlin, BArch, NS 19/4005, Bl. 53. – Himmler ergänzte, dass zwar einige SS-Männer aus der Kirche ausgetreten seien, auch er selbst; das habe aber nichts mit der Religion zu tun. Etwa die Hälfte der SS-Männer sei »gottgläubig«, die andere Hälfte setze sich »halb und halb aus Katholiken und Protestanten« zusammen (ibd., Bl. 53f.). Tatsächlich zeigt das statistische Jahrbuch der SS von 1938, dass 54,2 Prozent der Mitglieder evangelisch, 23,7 Prozent katholisch und 21,9 Prozent (wie Himmler) »gottgläubig« waren (0,2 Prozent fielen unter »Sonstiges«), LONGERICH (2008), S. 229, 831 (Anm. 70).

[400] Schreiben des Reichsführers SS an einen Pfarrer betr. Verhältnis von SS und Christentum, 11.3.1937. *In:* Dokumente zur Kirchenpolitik des dritten Reiches, Bd. IV (Gütersloh 2000), Dok. 9, S. 21.

[401] Himmler zitierte und kommentierte das Büchlein in seiner Rede auf dem Reichsbauerntag Goslar, 12.11.1935 (»Die Schutzstaffel als antibolschewistische Kampforganisation«), *in:* HIMMLER, S. 26f.; auch abgedruckt *in:* Dokumente der deutschen Politik, Bd. 3, Deutschlands Weg zur Freiheit, Berlin 1937, S. 47.

fession seine SS-Männer angehörten, kümmere ihn nicht, erklärt Himmler noch im Juli 1944 vor seinen Offizieren, und weiter: »Ich habe in den Reihen der SS aber niemals einen Atheisten geduldet.«[402] Schon 1924, nach der Lektüre von Ernst Haeckels *Welträtsel*, notierte er in seiner privaten Leseliste, die »unbewiesenen und überallher zusammengezogenen Hetzereien und Leugnung eines persönlichen Gottes« in Haeckels Buch seien »direkt ekelhaft«.[403]

Heinrich Himmler wird gerne als antiklerikaler Nationalsozialist präsentiert. Interessanter als seine Ansicht über die zeitgenössischen kirchlichen Organisationen ist indes die Frage, inwieweit auch er die alten antijüdischen Erzählungen und insbesondere die Christusmordlegende internalisiert und dadurch die Juden als ewige Aggressoren ausgemacht hatte. Himmler wurde stark katholisch sozialisiert, in seinen Kinderjahren besuchte die Familie Himmler regelmäßig die Messe. Auch als Student war er aktiver Katholik, ging zur Messe und beichtete.[404] »Gott werde ich immer lieben, zu ihm beten und der katholischen Kirche anhängen und sie verteidigen«, schrieb er im Dezember 1919 als 19-Jähriger in sein Tagebuch, »selbst wenn ich aus ihr ausgeschlossen sein sollte«.[405] Die Christmette 1919 beeindruckte ihn ebenfalls tief: »Wir standen vorne im Chor, die feierliche Mette ergriff mich mächtig. Da wirkt die Kirche durch ihren prunkvollen Ritus und Gott durch das liebe Kind auf den Menschen.«[406]

Bemerkenswert ist auch die Literatur, die Himmler seinen – im Bundesarchiv Koblenz einsehbaren – Aufzeichnungen zufolge in den 1920er Jahren verschlungen hat. Etwa *Das Leben Jesu* von Ernest Renan – ein Werk, das die Juden kollektiv des Christusmordes beschuldigt: »Wenn nun aber jemals ein Verbrechen das Verbrechen einer Nation war, so war es dieser Tod Jesu.« Der berüchtigte Blutruf der Juden, schreibt Renan ferner, sei »Ausdruck einer tiefen

[402] LONGERICH (2008), S. 229.
[403] Leseliste Himmler, Nr. 191, Bundesarchiv Koblenz, BArch, N 1126/9, Bl. 46.
[404] LONGERICH (2008), S. 20f., 37, 780 (Anm. 12).
[405] LONGERICH (2008), S. 40.
[406] LONGERICH (2008), S. 37.

historischen Wahrheit«.[407] »Die Schrift«, notierte Himmler nach der Lektüre, »bringt einem in manches Klarheit herein«. Auch wenn Himmler Renans Darstellung von Jesus als Juden ablehnte, so meinte er gleichwohl, Renan leuchte »in manches hinein, was uns verheimlicht wird«.[408] Zugesagt hat dem späteren Reichsführer-SS auch Theodor Fritschs damals äußerst populäres *Handbuch der Judenfrage,* das ebenfalls die Kreuzigung Jesu thematisiert: »Christi ganzes Leben war ein Kampf gegen das Judentum und dessen Tücke«, behauptete Fritsch darin; er nennt die Juden unter Verweis auf das Johannes-Evangelium mehrmals »Kinder des Teufels«, um schließlich auf die Ur-Schuld der Juden zu sprechen zu kommen: »Der Christus am Kreuze erweckt dem Juden noch heute den tiefsten Schauder, denn er bildet die Mahnung an das ewige Stammesverbrechen des Judenvolkes: allezeit die Wahrheit zu kreuzigen«; der Gekreuzigte »sollte eine lebendige Warnung vor dem Judentum bilden«.[409] Himmler war begeistert: »Es ist ein Handbuch, in dem man alles Einschlägige finden kann. Selbst ein Eingeweihter erschauert, wenn er all das mit Verständnis liest. Wenn nur einige der ewig Unbelehrbaren das vor die Augen bekommen könnten.«[410] Einen starken Eindruck auf Himmler machte auch Theodor Fritschs Werk *Der falsche Gott. Beweismaterial gegen Jahwe.* Jesus habe kein Jude sein können, behauptet Fritsch dort, das beweise schon seine Kreuzigung durch die Juden und der »fanatische Haß, mit dem die Kinder Juda ihn verfolgen«.[411] Himmler erschien das Buch wie eine Erleuchtung: »Es geht einem ein Licht auf über vieles, was einem schon als Kind nicht faßbar war für den Wert mancher biblischen Erzählungen. Und sonst wie bei all diesen Büchern die Erkenntnis dieser fürchterlichen Gottgeißel und Gefahr, von der wir gedrosselt werden.«[412]

---

[407] RENAN, S. 394f.
[408] Leseliste Himmler, Nr. 181, Bundesarchiv Koblenz, BArch, N 1126/9, Bl. 45.
[409] FRITSCH (1923), S. 154, 257.
[410] Leseliste Himmler, Nr. 171, Bundesarchiv Koblenz, BArch, N 1126/9, Bl. 43.
[411] FRITSCH (1921), S. 185.
[412] Leseliste Himmler, Nr. 176, Bundesarchiv Koblenz, BArch, N 1126/9, Bl. 44.

Sowohl Renan als auch Fritsch zeichneten sich nicht durch übermäßige Loyalität zur Kirche aus; Renan bekam sogar einige Probleme mit dem Vatikan, weil er die Gottgleichheit Jesu in Zweifel zog. Fritsch gilt als einer der wichtigsten ideologischen Wegbereiter des Nationalsozialismus und des völkischen Antisemitismus. Gleichwohl war beiden Autoren die Vorstellung einer jüdischen Schuld am Kreuzestod Jesu ein Herzensanliegen. Sie prägte ihr Judenbild und das ihrer Leser.

Wenngleich Heinrich Himmler sich Mitte der 1920er Jahre vom Christentum abzuwenden begann, so blieb er doch stets ein religiöser Schwärmer. Zeitweilig fanden sogar das esoterische Pendeln sowie die Astrologie sein Interesse; er scheint auch an die Möglichkeit der Seelenwanderung geglaubt zu haben.[413] Himmler entwickelte später eine gewisse Sympathie für den Islam. Am Ende ließ er eine Abteilung für Wünschelrutenwesen bei der SS einrichten.[414]

Himmler bezeichnete die SS wiederholt als Orden.[415] Dass er sie nach dem Vorbild der Jesuiten organisiert hätte, wie es mitunter behauptet wird (und wie es Generalmajor Walter Schellenberg nach dem Krieg tatsächlich in seinen Memoiren geschildert hat), dürfte indes eine Übertreibung sein, zumal sich Himmler wiederholt wenig schmeichelhaft über den jesuitischen Orden geäußert hatte.[416]

Der Furor der Nationalsozialisten gegen Ungläubige zeigte sich bereits Ende der 1920er Jahre deutlich, also während der Zeit, in der die Bewegung zunehmend die Sympathien der Deutschen gewann. So griff etwa Hitler die ›Deutsche Zentrumspartei‹ wiederholt dafür an, dass sie es angeblich für akzeptabel halte, »mit Atheisten, Gottesleugnern und Staatsdestrukteuren zusammenzugehen, und wir halten es für notwendig, daß man eine solche Bewegung

---

413 LONGERICH (2008), S. 84f., 290.

414 LONGERICH (2008), S. 287.

415 LONGERICH (2008), S. 265ff.

416 Vgl. etwa LONGERICH (2008), S. 86, 829 (Anm. 43); dazu auch WIPPERMANN (1979), S. 259ff., der davon ausgeht, dass eher der katholische »Deutsche Orden« (*Ordo Teutonicus*) Himmlers Vorbild für die SS war.

ausrottet mit Stumpf und Stiel«.[417] Das waren keine leeren Worte, schon im Herbst 1933 konnte Hitler insoweit Vollzug melden: »Und nicht minder haben wir aufgenommen den Kampf gegen die Zersetzung unserer Religion. […] Wir haben daher den Kampf gegen die Gottlosenbewegung nicht mit ein paar theoretischen Erklärungen aufgenommen, wir haben sie ausgerottet.«[418] In der Tat hatte die SA bereits am 17. März 1933 die Zentrale des ›Deutschen Freidenkerverbandes‹ in der Berliner Gneisenaustraße gestürmt und Gelder sowie Inventar beschlagnahmt. Der Verband stand der SPD nahe und hatte über eine halbe Million Mitglieder (der kommunistisch orientierte ›Verband proletarischer Freidenker Deutschlands‹ konnte über 150.000 Mitglieder verzeichnen, war aber bereits 1932 verboten worden, nachdem die NSDAP starken dahingehenden Druck auf Reichspräsident Hindenburg ausgeübt hatte). Die Geheime Staatspolizei (Gestapo) verbot kurz darauf die »politische und antireligiöse Betätigung« des ›Deutschen Freidenkerverbandes‹.

Mit dem Segen der NS-Behörden eröffnete die evangelische Kirche unter Leitung des Pfarrers Karl Themel im Mai 1933 in den Räumen des Verbandes ausgerechnet eine »Reichszentrale zur Bekämpfung des Gottlosentums«, die ihre Aufgabe darin sah, Ausgetretene zum Wiedereintritt in die Kirche zu bewegen. »Die internationale Gottlosenzentrale«, hieß es in der Wochenschrift *Das Evangelische Deutschland*, habe »im Zusammenhang mit der deutschen Aktion gegen die Gottlosen ihren Sitz von Berlin nach Basel verlegt«.[419] Auch im Kirchenorgan *Das Evangelische Berlin* war man entzückt:

> »Seit dem 31. März hat die einstige Zentrale des Deutschen Freidenkerverbandes aufgehört zu existieren. Mit Energie und Planmäßigkeit

---

[417] Rede auf NSDAP-Versammlung in München, 12.1.1928 (»Meine Antwort an die marxistischen Staatsretter im Untersuchungs-Ausschuß«), *in:* HITLER (1992b), Bd. II, Teil 2, Dok. 219, S. 605. – Das Protokoll vermerkt an dieser Stelle: »Anhaltender Beifall«.

[418] Rede im Berliner Sportpalast, 24.10.1933, *in:* HITLER (1934), S. 36.

[419] ›Das Evangelische Deutschland. Kirchliche Rundschau für das Gesamtgebiet des Deutschen Evangelischen Kirchenbundes‹, 14.5.1933.

> hat der vom Reichsinnenminister eingesetzte Staatskommissar dafür Sorge getragen, daß die zersetzende antireligiöse Propaganda, die von diesem Hause ausging, unterbunden wurde. Und um diesen schnellen Wandel sinnfällig zu machen, hat die Berliner Kirche eine evangelische Beratungsstelle eingerichtet, eine Beratungsstelle in demselben Hause, von dem einst mit skrupellosen Mitteln die Kirchenaustrittsbewegung in Berlin geleitet wurde. [...] die Kriminalpolizei ist gerade dabei, sich in der Bibliothek dieses ›Kultursekretariats‹ etwas näher umzusehen und Berge von zersetzenden, staatsfeindlichen und antireligiösen Schriften zu beschlagnahmen.«[420]

Katholische Würdenträger wie etwa die Kardinäle Faulhaber und Bertram begrüßten die Zerschlagung der Freidenker ebenfalls. Es sei »ein großes Verdienst der Reichsregierung und besonders des Herrn Reichskanzlers«, jubelte auch Bischof Bornewasser von Trier im Juli 1933, »daß dem würdelosen Treiben der Gottlosen energisch Halt geboten, daß der geistigen Entartung der Völker, dem Bolschewismus ein Ende bereitet wurde«.[421] Freudig äußerte sich im Oktober 1933 in seinem ersten Hirtenbrief überdies der Münsteraner Bischof Graf von Galen: »Wir wollen Gott dem Herrn für seine liebevolle Führung dankbar sein, welche die höchsten Führer unseres Vaterlandes erleuchtet und gestärkt hat, daß sie die furchtbare Gefahr, welche unserem geliebten deutschen Volke durch die offene Propaganda für Gottlosigkeit und Unsittlichkeit drohte, erkannt haben und sie auch mit starker Hand auszurotten suchen.«[422] Graf von Galen wurde 2005 von Papst Benedikt XVI. seliggesprochen, von jenem deutschen Papst also, der die Nationalsozialisten zu Religionsgegnern umgelogen hat.

Im Jahr 1936 schließlich erklärte der Volksgerichtshof den Freidenkerverband zu einer Organisation mit hochverräterischem Charakter.[423] Max Sievers, der Vorsitzende des Verbandes, wurde 1943

---

[420] »›Ich möchte wieder eintreten!‹ Eine evangelische Beratungsstelle im Freidenkerhaus«. ›Das Evangelische Berlin‹ Nr. 21 vom 21.5.1933, S. 185.

[421] Klee (1985), S. 146.

[422] Sandstede-Auzelle/Sandstede, S. 16.

[423] Zum Ganzen Kaiser, S. 331ff.; Gailus (2015), S. 45; Gailus (2013), S. 175.

nach seiner Flucht von der Gestapo verhaftet und am 17. Januar 1944 hingerichtet.

Die Nationalsozialisten wollten also nicht »Gott aus der Gesellschaft entfernen«, wie Benedikt unterstellte, im Gegenteil: Nationalsozialismus und traditionelles Christentum bekämpften nichtreligiöse Menschen als gemeinsamen Feind. Edmund Forschbach, der Führer des ›Cartellverbands der katholischen deutschen Studenten‹, formulierte 1933, was viele Christen dachten: »Nur der nationalsozialistische Staat, der machtvoll aus der Revolution herauswächst, kann uns die Wiederverchristlichung unserer Kultur bringen.«[424] In der Tat entfesselte der NS-Staat eine »Wiederkehr des Religiösen«, wie der Historiker Manfred Gailus ausführt. So kam es ab 1933 zu Massentaufen ungetaufter Kinder aus »gottlosen« Familien, zu feierlichen öffentlichen Umzügen im Rahmen von nachholenden kirchlichen Sammeltrauungen und in beträchtlichem Umfang zum Neubau von Kirchengebäuden.[425]

Dabei waren für die Nationalsozialisten – und für die meisten zeitgenössischen Christen – Atheismus, Judentum und Kommunismus im Grunde ein und dasselbe. So wie Kardinal August Hlond 1936 in einem Hirtenbrief verkündete, die Juden seien die »Vorhut von Atheismus, bolschewistischer Bewegung und revolutionärer Umtriebe«,[426] so wie auch für *La Civiltà Cattolica* feststand, dass der Kommunismus jüdisch gesteuert sei und die Juden zugleich »einen gottlosen Staat«[427] anstrebten, so wütete auch Hitler gegen die »atheistischen Judenparteien«,[428] gegen den »jüdisch-gottesleugnerischen Marxismus«[429] und gegen »atheistische Sozialdemokraten,

---

[424] MÜLLER, S. 168. – Forschbach war ab 1955 für ein Jahr Bundespressechef unter der Regierung Adenauer.
[425] GAILUS (2021), S. 11, 21f., 71.
[426] KERTZER (2004), S. 365. Der Kardinal ergänzte, jüdische Geschäfte solle man meiden, Gewalt gegen Juden sei indes verboten. – Auch für Hlond läuft derzeit ein Seligsprechungsprozess beim Vatikan.
[427] ›La Civiltà Cattolica‹, »Über die Judenfrage in Europa« (1890), zit. n. GRABNER-HAIDER/STRASSER, S. 243. Ähnliche Formulierungen protestantischer Provenienz bei PÖPPING, S. 147f.
[428] HITLER (1943), S. 336.
[429] HITLER (1961), S. 89.

gottesleugnerische Freidenker«.[430] Über die ganze Welt marschiere »die gottesleugnerische marxistische und bolschewistische Bewegung hinweg«, schrieb der *Stürmer*, um sodann die eigentliche Schlüsselfigur hinter den »Gottlosen« auszumachen:

> »In aller Welt hallen ihre Schlagworte wieder: ›Fort mit dem Gottesglauben! Es gibt keinen Gott!‹ ›Fort mit der Religion! Religion ist Volksverdummung!‹ Der ›Verband der Gottlosen‹ ist eine weltumspannende Organisation mit Millionen von Mitgliedern geworden und die antireligiöse und antichristliche Literatur überschwemmt heute die Völker.
>
> Diese ganze Hetze, dieser Kampf, dieser wahnsinnige Haß, kommt aus einer Quelle, hat einen Urheber. Es ist der Jude. Moskau, die Hauptstadt der von Juden beherrschten Sowjetunion, ist die große Propagandazentrale der Gottlosenbewegung. Der Jude ist der Führer und Leiter der Gottlosenverbände. Alle die Aufstände und Revolutionen, die sich mit fanatischer Wut in erster Linie auf die Kirchen und die christliche Geistlichkeit stürzen, werden ebenfalls von Sowjetjuden geleitet und dirigiert. Und immer und überall ist es der Jude, der die Gottlosenliteratur schreibt und der die Massen mit Hilfe der jüdisch-marxistischen und der jüdisch-bolschewistischen Bewegung gegen Gott und Religion aufpeitscht.«[431]

Weil sie die wichtigsten Hass-Schwerpunkte mit den Nationalsozialisten teilte, stand die Kirche auch nach 1945 auf ihrer Seite. Wer immer als gesuchter NS-Verbrecher um ihre Hilfe ansuchte, um den Justizbehörden der Alliierten zu entkommen, konnte auf die Kirche zählen. Sie versteckte hunderte NS-Täter in ihren Klöstern, darunter die schlimmsten Massenmörder. Sie beschaffte ihnen falsche Pässe des Roten Kreuzes, Einreisevisa und Schiffskarten; sie sorgte für ihre Flucht hauptsächlich nach Südamerika, in manchen Fällen auch nach Syrien, und vereitelte so die Möglichkeit einer straf-

---

[430] So etwa in »Mein Programm«, Erklärung vom 2.4.1932, die gem. Hitlers Anordnung von allen Parteiorganen der NSDAP zu veröffentlichen sei. *In:* HITLER (1996b), Bd. V. Teil 1, Dok. 1, S. 6.

[431] ›Stürmer‹-Sondernummer 6, Judentum gegen Christentum, März 1937, S. 1f. (gesperrte Hervorhebungen im Original).

rechtlichen Verfolgung. Einer der wichtigsten Fluchthelfer war Bischof Alois Hudal, der Rektor des *Päpstlichen Instituts Santa Maria dell´Anima* in Rom und des daran angeschlossenen Priesterkollegs. Hudal bekannte in seinen Memoiren, »nach 1945 meine ganze karitative Arbeit in erster Linie den früheren Angehörigen des Nationalsozialismus und Faschismus, besonders den sogenannten Kriegsverbrechern zu weihen, die von Kommunisten und ›christlichen‹ Demokraten verfolgt wurden«, wobei »diese Angeklagten vielfach persönlich ganz schuldlos« gewesen seien. »Hier zu helfen, manchen zu retten, ohne opportunistische und berechnende Rücksichten, selbstlos und tapfer, war in diesen Zeiten die selbstverständliche Forderung eines wahren Christentums, das keinen Talmudhaß [sic!], sondern nur Liebe, Güte und Verzeihung kennt […].« Gott habe ihm die Gabe geschenkt, »nicht wenige mit falschen Ausweispapieren ihren Peinigern durch die Flucht in glücklichere Länder entrissen zu haben«.[432] In Rom wird zwar beteuert, Papst Pius XII. habe Einzelheiten über die Fluchthilfe nicht gekannt, doch daran sind, vorsichtig formuliert, Zweifel angebracht. »Der Papst«, bekannte Priester Carlo Bayer 1970 in einem Interview, »hat dafür Geld zur Verfügung gestellt; manchmal in kleinen Beträgen, aber es kam«.[433] Die Fluchtroute ist als *Kloster-* oder *Rattenlinie* bekannt geworden. All dies geschah, nebenbei bemerkt, zur gleichen Zeit, in der das Heilige Offizium entschied, dass »Gläubige, die die materialistische und antichristliche Lehre der Kommunisten bekennen, und insbesondere diejenigen, die diese auch verteidigen und propagieren, ipso facto als Abtrünnige vom katholischen Glauben der in spezieller Weise dem Heiligen Stuhl vorbehaltenen Exkommunikation verfallen«.[434]

Unter den von der Kirche in Sicherheit gebrachten NS-Verbrechern war Adolf Eichmann, einer der wichtigsten Organisatoren

---

[432] Hudal, S. 21.
[433] Sereny, S. 315.
[434] Heiliges Offizium, Dekret im Pontifikat von Papst Pius XII. über die Haltung der Gläubigen gegenüber der kommunistischen Partei, 1.7.1949, online verfügbar unter https://archive.is/1V2bJ.

der Shoah. Bischof Hudal, der Franziskanerpater Edward Dömöter und andere Geistliche ermöglichten ihm 1950 die Flucht über das Franziskanerkloster Bozen nach Argentinien. Zehn Jahre später konnten die israelischen Geheimdienste *Mossad* und *Schin Bet* Adolf Eichmann festnehmen und nach Israel entführen, um ihm den Prozess zu machen. Eichmann war evangelisch, doch anlässlich seiner Flucht ließ er in seine argentinischen Papiere die Konfession »Katholik« eintragen – als Zeichen der Wertschätzung gegenüber seinen Fluchthelfern, wie er selbst erklärte: »Ich erinnerte mich in tiefer Dankbarkeit an die Hilfe katholischer Priester bei meiner Flucht aus Europa und entschied, den katholischen Glauben zu honorieren, indem ich Ehrenmitglied wurde.«[435]

Wie Eichmann empfingen zahlreiche NS-Verbrecher die barmherzige Hilfe der Kirche: Franz Stangl, der Kommandant der Vernichtungslager Sobibor und Treblinka; sein Stellvertreter in Sobibor, Gustav Wagner; Walter Rauff, der dafür vorgesehen war, den Massenmord an ägyptischen und palästinensischen Juden durchzuführen[436] und der die Vergasungswagen erfunden hatte, die zum hunderttausendfachen Mord an sowjetischen und serbischen Juden eingesetzt worden waren; Klaus Barbie, der »Schlächter von Lyon«, für den Priester Krunoslav Draganović illegale Papiere besorgte; Otto Wächter, der sich als Gouverneur von Krakau besonders stark für die »Endlösung« eingesetzt hatte; Ante Pavelić, der Führer des mörderischen klerikalfaschistischen Ustascha-Regimes; Lagerkommandant Josef Schwammberger, der wegen seiner Flucht erst 1992 zu lebenslanger Freiheitsstrafe verurteilt werden konnte – »Das Ticket für die Reise nach Südamerika hat mir der Papst bezahlt«, bemerkte er süffisant bei seiner Vernehmung[437]; und, um nur einige zu nennen, Erich Priebke, der aus dem gleichen Grund erst 1998 zu lebenslänglicher Freiheitsstrafe verurteilt werden konnte. Die meisten entschliefen friedlich in Südamerika und empfingen ein christ-

---

[435] Klee (1991), S. 25.
[436] Vgl. Tarach (2016), S. 74ff.
[437] Steinacher, S. 144.

liches Begräbnis. Die Trauerrede für Walter Rauff hielt 1984 Bischof Richard Wagner von der Lutherischen Kirche in Santiago de Chile; dabei wurden Kränze mit einem aus Blumen gebundenen Hakenkreuz niedergelegt.[438] Für Erich Priebke richtete 2013 die Piusbruderschaft in Rom die Totenmesse aus, sie musste jedoch aufgrund von Protesten antifaschistischer Anwohner abgebrochen werden.

Mit ihren Behauptungen stellten Hohmann und Benedikt die historische Wahrheit also auf den Kopf. Ein erstes Motiv dafür liegt auf der Hand: Der Nationalsozialismus kann nach 1945, wenn man respektierter Teil der Gesellschaft bleiben möchte, nichts anderes als verurteilt werden. Die Abspaltung des christlichen Antisemitismus vom Nationalsozialismus dient mithin der moralischen Rettung des eigenen, christlich geprägten Kollektivs. Wieder einmal ist es eine jüdische Stimme aus den Vereinigten Staaten, die die Zusammenhänge klar benennt: »Die Fiktion, die Kirche habe in Opposition zum Nationalsozialismus gestanden und die Nazis seien antichristlich gewesen«, schreibt die amerikanische Judaistin Susannah Heschel, »erlaubte es der Theologie nach dem Krieg beunruhigenderweise, sich der Art von Untersuchungen zu entziehen, der sich andere deutsche kulturelle Traditionen und Institutionen unterziehen mussten«.[439]

Die geschilderten Kunstgriffe fungieren jedoch nicht nur als Entlastungsangriffe. Hohmann, Benedikt und ihresgleichen möchten ausgerechnet die »Gottesleugner« zu Tätern der Shoah machen, diejenigen also, die doch selbst stets dem Hass nicht nur der Christen, sondern auch der Nationalsozialisten ausgesetzt waren. Mit ihrer Dämonisierung nichtreligiöser Menschen beweisen die Gottesmänner tatsächlich also mehr Nähe zum Nationalsozialismus, als ihnen bewusst zu sein scheint.

---

438 KLEE (1991), S. 148.
439 HESCHEL, S. 49.

# 22. Zur Ideologie des Christentums

Werfen wir abschließend noch einen kurzen, allgemeineren Blick auf das Christentum. Neben der verhängnisvollen Lehre vom jüdisch zu verantwortenden Kreuzestod Jesu begünstigten weitere zentrale Ideologeme des Christentums dessen antisemitische Ausrichtung. Sie sollen hier nur kurz dargestellt werden.

Erstens musste und muss jedem gebildeten Religiösen die christliche Behauptung, Jesus sei der in der hebräischen Bibel (dem christlichen »Alten Testament«) verheißene Messias, unschlüssig erscheinen, sie ist innerreligiös betrachtet nicht stichhaltig. Den Weissagungen der Heiligen Schrift zufolge soll nach Ankunft des Messias schließlich eine Zeit des Heils anbrechen: Die Menschen leben in ewigem Frieden (sie machen »Schwerter zu Pflugscharen«), befreit von Fremdherrschaft, Elend, Tod, Hunger und Krankheit. Doch die Welt, so wie sie weiterhin war, konnte keinesfalls als erlöst betrachtet werden. Und die Kreuzigung des Nazareners ließ die Idee, er sei der Messias gewesen, umso abwegiger erscheinen. Nimmt man die Heilige Schrift als Gradmesser, so erscheint es angesichts der durchaus unheilvollen jüdischen Geschichte während und nach der Wirkungszeit Jesu nur folgerichtig, weiterhin auf einen Messias zu warten, denn Jesus war weder der Befreier der Juden noch der Erlöser der Welt. In den »Disputationen« des Spätmittelalters, den christlich-jüdischen Religionsgesprächen, die den Juden aufgezwungen wurden, argumentierten die jüdischen Gelehrten häufig in dieser Weise, etwa Isaak von Troki im 16. Jahrhundert: »Diese und ähnliche Prophezeiungen sind unzweifelhaft noch nicht in Erfüllung gegangen und müssen notwendig noch in Erfüllung gehen, denn Gott ist kein Mensch, der lügt. Sie bezeugen, dass der von den Propheten verheißene Messias, auf den wir harren, noch nicht gekommen ist.«[440] Dogmatisch betrachtet haben die Juden gegenüber den Christen also recht: Die christliche Behaup-

---

440 KRÄMER-BADONI, S. 227.

tung, Jesus sei der prophezeite, heilbringende Messias, ist inkohärent und offensichtlich nicht wahr. Zur Abwehr dieser Erkenntnis verfolgt man diejenigen, die stets daran erinnern, weil sie Jesus nicht als den ihnen prophezeiten Messias anerkennen: die Juden.

Zweitens wird der Antisemitismus durch das spezifisch christliche Dogma von der Erbsünde gespeist. Aus der Erbsünde leitet sich die Idee vom abstrakten absoluten Bösen ab, das den Menschen stets bedrohe und zu verführen versuche. Die Apokalypse verweist auf den kommenden Endkampf zwischen Gut und Böse, zwischen den Anhängern Gottes auf der einen und Satans auf der anderen Seite. Dabei nimmt der Teufel im Christentum mehr als im Islam eine wichtige Rolle ein (im Judentum ist seine Bedeutung noch geringer). Er gilt als erster Rebell gegen Gott und führt die Menschen stets in Versuchung, strahlt also eine – freilich verleugnete – Attraktivität aus. »Die ganze Welt steht unter der Macht des Bösen«, heißt es bereits im ersten Brief des Johannes (1 Joh. 5:19), und noch das Zweite Vatikanische Konzil erklärte 1965: »Die ganze Geschichte der Menschheit durchzieht ein harter Kampf gegen die Mächte der Finsternis.« Daher stelle sich, wie der *Katechismus der Katholischen Kirche* 1992 formulierte, auch »das ganze Leben der Menschen, das einzelne wie das kollektive, als Kampf dar, und zwar als ein dramatischer, zwischen Gut und Böse, zwischen Licht und Finsternis«.[441] Noch heute ist ein Exorzismus-Gebet zur Austreibung des Teufels Bestandteil der katholischen Kindertaufe, wie auch der *Katechismus* festhält: »Weil die Taufe Zeichen der Befreiung von der Sünde und deren Anstifter, dem Teufel, ist, spricht man über den Täufling einen Exorzismus (oder mehrere). Der Zelebrant salbt den Täufling oder legt ihm die Hand auf; danach widersagt der Täufling ausdrücklich dem Satan.«[442]

Tatsächlich jedoch sind die Menschen im Allgemeinen weder absolut böse noch absolut gut. Doch der verängstigte, sich stets sündig fühlende Mensch nimmt jede Versuchung als Bedrohung

---

441 Dritter Teil des KATECHISMUS, I, Art. 1 (= KKK 1707).
442 Zweiter Teil des KATECHISMUS, II, Art. 1 (= KKK 1237).

wahr. Dementsprechend sucht er nach einer Personifikation des Bösen, nach einem Sündenbock, den er in den Juden findet. Sie gelten schließlich als »Kinder des Teufels«.

Drittens predigt das Christentum tendenziell Unterwerfung, Selbstverachtung, Erniedrigung und Demut. Schon im Brief des Paulus an die Römer heißt es:

> »Jedermann sei untertan der Obrigkeit, die Gewalt über ihn hat. Denn es ist keine Obrigkeit außer von Gott; wo aber Obrigkeit ist, ist sie von Gott angeordnet. Wer sich der Obrigkeit widersetzt, der widerstrebt Gottes Anordnung [...]. Darum ist es notwendig, sich unterzuordnen, nicht allein um der Strafe, sondern auch um des Gewissens willen.« (Röm. 13:1–5).

Das Christentum rechtfertigte Sklaverei, Leibeigenschaft und andere Formen der Unterdrückung als Strafe für die Erbsünde oder für andere Sünden, manchmal auch als Prüfung, die Gott in seiner unendlichen Weisheit dem Gläubigen aufgegeben habe. Nicht nur gegenüber der Obrigkeit, auch gegenüber seinem eigenen Gott ist der Christ absolut rechtlos. Das christliche Prinzip der Gnade ist ein Ausdruck dieser Rechtlosigkeit und Willkür.

Der erniedrigte und geknechtete Mensch aber sucht sich statt seines eigentlichen Unterdrückers ein Ersatzobjekt für seine Wut – und er findet es im Juden.

Der Antisemitismus ist nachhaltig also nur zu bekämpfen, indem wir uns für Ideen einsetzen, die schon immer den Unmut von Antisemiten jeglicher Couleur auf sich gezogen haben: Die individuelle Selbstbestimmung und Freiheit, die Emanzipation des Individuums vom Kollektiv.

# Bildnachweis

*Vordere Umschlagseite*: Stadtarchiv Nürnberg, E 39/I Nr. 2248/25.

S. 19: Institut für Realienkunde, Universität Salzburg / Peter Böttcher.

S. 25 oben: Stadtarchiv Nürnberg, E 39/I Nr. 2248/25.

S. 25 links unten: United States Holocaust Memorial Museum, Washington D.C.

S. 25 rechts unten: United States Holocaust Memorial Museum, Washington D.C.

S. 39: Hubert Lewkowicz.

S. 66 links oben: Yad Vashem, Photo Archive, Jerusalem.

S. 66 Mitte oben: Yad Vashem, Photo Archive, Jerusalem.

S. 66 rechts oben: Bundesarchiv, N 1576 Bild-006 / Herrmann, Ernst / CC-BY-SA 3.0.

S. 66 links unten: Bundesarchiv, 101I-133-0730-12 / Knobloch, Ludwig / CC-BY-SA 3.0.

S. 66 rechts unten: Thesaurus Picturarum / Marcus zum Lamm.

S. 75 links: Deutsches Historisches Museum, Inv.-Nr. P 90/8669.

S. 109: Geheimes Staatsarchiv Preußischer Kulturbesitz.

S. 153 links: Sammlung Ysrael Medad, Shiloh (Israel).

S. 153 rechts: Al Ahram Weekly, Kairo.

*Hintere Umschlagseite* links: Yad Vashem, Photo Archive, Jerusalem.

*Hintere Umschlagseite* rechts: Thesaurus Picturarum / Marcus zum Lamm.

# Literaturverzeichnis


Adorno, Theodor W.: Studien zum autoritären Charakter. Frankfurt 1995.

Arendt (1989), Hannah: Nach Auschwitz. Essays & Kommentare 1. Berlin 1989.

Arendt (2005), Hannah: Eichmann in Jerusalem. Ein Bericht von der Banalität des Bösen. München 2005.

Baird, Jay W.: Das politische Testament Julius Streichers. Ein Dokument aus den Papieren des Hauptmanns Dolibois. *In:* Vierteljahrshefte für Zeitgeschichte, 4/1978, S. 660–693.

Barkai, Avraham: »Wehr dich!« Der Centralverein deutscher Staatsbürger jüdischen Glaubens 1893–1938. München 2002.

Bat-Sheva, Albert: The 65th Canon of the IVth Council of Toledo (633) in Christian legislation and its Interpretation in the ›Converso‹ Polemics in XVth Century Spain. *In:* Proceedings of the VIIIth World Conference of Jewish Studies (Jerusalem 1982), S. 43–48, online unter www.jstor.org/stable/23528329.

Bergmann, Werner: Wilhelm Marrs Judenspiegel. *In.* Hamburger Schlüsseldokumente zur deutsch-jüdischen Geschichte, 2016, online unter https://archive.ph/2RCW9.

Bergmann, Werner / Erb, Rainer: Antisemitismus in der Bundesrepublik Deutschland: Ergebnisse der empirischen Forschung von 1946–1989. Opladen 1991.

Bonhoeffer, Dietrich: Werke (DBW), Bd. 12, Berlin 1932–1933. Gütersloh 1997.

Bormann, Martin: Hitlers politisches Testament. Die Bormann-Diktate vom Februar und April 1945. Hamburg 1981.

Broer, Ingo: Die Juden im Urteil des Neuen Testamentes. Anmerkungen zum Problem historischer Gerechtigkeit im Angesicht einer verheerenden Wirkungsgeschichte. *In:* Theologie und Glaube, hrsg. von den Professoren der Theologischen Fakultät, 82. Jahrgang (Paderborn 1992), S. 2–33.

Browe, Peter: Die Judenmission im Mittelalter und die Päpste. Rom 1942.

Brown, Peter: Die letzten Heiden. Eine kleine Geschichte der Spätantike. Berlin 1986.

Chrysostomus, Johannes: Acht Reden gegen Juden. Bibliothek der griechischen Literatur. Eingeleitet und erläutert von Rudolf Brändle. Stuttgart 1995.

Cohn, Chaim: Der Prozess und Tod Jesu aus jüdischer Sicht. Frankfurt 1977.

Dahl, David L.: »Jesuitenorden«. *In:* Wolfgang Benz (Hrsg.), Handbuch des Antisemitismus, Bd. 5, Organisationen, Institutionen, Bewegungen (Berlin/Boston 2012), S. 331f.

Diner, Dan: Elemente der Subjektwerdung. Jüdische DPs in historischem Kontext. *In:* Fritz Bauer Institut (Hrsg.), Überlebt und unterwegs. Jüdische Displaced Persons im Nachkriegsdeutschland (Frankfurt/New York 1997), S. 229–248.

Dodds, Eric R.: Heiden und Christen in einem Zeitalter der Angst. Aspekte religiöser Erfahrung von Amrc Aurel bis Konstantin. Frankfurt 1992.

Dödtmann, Eik: Exil oder Heimat? Die Immigration und Integration der polnischen Juden von 1968 in Israel. Eine qualitative Fallstudie auf Basis von Interviewanalysen. Potsdam 2013.

Dühring, Eugen: Die Judenfrage als Racen-, Sitten- und Culturfrage. Mit einer weltgeschichtlichen Antwort. Karlsruhe/Leipzig 1881.

Dunner, Joseph: The Republic of Israel. Its History and its Promise. New York 1950.

Encyclopaedia of Islam. New Edition. Hrsg. u. a. von B. Lewis, V. L. Ménage, Ch. Pellat, J. Schacht. Bd. 2, Leiden/London, 1965.

Encyclopedia of the Jewish Diaspora. Hrsg. von Avrum M. Ehrlich. Vol. 1: Themes and phenomena of the Jewish diaspora. Santa Barbara/Denver/Oxford 2009.

Fausel, Heinrich: D. Martin Luther. Leben und Werk. 1522–1546. Calwer Luther-Ausgabe 12. München/Hamburg 1966.

Feuerherdt, Alex / Markl, Florian (2018): Vereinte Nationen gegen Israel. Wie die UNO den jüdischen Staat delegitimiert. Berlin 2018.

Feuerherdt, Alex / Markl, Florian (2020): Die Israel-Boykottbewegung. Alter Hass in neuem Gewand. Leipzig 2020.

Frank, Hans: Im Angesicht des Galgens. Deutung Hitlers und seiner Zeit auf Grund eigener Erlebnisse und Erkenntnisse. Geschrieben im Nürnberger Justizgefängnis. München 1953.

Friedländer (2007), Saul: Das Dritte Reich und die Juden. Die Jahre der Verfolgung 1933–1939. Die Jahre der Vernichtung 1939–1945. Einbändige Sonderausgabe. München 2007.

Friedländer (2011), Saul: Pius XII. und das Dritte Reich. Eine Dokumentation. München 2011.

Friedman, Jerome: Jewish Conversion, the Spanish Pure Blood Laws and Reformation: A Revisionist View of Racial and Religious Antisemitism. *In:* The Sixteenth Century Journal, Vol. 18, No. 1 (Spring, 1987), S. 3–30.

Fritsch (1921), Theodor: Der falsche Gott. Beweis-Material gegen Jahwe. Leipzig 1921.

Fritsch (1923), Theodor: Handbuch der Judenfrage. Die wichtigsten Tatsachen zur Beurteilung des jüdischen Volkes. Leipzig 1923.

Gailus (2008), Manfred (Hrsg.): Kirchliche Amtshilfe. Die Kirche und die Judenverfolgung im »Dritten Reich«. Göttingen 2008.

Gailus (2013), Manfred: Ein selbstzerstörerischer Bruderkampf. Das protestantische Berlin (1930–1945). *In:* Michael Wildt, Christoph Kreutzmüller (Hrsg.): Berlin 1933–1945. Stadt und Gesellschaft im Nationalsozialismus. München 2013.

Gailus (2015), Manfred: Täter und Komplizen in Theologie und Kirchen 1933–1945. Göttingen 2015.

Gailus (2021), Manfred: Gläubige Zeiten. Religiosität im Dritten Reich. Freiburg u. a. 2021.

Gailus, Manfred / Nolzen, Armin (Hrsg.), Zerstrittene »Volksgemeinschaft«. Glaube, Konfession und Religion im Nationalsozialismus. Göttingen 2011.

Gaste, Frederik to: Die Wahrheit über die jüdischen Ritualmorde. Berlin o.J. (verm. um 1943), online im ›Internet Archive‹ unter www.tinyurl.com/Archive-Gaste.

Gebke, Julia: (Fremd)Körper. Die Stigmatisierung der Neuchristen im Spanien der Frühen Neuzeit. Wien 2020.

Gedeon, Wolfgang (Pseudonym W. G. Meister): Christlich-europäische Leitkultur. Die Herausforderung Europas durch Säkularismus, Zionismus und Islam. 3 Bände. Frankfurt 2009.

Gerlach, Wolfgang: Als die Zeugen schwiegen. Bekennende Kirche und die Juden. Publ. des Instituts Kirche und Judentum. Berlin 1987.

Gilbert, Gustave M.: Nürnberger Tagebuch. Gespräche der Angeklagten mit dem Gerichtspsychologen. Frankfurt 1987.

Goebbels, Joseph: Tagebücher 1924–1945. Band 5, 1943–1945/Anhang. Hrsg. von Ralf Georg Reuth. München 2003.

Görg, Manfred / Langer, Michael (Hrsg.): Als Gott weinte. Theologie nach Auschwitz. Regensburg 1997.

Goetz, Hans-Werner: Die Wahrnehmung anderer Religionen und christlich-abendländisches Selbstverständnis im frühen und hohen Mittelalter (5.-12. Jahrhundert). Berlin 2013.

Goldhagen (1998), Daniel Jonah: Hitlers willige Vollstrecker. Ganz gewöhnliche Deutsche und der Holocaust. Berlin 1998.
Goldhagen (2002), Daniel Jonah: Die katholische Kirche und der Holocaust. Eine Untersuchung über Schuld und Sühne. Berlin 2002. Frei zugängliche E-Book-Ausgabe: https://studylibde.com/doc/16152689.
Grabner-Haider, Anton / Strasser, Peter: Hitlers mythische Religion. Theologische Denklinien und NS-Ideologie. Wien 2007.
Graetz (1858), Heinrich: Die westgotische Gesetzgebung in Betreff der Juden. *In:* Jahresbericht des jüdisch-theologischen Seminars »Fraenckelscher Stiftung« (Breslau 1858), S. 1ff.
Graetz (1908), Heinrich: Geschichte der Juden von den ältesten Zeiten bis auf die Gegenwart. Vierter Band: Geschichte der Juden vom Untergang des jüdischen Staates bis zum Abschluß des Talmud. Leipzig 1908.
Graus, František: Pest, Geißler, Judenmorde. Das 14. Jahrhundert als Krisenzeit. Göttingen 1987.
Groiss, Arnon: Antisemitismus im UNRWA-Bildungssystem. Dezember 2020. Online verfügbar unter https://tinyurl.com/Groiss.
Gronauer, Gerhard: Der Staat Israel im westdeutschen Protestantismus. Wahrnehmungen in Kirche und Publizistik von 1948 bis 1972. Göttingen 2013.
Hartmann, Claus Peter: Die Jesuiten. München 2008.
Heer (1967), Friedrich: Gottes erste Liebe. 2000 Jahre Judentum und Christentum. Genesis des österreichischen Katholiken Adolf Hitler. München/Esslingen 1967.
Heer (1968), Friedrich: Der Glaube des Adolf Hitler. Anatomie einer politischen Religiosität. München/Esslingen 1968.
Heiber, Helmut (Hrsg.): Reichsführer! Briefe an und von Himmler. München 1970.
Heil, Johannes: »Gottesfeinde« – »Menschenfeinde«. Die Vorstellung von jüdischer Weltverschwörung (13.–16. Jahrhundert). Essen 2006.
Heim, Heinrich: Adolf Hitler. Monologe im Führerhauptquartier 1941–1944. Die Aufzeichnungen Heinrich Heims. Hrsg. von Werner Jochmann. Hamburg 1980.
Heine, Heinrich: Lutetia. Berichte über Politik, Kunst und Volksleben. Berlin 2014.
Herf (2006), Jeffrey: The Jewish Enemy. Nazi Propaganda during World War II and the Holocaust. Cambridge 2006.
Herf (2009), Jeffrey: Nazi Propaganda for the Arab World. New Haven & London 2009.
Hering Torres, Max Sebastián: Rassismus in der Vormoderne. Die »Reinheit des Blutes« im Spanien der Frühen Neuzeit. Frankfurt 2006.
Herzl, Theodor: Briefe und Tagebücher. Dritter Band: Zionistisches Tagebuch 1899–1904. Berlin/Frankfurt/Wien 1985.
Heschel, Susannah: Kristallnacht and its Aftermath within the German Protestant Church. *In:* Jewish Quarterly, Vol. 55 (2008), Iss. 4, S. 46–49, online verfügbar unter https://www.academia.edu/37953685.
Hilberg (2011), Raul: Täter, Opfer, Zuschauer. Die Vernichtung der Juden 1933–1945. Frankfurt 2011.
Hilberg (2017), Raul: Die Vernichtung der europäischen Juden. 3 Bände. Frankfurt 2017.
Hirsch, Rudolf / Schuder, Rosemarie: Der gelbe Fleck. Wurzeln und Wirkungen des Judenhasses in der deutschen Geschichte. Berlin 1989.
Hirschfeld, Gerhard / Leonhard, J.-Felix / Schoeps, Julius H. (Hrsg.): Judenverfolgung und jüdisches Leben unter den Bedingungen der nationalsozialistischen Gewaltherrschaft, Bd. 1, Tondokumente und Rundfunksendungen 1930–1946. Potsdam 1996.

Hitler (1934), Adolf: Die Reden Hitlers für Gleichberechtigung und Frieden. München 1934.

Hitler (1943), Adolf: Mein Kampf. Zwei Bände in einem Band. Ungekürzte Ausgabe. München 1943.

Hitler (1961), Adolf: Hitlers Zweites Buch. Ein Dokument aus dem Jahr 1928. Hrsg. von Gerhard L. Weinberg, Institut für Zeitgeschichte. Stuttgart 1961.

Hitler (1980), Adolf: Sämtliche Aufzeichnungen 1905–1924. Hrsg. v. Eberhard Jäckel und Axel Kuhn, Institut für Zeitgeschichte. München 1980.

Hitler (1988), Adolf: Reden und Proklamationen 1932–1945. Kommentiert von einem deutschen Zeitgenossen. Hrsg. von Max Domarus. 4 Bände. Leonberg 1988.

Hitler (1992a), Adolf: Reden, Schriften, Anordnungen, Bd. II, Teil 1, Juli 1926 – Juli 1927, hrsg. von Bärbel Dusik, Institut für Zeitgeschichte. München 1992.

Hitler (1992b), Adolf: Reden, Schriften, Anordnungen, Bd. II, Teil 2, Aug. 1927 – Mai 1928, hrsg. von Bärbel Dusik, Institut für Zeitgeschichte. München 1992.

Hitler (1994), Adolf: Reden, Schriften, Anordnungen, Bd. III, Teil 1, Juli 1928 – Feb. 1929, hrsg. von Bärbel Dusik und K. A. Lankheit, Institut für Zeitgeschichte. München 1994.

Hitler (1995), Adolf: Reden, Schriften, Anordnungen, Bd. III, Teil 3, Jan. 1930 – Sept. 1930, hrsg. von Christian Hartmann, Institut für Zeitgeschichte. München 1995.

Hitler (1996a), Adolf: Reden, Schriften, Anordnungen, Bd. IV, Teil 2, Juli 1931 – Dez. 1931, hrsg. von Christian Hartmann, Institut für Zeitgeschichte. München 1996.

Hitler (1996b), Adolf: Reden, Schriften, Anordnungen, Bd. V, Teil 1, April 1932 – Sept. 1932, hrsg. von Klaus A. Lankheit, Institut für Zeitgeschichte. München 1996.

Höpp, Gerhard (Hrsg.): Mufti-Papiere. Briefe, Memoranden, Reden und Aufrufe Amin al-Hussainis aus dem Exil, 1940–1945. Berlin 2001.

Hoppe, Bert (Hrsg.): Die Verfolgung und Ermordung der europäischen Juden durch das nationalsozialistische Deutschland 1933–1945. Bd. 8, Sowjetunion mit annektierten Gebieten II. Berlin und Boston 2016.

Horkheimer, Max: Der soziologische Hintergrund des psychoanalytischen Forschungsansatzes. *In:* Simmel, Ernst (Hrsg.), Antisemitismus. (Frankfurt 1993), S. 23–34.

Horkheimer, Max / Adorno, Theodor W.: Dialektik der Aufklärung. Frankfurt 2010.

Hudal, Alois C.: Römische Tagebücher. Lebensbeichte eines alten Bischofs. Graz 2018.

Jäckel, Eberhard / Kuhn, Axel / Weiß, Hermann: Neue Erkenntnisse zur Fälschung von Hitler-Dokumenten. *In:* Vierteljahrshefte für Zeitgeschichte 32 (1) 1984, S. 163f., online unter http://www.ifz-muenchen.de/heftarchiv/1984_1.pdf.

Kahane, Anetta: Das Unbehagen am Jüdischen und die Antimoderne. *In:* Martin Jander / Anetta Kahane (Hrsg.) Gesichter der Antimoderne. Gefährdungen demokratischer Kultur in der Bundesrepublik Deutschland. Baden-Baden 2020.

Kaiser, Jochen-Christoph: Arbeiterbewegung und organisierte Religionskritik. Proletarische Freidenkerverbände im Kaiserreich und in der Weimarer Republik. Stuttg. 1981.

Kaplan, Lindsay M.: Figuring Racism in Medieval Christianity. New York 2019.

Katechismus der katholischen Kirche. Neuübersetzung aufgrund der Editio typica Latina. München 2005. Online: vatican.va/archive/DEU0035/_INDEX.HTM.

Katz, Jacob: Vom Vorurteil bis zur Vernichtung. Der Antisemitismus 1700–1933. München 1989.

Kent, Peter C.: The Lonely Cold War of Pope Pius XII. The Roman Catholic Church and the Division of Europe, 1943–1950. Montreal u. a. 2002.

Kertzer (2004), David I.: Die Päpste gegen die Juden. Der Vatikan und die Entstehung des modernen Antisemitismus. München 2004.

Kertzer (2016), David I.: Der erste Stellvertreter. Pius XI. und der geheime Pakt mit dem

Faschismus. Darmstadt 2016.
Kertzer, David I. / Mokosch, Gunnar, The Medieval in the Modern. Nazi and Italian Fascist Use of the Ritual Murder Charge. *In:* Holocaust and Genocide Studies, Vol. 33 (2), Nov. 11, 2019, S. 177–196.
Khorchide, Mouhanad / Stosch, Klaus von: Der andere Prophet. Jesus im Koran. Freiburg 2018.
Klee (1985), Ernst (Hrsg.): Dokumente zur »Euthanasie«, Frankfurt 1985.
Klee (1991), Ernst: Persilscheine und falsche Pässe. Wie die Kirchen den Nazis halfen. Frankfurt 1991.
Klemperer, Victor: LTI. Notizbuch eines Philologen. Ditzingen 2020.
Kloke, Martin: Endzeitfieber und Pulverfass. Israel und der christliche Fundamentalismus in Deutschland. *In:* Zeitschrift für Theologie und Gemeinde 9/2004, S. 141ff.
Kotkin, Stephen: Stalin. Vol. I, Paradoxes of Power, 1878–1928. New York 2014.
Kramer, Stephan J.: Und willst Du nicht mein Bruder sein … Gedanken zum Reformationsjahr aus jüdischer Sicht. *In:* Olaf Zimmermann, Theo Geißler (Hrsg.), Disputationen: Reflexionen zum Reformationsjubiläum 2017. Berlin 2015.
Krämer-Badoni, Rudolf: Judenmord, Frauenmord, Heilige Kirche. Frankfurt/Main 1992.
Kübler, Mirjam: Judas Iskariot – Das abendländische Judasbild und seine antisemitische Instrumentalisierung im Nationalsozialismus. Waltrop 2007.
Küntzel (2003), Matthias: Djihad und Judenhaß. Über den neuen antijüdischen Krieg. Freiburg 2003.
Küntzel (2019), Matthias: Nazis und der Nahe Osten. Wie der islamische Antisemitismus entstand. Berlin/Leipzig 2019.
Lapide (1967), Pinchas: Rom und die Juden. Freiburg/Basel/Wien 1967.
Lapide (1979), Pinchas: Jesu Tod durch Römerhand. Zur blasphemischen These vom »Gottesmord« durch die Juden. *In:* Horst Goldstein (Hrsg.), Gottesverächter und Menschenfeinde? Juden zwischen Jesus und frühchristlicher Kirche, S. 239ff. Düsseldorf 1979.
Laqueur, Walter: Gesichter des Antisemitismus. Berlin 2006.
Large, David Clay: Munich 1972. Tragedy, Terror, and Triumph at the Olympic Games. Lanham 2012.
Lewis (1989), Bernard: »Treibt sie ins Meer!« Die Geschichte des Antisemitismus. Frankfurt 1989.
Lewis (2004), Bernard: Die Juden in der islamischen Welt. München 2004.
Longerich (1992), Peter: Hitlers Stellvertreter. Führung der Partei und Kontrolle des Staatsapparates durch den Stab Heß und die Partei-Kanzlei Bormann. München u. a. 1992.
Longerich (2008), Peter: Heinrich Himmler. Biographie. München 2008.
Loyola, Ignatius von: Die Exerzitien. Sammlung christlicher Meister. Einsiedeln 1993.
Luther, Martin: D. Martin Luthers Werke. Kritische Gesamtausgabe. Weimar 1920 (»Weimarer Ausgabe«)
Marr (1848), Wilhelm: Der Mensch und die Ehe vor dem Richterstuhle der Sittlichkeit. Leipzig 1848.
Marr (1862), Wilhelm: Der Judenspiegel. Hamburg 1862 (5. Aufl.).
Marr (1879), Wilhelm: Der Sieg des Judenthums über das Germanenthum. Vom nicht confessionellen Standpunkt aus betrachtet. Bern 1879.
Maryks, Robert A.: The Jesuit Order as a Synagogue of Jews. Jesuits of Jewish Ancestry and Purity-of-Blood Laws in the Early Society of Jesus. Leiden 2010.
Maser, Werner: Adolf Hitler. Legende – Mythos – Wirklichkeit. München 1975.

Meir, Golda: Mein Leben. Hamburg 1975.
Meyer, Eduard: Geschichte des Altertums. 4. Band, 1. Abteilung. Das Perserreich und die Griechen bis zum Vorabend des peloponnesischen Krieges. Darmstadt 1975.
Müller, Hans (Hrsg.): Katholische Kirche und Nationalsozialismus. Dokumente 1930–1935. München 1963.
Nilsson, Mikael: Hitler redivivus. »Hitlers Tischgespräche« und »Monologe im Führerhauptquartier« – eine kritische Untersuchung. *In:* Vierteljahrshefte für Zeitgeschichte 67 (1), 2019, S. 105ff.
Nirenberg, David: Anti-Judaismus. Eine andere Geschichte des westlichen Denkens. München 2015.
Nixey, Catherine: Heiliger Zorn. Wie die frühen Christen die Antike zerstörten. München 2017.
Osten-Sacken, Peter von der: Martin Luther und die Juden. Neu untersucht anhand von Anton Margarithas »Der gantz Jüdisch glaub« (1530/31). Stuttgart 2002.
Oz, Amos: Jesus und Judas. Ein Zwischenruf. Ostfildern 2018.
Picker, Henry: Hitlers Tischgespräche im Führerhauptquartier. Stuttgart 1976.
Pinay, Maurice: Verschwörung gegen die Kirche. Madrid 1969.
Poliakov (I), Léon: Geschichte des Antisemitismus, Bd. I: Von der Antike bis zu den Kreuzzügen. Worms 1977.
Poliakov (II), Léon: Geschichte des Antisemitismus, Bd. II: Das Zeitalter der Verteufelung und des Ghettos. Mit einem Anhang zur Anthropologie der Juden. Worms 1978.
Poliakov (III), Léon: Geschichte des Antisemitismus, Bd. III: Religiöse und soziale Toleranz. Die Juden im Kirchenstaat. Worms 1979.
Poliakov (IV), Léon: Geschichte des Antisemitismus, Bd. IV: Die Marranen im Schatten der Inquisition. Worms 1981.
Pöpping, Dagmar: Passion und Vernichtung. Kriegspfarrer an der Ostfront 1941–1945. Göttingen 2019.
Puschner, Uwe: »Marr, Wilhelm« in: Neue Deutsche Biographie 16 (1990), S. 247–249, online verfügbar unter www.deutsche-biographie.de/pnd119024888.html.
Quer, Giovanni Matteo: Israel and Zionism in the Eyes of Palestinian Christian Theologians. *In:* Religions, Vol. 10, Is. 8 (2019), www//doi.org/10.3390/rel10080487.
Reemtsma, Jan Philipp: Die Gewalt spricht nicht. Drei Reden. Stuttgart 2002.
Reeve, Simon: Ein Tag im September. Die Geschichte des Geiseldramas bei den Olympischen Spielen in München 1972. München 2006.
Renan, Ernest: Das Leben Jesu. Berlin, 1864.
Rentz (2020), Andreas: Das Judasfeuer – ein antisemitischer Osterbrauch in Bayern, hrsg. von RIAS München 2020, bestell- und downloadbar unter https://shop.bjr.de/detail/index/sArticle/229.
Rentz (2021), Andreas: Der brennende Judas. Antisemitisches Osterbrauchtum in Nordrhein-Westfalen, hrsg. von Sabra Düsseldorf 2021, bestell- und downloadbar unter https://www.sabra-jgd.de/publikationen.
Röhl, John C. G.: Wilhelm II. Der Weg in den Abgrund. 1900–1941. München 2018.
Rohrbacher, Stefan / Schmidt, Michael: Judenbilder. Kulturgeschichte antijüdischer Mythen und antisemitischer Vorurteile. Reinbek bei Hamburg 1991.
Roos, Daniel: Julius Streicher und »Der Stürmer« 1923–1945. Paderborn 2014.
Rürup, Reinhard: Emanzipation und Antisemitismus. Studien zur »Judenfrage« der bürgerlichen Gesellschaft. Kritische Studien zur Geschichtswissenschaft, Bd. 15. Göttingen 1975.

Sandstede-Auzelle, Marie-Corentine / Sandstede Gerd: Clemens August Graf von Galen. Bischof von Münster im Dritten Reich. Münster 1986.
Schäfer, Peter: Kurze Geschichte des Antisemitismus. München 2020.
Scheit, Gerhard: Verborgener Staat, lebendiges Geld. Zur Dramaturgie des Antisemitismus. Freiburg 1999.
Schirrmacher, Thomas: Hitlers Kriegsreligion. Die Verankerung der Weltanschauung Hitlers in seiner religiösen Begrifflichkeit und seinem Gottesbild. Bd. 1: Textband. Bonn 2007.
Scholz, Nina / Heinisch, Heiko: »… alles werden sich die Christen nicht gefallen lassen.« Wiener Pfarrer und die Juden in der Zwischenkriegszeit. Wien 2001.
Schramm, Hellmut: Der jüdische Ritualmord. Eine historische Untersuchung. Berlin 1943.
Schreckenberg, Heinz: Die christlichen Adversus-Judaeos-Texte und ihr literarisches und historisches Umfeld (1.–11. Jh.). Frankfurt/Bern 1982.
Schubert, Kurt: Die Kultur der Juden. Teil 2: Judentum im Mittelalter. Frankfurt 1977.
Schwarz-Friesel, Monika / Reinharz, Jehuda: Die Sprache der Judenfeindschaft im 21. Jahrhundert. Berlin 2013.
Sereny, Gitta: Into that Darkness. From Mercy Killing to Mass Murder. London 1995.
Service, Robert: Stalin. A Biography, Cambridge 2005.
Sieferle, Rolf Peter: Finis Germania. Schnellroda 2017.
Siegert, Folker: Flavius Josephus. Über die Ursprünglichkeit des Judentums (Contra Apionem). Schriften des Institutum Judaicum Delitzschianum, Bd. 6/1. Göttingen 2008.
Sierakowiak, Dawid: The Diary of Dawid Sierakowiak. Five Notebooks from the Lodz Ghetto. Oxford 1996.
Simmel, Ernst (Hrsg.): Antisemitismus. Frankfurt am Main 1993.
Speer, Albert: Erinnerungen. Frankfurt am Main/Berlin 1969.
Sperber, Manès: Churban oder Die unfaßbare Gewißheit. Essays. München 1983.
Staffa, Christian: Von der gesellschaftlichen Notwendigkeit christlicher Antisemitismuskritik. *In:* Zentralrat der Juden in Deutschland (Hrsg.): »Du Jude« – Antisemitismus-Studien und ihre pädagogischen Konsequenzen. Leipzig 2020.
Stegemann, Wolfgang: Gab es eine jüdische Beteiligung an der Kreuzigung Jesu? *In:* ›Kirche und Israel‹ 23 (1998), S. 3–24.
Steinacher, Gerald: Nazis auf der Flucht. Wie Kriegsverbrecher über Italien nach Übersee entkamen. Frankfurt 2010.
Stillman, Norman A.: The Jews of Arab Lands. A History and Source Book. Philadelphia 1979.
Stoecker, Adolf: Christlich-Sozial. Reden und Aufsätze. Berlin 1890.
Streicher, Julius: Kampf dem Weltfeind. Reden aus der Kampfzeit. Hrsg. v. Heinz Preiß. Nürnberg 1938.
Stuckart, Wilhelm / Globke, Hans: Kommentare zur deutschen Rassengesetzgebung. Bd. 1: Reichsbürgergesetz vom 15. September 1935; Gesetz zum Schutze des deutschen Blutes und der deutschen Ehre vom 15. September 1935; Gesetz zum Schutze der Erbgesundheit des deutschen Volkes (Ehegesundheitsgesetz) vom 18. Oktober 1935; nebst allen Ausführungsvorschriften und den einschlägigen Gesetzen und Verordnungen. München und Berlin 1936.
Tarach, Tilman: Der ewige Sündenbock. Israel, Heiliger Krieg und die »Protokolle der Weisen von Zion«. Über die Scheinheiligkeit des traditionellen Bildes vom Nahostkonflikt. Komplett überarbeitete und aktualisierte Neuausgabe, Berlin u. a. 2016.

Tejada y Ramiro, Juan (Hrsg.): Coleccion de Cánones de la Iglesia Española. Bd. 2, Madrid 1850.

Thießen, Malte: Vom immunisierten Volkskörper zum »präventiven Selbst«. Impfen als Biopolitik und soziale Praxis vom Kaiserreich zur Bundesrepublik. *In:* Vierteljahreshefte für Zeitgeschichte 1/2013, S. 35ff.

Turner, Henry A. (Hrsg.): Hitler aus nächster Nähe. Aufzeichnungen eines Vertrauten 1929–1932. Frankfurt 1978.

Uhl, Matthias (Hrsg.): Die Organisation des Terrors. Der Dienstkalender Heinrich Himmlers 1943–1945. Hrsg. von Martin Holler, Jean-Luc Leleu, Dieter Pohl, Thomas Pruschwitz, Matthias Uhl. München 2020.

Volk, Ludwig (Bearb.): Akten Kardinal Michael von Faulhabers. 1917–1945, Bd. II, 1935–1945. Mainz 1978.

Wallmann, Johannes: Kirchengeschichte Deutschlands seit der Reformation. Stuttg. 2012.

Wamper, Regina: Das Kreuz mit der Nation. Christlicher Antisemitismus in der Jungen Freiheit. Münster 2008.

Weinstock, Nathan: Der zerrissene Faden. Wie die arabische Welt ihre Juden verlor. 1947–1967. Freiburg 2019.

Weizmann, Chaim: Memoiren. Das Werden des Staates Israel. Zürich 1953.

Wiesenthal, Simon: Segel der Hoffnung. Christoph Columbus auf der Suche nach dem gelobten Land. Berlin/Frankfurt 1992.

Wilensky, Gabriel: Six Million Crucifixions. How Christian Antisemitism Paved the Road to the Holocaust. San Diego 2010.

Wippermann (1979), Wolfgang: Der Ordensstaat als Ideologie. Das Bild des Deutschen Ordens in der deutschen Geschichtsschreibung und Publizistik. Berlin 1979.

Wippermann (2005), Wolfgang: Rassenwahn und Teufelsglaube. Berlin 2005.

Wojak, Irmtrud: Über Eichmanns Memoiren. Ein kritischer Essay. Wissenschaftliche Reihe des Fritz Bauer Instituts. Frankfurt am Main 2001.

Yerushalmi, Yosef Hayim: Assimilierung und rassischer Antisemitismus. Die iberischen und die deutschen Modelle. Leo-Baeck-Memorial-Vorlesung, New York 1982. *In:* ders., Ein Feld in Anatot. Versuche über jüdische Geschichte. Berlin 1993, S. 53–80.

Ziemann, Benjamin: Martin Niemöller. Ein Leben in Opposition. München 2019.

# Register der Bibel- und Koranstellen


Levitikus (Drittes Buch Mose)
*Lev. 19:18* 62

Evangelium nach Matthäus
*Mt. 10:34* 62
*Mt. 23:33* 35
*Mt. 26:15* 40
*Mt. 27:21–26* 32
*Mt. 27:25* 45, 91, 103, 136f.
*Mt. 28:19–20* 100

Evangelium nach Lukas
*Lk. 12:49* 62

Evangelium nach Johannes
*Allg.* 55, 163
*Joh. 2:13–16* 24
*Joh. 2:15* 35, 62
*Joh. 8:3* 21
*Joh. 8:22* 21
*Joh. 8:35* 21
*Joh. 8:44* 21f., 24, 90, 103, 147, 196
*Joh. 15:6* 96
*Joh. 20:31* 47

Apostelgeschichte
*Apg. 2:22–23* 45

Paulusbriefe
*Röm. 13:1–5* 207
*1 Thess. 2:14–15* 45

1. Brief des Johannes
*1 Joh. 5:19* 206

Offenbarung des Johannes (Apokalypse)
*Allg.* 21, 141, 206
*Offb. 20:1–6* 191

Koran
*Sure 2:96* 60
*Sure 3:54* 163
*Sure 4:157–158* 162
*Sure 5:73* 162
*Sure 5:82* 167
*Sure 5:110* 161
*Sure 7:166* 164
*Sure 9:29* 166
*Sure 57:27* 161

# Sach-, Orts- und Personenregister


Abbas, Mahmud 177
Abderiten 13
Adenauer, Konrad 112, 200
AfD 59f., 76, 156, 190
Affeln 42
Afif, Luttif 155
Ägypten 13, 76, 168f.
Aktion Sühnezeichen 62
Aleppo 158
Alexander VI. (Papst) 102
Alexandria 159
Algerien 159
Alhambra-Edikt 19, 93–95
Ambrosius 9, 17
Amolon 18
Antakya → Antiochia
Anti-Defamation League 10, 39, 52, 90, 158
Antike 9, 13f., 56
Antiochia 18, 69
Antisemitenliga 48
Antisemitenpetition 132
Apion 13
Arafat, Jassir 43, 151, 153, 171f., 174
Aragón 93f., 99
Arbid, Samer 156, 179
Argentinien 203
Ariernachweis 103, 107–109, 111
Ärzteverschwörung 53
Assad, Baschar al- 172
Assimilation 100, 108, 130f.
Ateek, Naim 151
Atheismus 51, 130, 189f., 193–195, 197–201, 204
Attila 121
Augustinus 18, 103
Avnery, Uri 171

Bach, Johann Sebastian 48
Balfour-Deklaration 149
Barabbas 32
Barbie, Klaus 203
Basel 198
Bauerle, Bernhard 137
Bayer, Carlo 202
Bayerische Volkspartei 31, 35
Beirut 159
Bekennende Kirche 51, 183f.
Benedikt XVI. (Papst) 59, 120, 190, 193, 199f., 204
Berardinelli, Francesco 121
Berlin 71, 83, 109, 165, 198
Berning, Wilhelm 114
Bertram, Adolf 199
Bibel → Register der Bibel- und Koranstellen, S. 217
Blutfluch 45, 48, 91, 120, 136–138, 185, 195
Blutreinheitsgesetze → Limpieza de sangre
Blutschutzgesetz 107
Bolschewismus → Kommunismus
Bonhoeffer, Dietrich 185
Bormann, Martin 112
Börne, Ludwig 130
Bornewasser, Franz Rudolf 199
Boykottkampagnen gegen Israel 14, 178f.
Braun, Eva 29
Brest-Litowsk 67
Brunnenvergiftungslegende 85f., 136, 138, 150, 174f., 177
Buddhismus 11
Bulgarien 79

Callinicum 9, 16f., 21
Capucci, Hilarion 154
Carlo de Prevo 82
Chaled, Leila 155
Chile 204
China 10
Christliche Zionisten 141f.
Chrysostomos, Johannes 20f., 46, 69, 124

Churchill, Winston 136
Ciechanów 66
Cohn, Chaim 143
Conversos → Neuchristen
Corona-Pandemie 83f.

Damaskusaffäre 157–159
Deggendorfer Gnad 72
Delegierter Antisemitismus 177–179
Der Stürmer → Stürmer
Deutscher Orden 197
Dhimmis 162, 165–168
Disputation 186, 205
Dömöter, Edward 203
Draganović, Krunoslav 203
Dreieinigkeitslehre 46, 161
Dresden 25
Dühring, Eugen 87
Dunner, Joseph 51

Ecclesia 18
Echnaton 13
Eck, Johannes 104
Eichmann, Adolf 12, 192, 202f.
EKD 51, 183f., 186
Engelking, Barbara 81
England 79
Entebbe 154
Enterbungstheologie 18, 148, 179
Erbsünde 206
Eschenbach 24
Eusebius von Caesarea 40
Evang. Entwicklungsdienst 178
Evangelikale Christen 42, 141
Exorzismus 206
Eytan, Walter 150

Farinacci, Roberto 117
Fatah 153, 171, 175
Faulhaber, Michael von 30, 113, 191, 193, 199
Ferdinand II. (König) 93
Feuchtwanger, Lion 67
Flavius Josephus 13
Ford, Henry 37
Forschbach, Edmund 200
Frank, Hans 136f.
Franziskus (Papst) 59f., 122
Französische Revolution 10, 65, 117, 120, 127, 130, 167
Freidenker 198f., 201
Freimaurer 101, 120
Fritsch, Theodor 196f.

Galen, Clemens August G. v. 199
Gasparri, Pietro 149
Gaste, Frederik to 77
Gedeon, Wolfgang 60–62, 76
Gelber Fleck 63, 65f., 116, 129
Gelber Ring 65
Ghetto 65f., 68, 101, 114, 129, 133
Ghuri, Emil 150
Gibson, Mel 42f., 171
Glejbman, David 66
Globke, Hans 111f.
Goebbels, Joseph 138, 192
Goren, Schlomo 186
Gottfried von Bouillon 63
Grabowski, Jan 81
Granada 85, 95, 167
Griechenland 13, 41
Gröber, Conrad 137
Gross, Jan Tomasz 81
Großbritannien 135f., 139, 158, 179, 190

Habasch, George 155
Haddad, Wadi 155
Haeckel, Ernst 195
Haganah 151
Hagee, John 142
Haifa 73
Halle (Anschlag 2019) 127
Hamas 147, 155, 168, 180
Hanau (Anschlag 2020) 90
Hawatmeh, Nayef 153
Hebron 164
Heiden 18, 41, 57, 188f.
Heilbronn 71
Heine, Heinrich 130, 157
Herzl, Theodor 148
Herzog, Roman 152

Heß, Rudolf 88
Hieronymus 20, 104
Hilarius von Poitiers 20
Himmler, Heinrich 78–80, 88, 193–197
Hindenburg, Paul von 198
Hinduismus 11
Hisbollah 144, 155, 171
Hitler, Adolf 12, 22f., 28–38, 74, 86, 88f., 99, 107f., 112, 114, 116, 121, 127, 135, 137–139, 142, 144, 168, 184, 190–193, 197f., 200f.
Hlond, August 200
Hohepriester 21, 42, 45
Hohmann, Martin 60, 190, 193, 204
Holocaust → Shoah
Holz, Karl 192
Hostienschändungslegende 71f., 86
Hudal, Alois 202f.
Husseini, Hajj Muhammad Amin el- (Großmufti von Jerusalem) 16, 78, 150, 159, 163f., 169

Ignatius von Loyola 100–102
Impfgegner 84, 87f.
Indien 10
Innozenz III. (Papst) 64f., 116f.
Inquisition (Spanien) 96, 98, 107, 143
Irak 168
Iran 144, 155, 161, 165, 171f., 174, 181
Isaak von Troki 205
Isabella I. (Königin) 93
Ishak, Muhammad Ibn 163
Islam 15, 78, 123, 161–165, 168, 180, 197, 206
Islamischer Staat (IS) 9
Israel 11, 15, 18, 45f., 49, 51, 63, 78, 82f., 104, 113, 123, 126f., 141–144, 146–149, 151f., 154f., 158, 167f., 171–174, 177–181, 183–185, 203
Istanbul (s. a. Konstantinopel) 76, 159
Italien 117
Izmir 159
Jalahma, Umayma al- 173
Japan 11
Jeffress, Robert 142
Jerusalem 16, 28, 33, 40, 47, 78, 85, 137, 141–143, 150f., 153–155, 159, 163, 171, 173, 187
Jesuiten 46, 74, 81, 93, 100–103, 113f., 117, 121f., 197
Jesus *passim*
  historischer Kern 47
  im Islam 161f.
  in palästinensischer Propaganda 150, 152f., 156, 171–173
Johannes Paul II. (Papst) 17, 42, 151, 172, 187
Johannes von Tilrode 71
Judas 28, 37, 39, 40–42, 48, 50, 135, 162
Judaslohn 28, 40
Judasverbrennen 40–42
Judenemanzipation 10, 30, 129, 132f., 168
Judenhut 65, 97
Judenstern 65, 68
Jüdischer Krieg (66–70 n. Chr.) 47, 55
Julfest 33

Kaiphas 42
Kairo 77, 159, 169
Kairos-Palästina-Dokument 179
Kaltenbrunner, Ernst 78
Karfreitagsfürbitte 59
Katar 175
Katechismus der Katholischen Kirche 17, 49, 206
Katharer 64
Ketzer 64, 96
Khaibar 163f.
Khoury, Geries 151
Kielce 80
Kiew 49
Kirchenbuchstelle Alt-Berlin 109f.
Kirchenstaat (Status Pontificius) 65, 129, 133
Klee, Eugen 113
Klemperer, Victor 68
Köberle, Adolf 130

Kommunismus (auch Marxismus, Bolschewismus) 28, 51, 81, 88f., 115, 127, 130, 138, 149, 155, 190, 199–202
Konformistische Revolte 55–57
Konstantin (röm. Kaiser) 57, 115
Konstantinopel (s. a. Istanbul) 20
Konzelmann, Gerhard 159
Konzil von 1215 → Laterankonzil
Konzil von 1962–65 → Zweites Vatikanisches Konzil
Konzil von Nicäa (325) 46
Konzilien von Toledo 63, 104
Koran → Register der Bibel- und Koranstellen, S. 217
Korinth 47
Krah, Maximilian 59f.
Krakau 81, 203
Kreta 13
Kreuzzüge 18, 63
Kritische Theorie 56, 189
Küstenstraßen-Massaker 180

L'Osservatore Romano 76f., 148f.
La Civiltà Cattolica 46, 70, 74, 117, 119–122, 126f., 133f., 149, 200
Laínez, Diego 100
Lambach 28
Laos 11
Lateinamerika 97
Laterankonzil (1215) 64f., 71
Lateranverträge (1929) 129
Lebron, Michael 91
Leer (Stadt) 24
Leers, Johann von 77f., 136
Leipzig 80
Leo XII. (Papst) 19
Lepra 85
Leprosen-Verschwörung 85
Limpieza de sangre 97–99, 101, 103f., 107f., 112f., 131
Łódź 68
Lusthaus, Adolph 50
Luther, Martin 21, 29, 53, 101f., 104, 124f.
Maghreb 94
Mainz 63
Mandäer 165
Marc Aurel 57
Mark Brandenburg 72
Marr, Wilhelm 48f.
Marranen → Neuchristen
Marx, Karl 130
Marxismus → Kommunismus
Maryja (Radiosender) 81
Mavi Marmara (Gaza-Flottille) 155, 178
Mbembe, Achille 53
Mecklenburg 71
Mein Kampf 22f., 28f., 36, 86, 89, 107, 127, 144, 191
Meir, Golda 49f.
Meisner, Joachim 190
Melito von Sardes 46
Mendelssohn Bartholdy, Felix 130
Menstruation 103f.
Merkel, Angela 56
Meyer, Eduard 14
Minsk 66
Misereor 178
Mixa, Walter 190
Mohammed (Prophet) 124, 161–165, 180
Monotheismus 13
Moses, A. Dirk 53
Moskau 201
Mughrabi, Dalal al- 180
Mughrabi, Khaled al- 173
Muslimbruderschaft 168
Muslimisch-Christliche Vereinigungen 151
Mussolini, Benito 117, 121, 129

Nächstenliebe 62
Naidoo, Xavier 61f., 90
Narbonne 70
Nasser, Kamal 153
Natur 88f., 125f.
Nero (röm. Kaiser) 55
Neuchristen 95–97, 99–101, 103f., 131
Niemöller, Martin 184
Nikolaus V. (Papst) 97

Norwich 69
Nostra aetate → Zweites Vatikanisches Konzil
NSDAP, Parteiprogramm 30
Nürnberger Gesetze 93, 99, 107, 109–111, 115f., 187
Nürnberger Prozesse 22, 50, 125, 192
Nürnberger Talmudprozess 192

Oberammergau 37f., 137
Ökumenischer Rat 178
Osmanisches Reich 94, 159, 166f.
Oz, Amos 50

Pacelli, Eugenio → Pius XII. (Papst)
Palästina 73, 145f., 150–153, 168
Passionsspiele 37f., 42, 137
Paul VI. (Papst) 51
Pavelić, Ante 203
Pax Christi 178
Peel-Kommission 145
Pence, Mike 141
Pest 68, 85f., 95, 104, 120
PFLP 155f., 178f.
Pharisäer 21, 27f., 45
Picker, Henry 29, 37
Pinsk 66
Pittsburgh (Anschlag 2018) 90
Pius X. (Papst) 148
Pius XII. (Papst) 113, 187, 202
Piusbruderschaft 59, 76, 204
Pizzardo, Giuseppe 113f.
PLO 153f., 163, 171, 180
Polanco, Juan Alfonso de 100
Polen 15, 41, 52, 65, 80–82, 136, 184
Pommern 71f.
Pompeo, Mike 141
Pontius Pilatus 21, 27f., 32, 42, 45, 47f., 55, 137
Portugal 94
Poway (Anschlag 2019) 90
Prawo i Sprawiedliwość (PiS) 81
Priebke, Erich 203f.
Protokolle der Weisen von Zion 87, 127
Pruchnik 39f.

QAnon-Bewegung 10, 89–91
Qudsi, Abdel Hamid al- 174
Querdenker 83f., 89
Qutb, Sayyid 168

Raqqa → Callinicum
Raheb, Mitri 152
Ramlawi, Nabil 175
Rassismus 11f., 14, 93, 98, 108f., 117, 126
Rattenlinie 202
Ratzinger, Georg 120
Rauff, Walter 203f.
Recklinghausen 25
Reconquista 95
Reichsimpfgesetz 86f.
Reichskonkordat (1933) 113
Renan, Ernest 195–197
Rhodos 159
Rintfleisch-Pogrome 71
Ritualmordlegende 14, 69–80, 82, 86, 89f., 147, 157, 159, 161, 173f.
Rom 12, 64f., 76, 113f., 129, 149, 202, 204
Römisches Reich 9, 12f., 47, 55, 57
Roosevelt, Franklin D. 136
Rosenberg, Alfred 77
Rudeina, Nabil Abu 171
Rumänien 79

SA (Sturmabteilung) 25, 41, 109, 198
Sadat, Anwar as- 158
Said, Edward 153
Salomon, Alice 184
Sandomierz 82, 173
Sanhedrin 143
Sardinien 94, 157
Satan → Teufel
Schäfer, Peter 14
Scharon, Ariel 148, 172
Schellenberg, Walter 197
Scherif Pascha 157
Schnerb, Rina 156, 179
Schramm, Hellmut 77–80
Schtajjeh, Mohammad 172
Schulz, Martin 177

Schwammberger, Josef 203
Schwarzer September 155
Schweden 179
Sentencia-Estatuto (Toledo) 93
Sepharden 95
Sergius Bahira 163
Shemali, Fuad 155
Shoah 8, 10f., 15f., 38, 41, 51, 60, 78, 80f., 110, 135–137, 139, 142, 183, 185, 187f., 203f.
Sido (Rapper) 90
Sieferle, Rolf Peter 60f.
Sierakowiak, Dawid 68
Sievers, Max 199
Simbach 29
Simon von Kyrene 162
Simon von Trient 174
Simon Wiesenthal Center 40
Sisebut (König) 63
Sisenand (König) 104
Sizilien 94
Soros, George 83, 127
Sowjetunion 115, 135f., 139, 201
Sperber, Manès 49
SS (Schutzstaffel) 16, 78–81, 103, 163, 193–195, 197
Stalin, Josef 53, 136
Stangl, Franz 203
Sternberg 71
Stoecker, Adolf 132f.
Streicher, Julius 22–24, 27f., 75, 88, 107, 125, 192
Stuckart, Wilhelm 111f.
Stürmer 22f., 28, 34, 53, 65, 73–77, 79, 102, 115f., 119, 158, 174, 186, 191 193, 201
Ritualmord-Nummer 74f.
Sondernummer Judentum gegen Christentum 65, 73–75, 102, 115, 201
Synagoga 18
Syrien 21, 158, 168, 172, 175, 201

Teilungsplan der UN (1947) 150
Tel Aviv 180
Teufel 20–22, 24, 42, 46, 48, 60, 83, 85, 90, 103, 126, 138, 147, 158, 164, 173, 206
Thailand 10
Themel, Karl 109f., 198
Theodosius I. (röm. Kaiser) 9, 17
Thomas von Monmouth 69
Tlas, Mustafa 158
Toledo, Francisco 100
Toledo (Stadt) → Konzilien von Toledo
Tomaso da Sardegna 157–159
Torrejoncillo, Francisco de 97f., 110
Treitschke, Heinrich von 53
Trump, Donald 91, 127, 141

Ukraine 15, 81
Ulmer Einsatzgruppen-Prozess 137
Ungarn 52, 79f.
UNRWA 179f.
Urchristentum 102
Utikal, Gerhard 77

Vereinigte Staaten 52, 66, 79, 89–91, 135f., 139, 141, 158, 188, 204
Vietnam 10
Völkischer Beobachter 22, 30f., 33f., 74, 109f., 136, 193

Wächter, Otto 203
Wagener, Otto 35
Wagner, Gustav 203
Wagner, Richard 204
Wannseekonferenz 110
Weimarer Republik 30, 56, 112
Weiße Garde 81
Weizmann, Chaim 149
Weltsch, Robert 67
Wilhelm II. (Kaiser) 135
William von Norwich 69f.
Williams, Thomas 42
Williamson, Richard 59f.
World Jewish Congress 41
Worms 66

Zainab 163

Zaki, Abbas 171
Zentralrat der Juden 146
Zentrumspartei 197
Zoroastrismus 13, 165
Zwangspredigten 19, 101
Zwangstaufen 63, 124
Zweites Vatikanisches Konzil 42, 51f., 59f., 76, 186, 206